Das Auer

Sachbuch 1/2

Lehrerhandbuch

Erarbeitet von
Dorothee Emmrich, Svenja Felten, Regina Heid,
Sabine Klose und Britta Kremers

Gezeichnet von Rebecca Meyer

Begleitet von Flipp und Flo

Auer Verlag GmbH

Mit Kopiervorlagen

Zu diesem Unterrichtswerk gehören:

Das Auer Sachbuch 1/2

Schulbuch

ISBN 3-403-0**3780**-0

Die Auer Sach- und Machblätter 1/2

Arbeitsheft zu
Das Auer Sachbuch 1/2

ISBN 3-403-0**3783**-5

Gedruckt auf umweltbewusst gefertigtem, chlorfrei gebleichtem
und alterungsbeständigem Papier.

1. Auflage. 2005

Satz: Fotosatz H. Buck, Kumhausen
Druck und Bindung: Ludwig Auer GmbH, Donauwörth
ISBN 3-403-0**3787**-8

Inhalt

Einführung

Dieses Lehrerhandbuch gehört zu einer dreiteiligen Werkfamilie für den Sachunterricht in Nordrhein-Westfalen. Sie besteht aus

- dem Schülerbuch **Das Auer Sachbuch 1/2**,
- dem Arbeitsheft **Die Auer Sach- und Machblätter 1/2** und
- dem vorliegenden Lehrerhandbuch.

Auch die Bände für die Klassen 3 und 4 weisen diese Gliederung auf.

Alle Teile des Lehrwerks sind aufeinander abgestimmt und gewährleisten einen vielschichtigen Zugang der Kinder zu den einzelnen Inhalten.

Der Aufbau des Schülerbuches: Das Auer Sachbuch 1/2

Überschriften
sind kindgerecht formuliert und wecken die Neugier.

Illustrationen
naturgetreue Zeichnungen und hochwertige Fotos laden zum Schauen, Beobachten und Nachdenken ein.

Farbleitsystem
erleichtert die Orientierung im Buch: Jedes Kapitel hat eine eigene Farbe, die auch bei den Seitenzahlen und den Arbeitsaufträgen zu sehen ist.

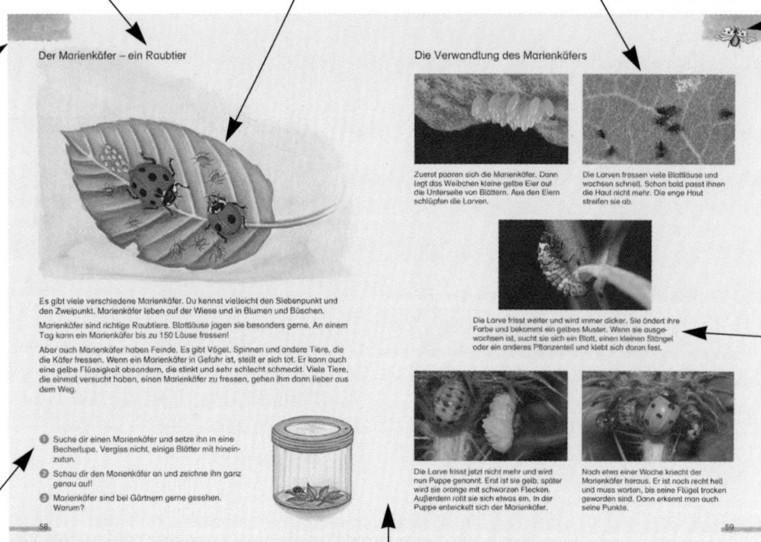

Piktogramme
sind themenbezogen und damit eine weitere Orientierungshilfe. Sie werden auch im Arbeitsheft und in diesem Lehrerband verwendet.

Sachtexte
sind altersgemäß aufbereitet. Dennoch wird auf die Verwendung fachlicher und wissenschaftlicher Termini nicht verzichtet.

Arbeitsaufträge
fördern unterschiedliche fachspezifische Arbeitsweisen. Forschend-entdeckendes Lernen wird trainiert.

Doppelseitenprinzip
unterstützt das Lernen in Zusammenhängen.

Das Schülerbuch ...

... orientiert sich konsequent an den Inhalten und Zielen des **neuen Lehrplans** für die Grundschulen in Nordrhein-Westfalen. Alle **verbindlichen Aufgabenschwerpunkte und Unterrichtsgegenstände**, die für die Klassen 1 und 2 festgelegt worden sind, werden behandelt.
Durch die Zusammenfassung der Unterrichtsgegenstände in einem Band ist das Auer Sachbuch optimal auf die **Schuleingangsphase** zugeschnitten.
Fließende Übergänge und zusätzliche Anregungen berücksichtigen die individuellen Unterschiede der Kinder und ermöglichen eine gezielte Differenzierung – gleich ob **jahrgangsübergreifend** unterrichtet wird oder eine andere Organisationsform gewählt wurde.
Ausgehend von der **Lebenswirklichkeit der Kinder** werden Themen aufgegriffen, geklärt, ergänzt und in neue Zusammenhänge gebracht. Dabei werden Verbindungen zu **wissenschaftlichen Fragestellungen und Erklärungen** hergestellt: Der Umgang mit der Sache selbst soll zu sachgemäßem Problemerkennen und -lösen anregen und zu stimmigen, überprüfbaren Erkenntnissen, Verfahren und Einsichten hinführen. Diese Vorgehensweise schafft die im neuen Lehrplan geforderte Grundlage für **weiterführendes Lernen.**
Die vielen Angebote zum Experimentieren, Untersuchen, Messen, Bauen, Gestalten etc. ermöglichen einen **handlungsorientierten Unterricht**, das forschend-entdeckende Lernen wird in den Vordergrund gestellt. Gleichzeitig wird darauf geachtet, dass mit einfachen Materialien gearbeitet werden kann. Das hält den Aufwand bei der Vorbereitung und Umsetzung in Grenzen und regt die Kinder darüber hinaus zum Selbermachen und Nachmachen an.

Der neue Lehrplan betont die **fachspezifischen Arbeitsweisen** bzw. Lernformen und auch in dem Schülerband kommen sie besonders zum Tragen: angemessene Informationsbeschaffung, genaues Beobachten und präzises Beschreiben von Sachverhalten, Probleme erkennen, Fragestellungen und Hypothesen entwickeln und prüfen, Ergebnisse deuten und dokumentieren u.v.m.
Auch die Methoden des **aktiven Wissenserwerbs** werden angewandt: So werden unterschiedliche methodische Zugänge und Möglichkeiten der Mediennutzung angeboten bzw. thematisiert. Die Kinder können ihr Wissen zunehmend selbstständig und selbsttätig erwerben.

Das Schülerbuch ist so konzipiert, dass komplexe Sachzusammenhänge durch ausgewählte Beispiele erschlossen werden. So wird **exemplarisches Lernen** ermöglicht.
Die Inhalte wurden so ausgesucht und angelegt, dass die Kinder ein vernetztes, sachbezogenes und konstruktives Wissen aufbauen und sichern können.

Die Anbahnung von **projektorientierten Unterrichtsvorhaben** und **fächerübergreifendes Arbeiten** stellt das Lernen in Sinnzusammenhängen in den Vordergrund und berücksichtigt gleichzeitig die Interessen der Kinder. **Außerschulische Lernorte** werden ebenfalls in den Unterricht einbezogen, um den Kindern originale Begegnungen zu ermöglichen.

Schülerbuch und Arbeitsheft erleichtern die **Leistungsbewertung**: Es werden praktische Leistungen gefordert, die beobachtet und präsentiert werden können, der Lernprozess und Lernertrag werden immer wieder reflektiert, die Dokumentation der Ergebnisse in einem Forscher- oder Lerntagebuch wird vielfach angeregt. Zudem sollen die Kinder ihr neu erworbenes fachliches Wissen anwenden.
Im Anhang dieses Lehrerhandbuchs finden Sie außerdem zwei Übersichten, die zeigen, wie die Unterrichtsgegenstände und verbindlichen Anforderungen im Schülerbuch umgesetzt worden sind. Aus diesen Übersichten lassen sich individuelle Beobachtungsbögen für Ihre Klasse entwickeln.

Das Lehrerhandbuch ...

... orientiert sich im Aufbau streng am Schülerbuch und folgt der Reihenfolge der Kapitel. In der Kopfzeile wird auf die entsprechenden Seiten im Schülerbuch (SB) verwiesen, passende Seiten im Arbeitsheft (AH) werden ebenfalls genannt. Außerdem werden die besprochenen Schülerbuchseiten abgebildet. In der Fußzeile befindet sich der jeweilige Lehrplanbezug (LP). Genannt werden hier die Aufgabenschwerpunkte.

Zur Sache

Hier gibt es sachbezogene Informationen zu einem Thema. Außerdem werden die Schulbuchseiten vor dem jeweiligen pädagogischen Hintergrund erläutert und in Beziehung zu den Intentionen der Autorinnen gesetzt.

Zur Arbeit mit dem Schülerbuch

Hier werden Vorschläge gemacht, wie der Unterricht methodisch und organisatorisch gestaltet werden kann und wie das Schülerbuch dabei zu nutzen ist. Das Arbeitsheft ist in der Regel selbsterklärend, daher werden hierzu nur gelegentlich Hinweise gegeben.

Vernetzung und Fortführung

Hier werden verwandte Themen aus dem Schülerbuch genannt. Außerdem wird aufgelistet, wie das Thema laut Lehrplan in den Klassen 3 und 4 fortgeführt wird.

Weiterführende Ideen

Hier werden ergänzende, weiterführende und fächerübergreifende Themen- und Unterrichtsvorschläge gemacht. Sie helfen, das Erlernte zu sichern, und vernetztes Denken und Handeln zu fördern.

Einige Ideen für Ihren Unterricht

In einigen Kapiteln werden Schwerpunkte gesetzt, die ausführlicher zeigen sollen, wie ein Thema nach unterschiedlichen Schwierigkeitsgraden differenziert aufbereitet werden kann, was insbesondere für die Klassen 1/2 wichtig ist. Hier sind zum Beispiel Anregungen für Freiarbeitsmaterialien zu finden, die beim Stationenlernen oder im Rahmen einer Werkstattarbeit eingesetzt werden können.

Zum Nachlesen

Häufig lassen sich im Unterricht allgemeine Kinder- und Sachbücher verwenden: Kinderlexika, Bastelbücher, Tierbücher u.v.m. Weil der Markt für diese Bücher aber sehr groß und auch schnelllebig geworden ist, können hierzu nur einzelne oder exemplarische Tipps gegeben werden. Das Internet ist für die Informationsbeschaffung inzwischen unentbehrlich geworden. Die hier genannten Adressen sind als Hinweise für die Lehrerin gedacht. Auch hier gilt natürlich, dass man nicht sagen kann, ob es die genannten Seiten morgen noch gibt. Daher ist eine eigene Recherche mithilfe von Suchmaschinen (zum Beispiel www.google.de oder, für Kinder, www.blinde-kuh.de) zu empfehlen.

Hinweis: Um eine bessere Lesbarkeit zu erzielen, wird in dem Lehrerband die feminine Form verwendet. Es heißt also Lehrerin und nicht Lehrkraft oder Lehrer, obwohl natürlich alle Kolleginnen und Kollegen gemeint sind. Im Schülerband sind die Formulierungen differenzierter.

Zur Sache

Der Schuleintritt ist eine einschneidende Veränderung im Leben der Kinder.
Bestimmte Organisationsstrukturen und Abläufe sind den Kindern zwar bereits aus dem Kindergarten bekannt und können bei einer bestehenden Kooperation zwischen Kindergarten und Grundschule aufgegriffen und weitergeführt werden. Trotzdem ist vieles neu und anders und nicht alle Kinder haben zuvor einen Kindergarten besucht.
Die Kinder werden mit einem neuen Lebensrhythmus, neuen Gesichtern, neuen Aufgaben und anderen Räumlichkeiten konfrontiert. Dies kann zunächst zu Verunsicherungen führen. Manche Kinder reagieren darauf verschüchtert und trauen sich zum Beispiel nicht, nach der Toilette zu fragen. Deshalb ist es wichtig, gleich zu Beginn die Kinder mit dem neuen Umfeld (Toilette, Turnhalle, Lehrerzimmer, Parallelklasse ...) und den wichtigsten Personen (Mitschüler, Schulleitung, Sekretärin, Klassenlehrerin der Parallelklasse ...) vertraut zu machen. Die ersten Schulwochen sind also geprägt von Erkundungstouren und einfachen Spielen in der Klasse, im Gebäude und durch das Schulgelände. Damit verbunden ist das Kennenlernen der gemeinsamen Regeln und Rituale in der Klasse und der Grenzen zum Beispiel auf dem Schulhof (rechtlich sehr wichtig).
Den Kindern wird so die Möglichkeit gegeben, selbstständig und ein Stück eigenständig zu werden.

Zur Arbeit mit dem Schülerbuch

Diese Doppelseite wird in den ersten Schulwochen eingesetzt, sie zu betrachten und über das Gesehene zu erzählen ist von großer Bedeutung. Der Blick in die verschiedenen Klassenräume, die Turnhalle, den Schulgarten und den Schulhof lässt die Kinder viele Entdeckungen machen. Einige Dinge werden den Kindern bekannt sein, andere können im Gespräch geklärt werden. Gerade das Lehrerzimmer und die Büros für Schulleitung und Sekretariat sind den Kindern weniger vertraut und können in ihrer Funktion genauer besprochen werden.
Die erste Aufgabe lenkt den Blick der Kinder zielgerichtet auf wichtige Personen, Räume und Dinge in diesem Schulgebäude. Solche Suchaufträge wecken die kindliche Neugier, allerdings bereitet manchen Kindern die Orientierung in einem komplexen Ganzen noch Probleme.
Die Aufgaben 2 bis 4 setzen den Schwerpunkt auf die Erkundung des **eigenen** Schulgebäudes. Schon bei der genauen Bildbetrachtung bietet es sich an, Vergleiche zur eigenen Situation anzustellen. Nicht überall gibt es schließlich einen Schulgarten, Spielgeräte auf dem Schulhof und eine Turnhalle direkt neben der Schule.
Aufgabe 2 betont die Begegnung mit wichtigen Personen des Schullebens. Die Kinder lernen die verschiedenen Gesichter, Namen und Aufgaben kennen, wobei sie wie Reporter Fragen stellen können (am besten in der Klasse vorbereiten).
Bei der dritten Aufgabe sollen Wege gefunden und im Nachhinein beschrieben werden. Sie schult also die Orientierung im Raum, steht aber auch in einem engen Zusammenhang zur Mathematik, denn Raumorientierung und Lagebeschreibungen sind wichtige Aspekte im geometrischen Bereich.
Aufgabe 4 zielt auf das Symbolverständnis (siehe auch die Übungen zum Verkehr), gleichzeitig macht sie die Kinder mit zwei lebenswichtigen Schildern im Haus bekannt. Speziell das Schild Fluchtweg spielt im Zusammenhang mit dem Probefeueralarm, der jedes Schuljahr einmal an den Schulen durchgeführt werden muss, eine große Rolle.

Vernetzung und Fortführung

- Klasse 1/2: Wo geht's lang; Wir üben für den Verkehr; Wir in der Klasse
- Klasse 3/4: Typische Strukturen des Schulortes und der Region erkunden; wesentliche Sachverhalte und Veränderungen der Räume NRW, Deutschland, Europa und der Erde erarbeiten; Konflikte erkennen und Konfliktlösungen erproben; Formen der aktiven Mitarbeit und demokratischen Beteiligung im Ort oder Ortsteil kennen lernen

Weiterführende Ideen

- Patensystem mit einer „höheren“ Klasse
- Spiele zum gegenseitigen Kennenlernen durchführen (zum Beispiel Namensspiele wie „Mein rechter Platz ist leer“).
- Suchaufträge in der Klasse/im Haus, Rallye durchs Gebäude
- Spiel: „Ich sehe was, was du nicht siehst“
- Weitere Symbole im Haus und rund um die Schule suchen und deren Bedeutung klären
- Symbole für verschiedene Arbeits- und Sozialformen in der Klasse festlegen
- Gegenstände in der Klasse mit Namensschildern versehen (Schreibanlass)
- „Schau genau“ – drei Dinge im Klassenraum verändern
- Lagebeziehungen (besonders links, rechts) zum Beispiel im Sportunterricht vertiefen (vgl. Büngers)

Zum Nachlesen

- Bairlein, Sigrid; Butters, Christel: Schulanfang. Hilfen für Lehrer. Materialien und Anregungen. Auer Verlag, Donauwörth 2001
- Büngers, Beate: 100 tolle Sport- und Bewegungsspiele. 1. und 2. Schuljahr. Auer Verlag, Donauwörth 2002
- Joachim-Meyers, Ulrike: Sich in der Schule einfinden. In: Grundschule Sachunterricht 6/2000, S. 10–13
- Pohl, Anni: Schüler werden ist nicht schwer. Auer Verlag, Donauwörth 2004

Auf der Hülle des Ballons ist Platz für eure Namen, Fingerabdrücke oder Bilder.

SB S. 6–11 Wir üben für den Verkehr Auf dem Weg zur Schule **AH** S. 4–7

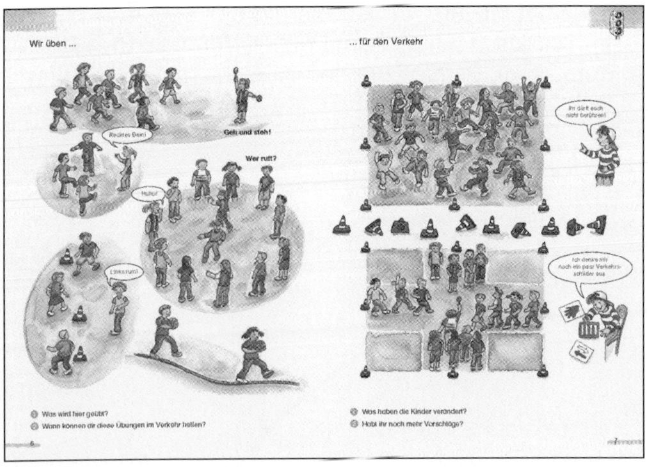

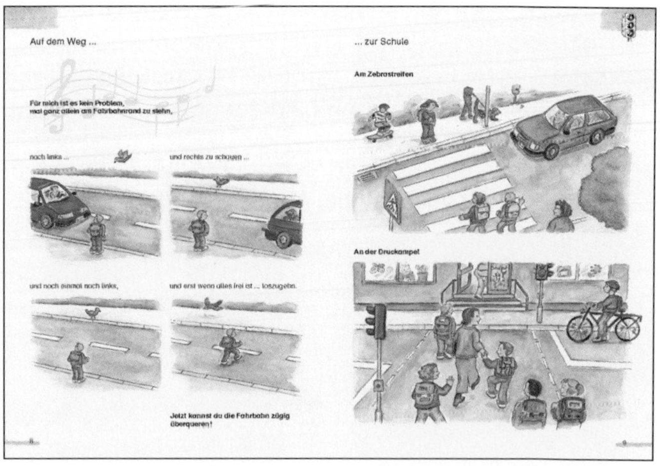

Zur Sache

Viele Untersuchungen haben gezeigt, dass Kinder verunglücken, weil ihre psychische, körperliche und geistige Leistungsfähigkeit den Anforderungen des Straßenverkehrs nicht gewachsen ist, nicht aber deshalb, weil sie Zeichen und Regeln nicht kennen.
So muss zum Beispiel gutes und richtiges Sehen trainiert werden, damit die Kinder Verkehrszeichen, Formen, Markierungen und Ampelfarben erkennen und unterscheiden lernen. Sie müssen auf optische Signale reagieren und Geschwindigkeiten und Entfernungen richtig einschätzen können.
Ähnliches gilt für die akustische Wahrnehmung: Richtungshören und Entfernungsbestimmung von Geräuschen müssen geübt werden, um die akustische Orientierung zu trainieren, außerdem müssen die Kinder Verkehrsgeräusche erkennen und zuordnen können.
Eine ebenfalls unverzichtbare Grundlage der kindorientierten Verkehrserziehung in der Grundschule ist die Schulung des Bewegungs-, Reaktions- und Konzentrationsvermögens der Kinder.

So umfasst die Verkehrserziehung heute neben den „klassischen" Bereichen (Verkehrszeichen/Verkehrsregeln, Einüben von verkehrsgerechten Verhaltensweisen im Schonraum und im Verkehr ...) auch den Bereich der psychomotorischen Erziehung.
Psychomotorische Grundübungen (wie Übungen zum räumlichen, auditiven und farblichen Wahrnehmungsvermögen, Training des Reaktions- und Konzentrationsvermögens, Übungen zur Bewegungsgeschicklichkeit) sind unerlässlich und eine unbedingte Voraussetzung für eine sichere Verkehrsteilnahme.
Ein Großteil dieser Übungen kann in der täglichen Bewegungszeit stattfinden (Pausenhof, Schulhof, Klassenzimmer), gezieltes Training kann fächerübergreifend im Sach- und Sportunterricht durchgeführt werden. Empfehlenswert ist hier der Einsatz der „Move-it"-Box (eine Materialkiste mit Lehrerhandbuch, die über die Deutsche Verkehrswacht zu beziehen ist). Eine Vielzahl von Übungen zum psychomotorischen Bereich findet man in dem Buch „Verkehrserziehung vom Kinde aus" von Siegbert Warwitz.
Die Verkehrserziehung muss das jeweilige Umfeld (Schulweg, Wohn- und Freizeitgebiet) der Kinder berücksichtigen. Bordstein- und Schulwegtraining, Beobachtungen des Straßenverkehrs, Sichten von Verkehrszeichen etc. müssen deshalb an die jeweiligen Gegebenheiten angepasst werden.

Zur Arbeit mit dem Schülerbuch

S. 6: Wir üben ...
Das Anliegen dieser Seite ist die Schulung der Wahrnehmungs- und Koordinationsfähigkeit der Kinder.
Hier werden Anregungen gegeben, die unbedingt in spielerischen Situationen umgesetzt werden sollten, um im nachfolgenden Gespräch eine Grundlage für das Entwickeln von Einsichten zu geben (vgl. Arbeitsaufträge 1 und 2).
Die gezeigten Situationen können betrachtet, evtl. durch weitere Vorschläge der Kinder ersetzt und sofort und ohne große Hilfsmittel nachgespielt werden.
Die Kinder werden keine Schwierigkeiten haben, die „Regeln" zu erkennen, erinnern die Situationen doch teilweise an bekannte Spiele wie etwa „Fischer, wie tief ist das Wasser" (Geh und steh) und „Blinde Kuh" (Wer ruft).

Zu den einzelnen Übungen:

1. **Geh und steh**: Training des Reaktionsvermögens und Einüben des verkehrsgerechten Verhaltens im Zusammenhang mit den Farben Rot und Grün
   Material: 2 Pappscheiben, eine rot, eine grün bemalt
   Verlauf: Von einer Startlinie aus bewegen sich die Kinder auf die Spielleiterin zu. Sie dürfen gehen, so lange die „Ampel" grün ist, bei Rot muss gestoppt werden. Wer ist zuerst bei der Spielleiterin?
2. **Rechtes Bein**: Lagebeziehungen erkennen, Schulung des Reaktionsvermögens und des Gleichgewichts
   Material: keins
   Verlauf: Die Kinder stehen im Kreis und heben auf Zuruf das rechte (linke) Bein bzw. den rechten (linken) Arm, eine Hand, einen Fuß, wenden sich dem rechten (linken) Nachbarn zu etc.
3. **Links rum**: Lagebeziehungen erkennen, Schulung des Reaktionsvermögens
   Material: Pylonen
   Verlauf: Die Kinder bewegen sich auf Zuruf in die angegebene Richtung um die Pylonen herum. Differen-

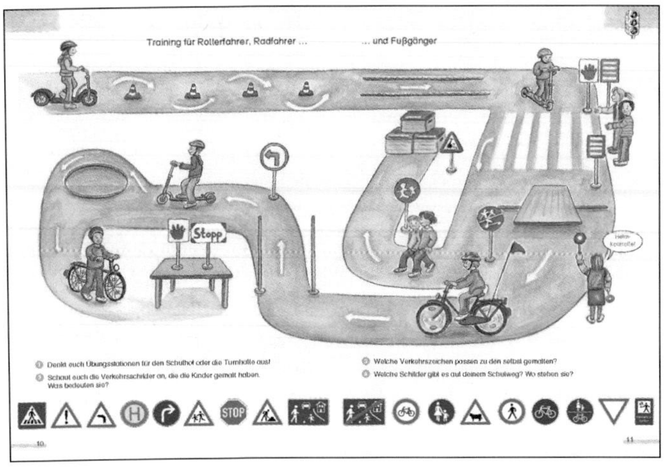

zierungsmöglichkeiten ergeben sich durch die Anzahl der Pylonen und die Geschwindigkeit.

4. **Wer ruft**: Schulung des Richtungshörens und der Konzentration
   Material: Augenbinden (Schals, Tücher ...)
   Verlauf: Ein oder mehrere Kinder stehen mit verbundenen Augen im Kreis und bewegen sich auf das rufende Kind zu. Differenzierungsmöglichkeiten ergeben sich durch die Anzahl der Kinder im Außenkreis und durch Nebengeräusche.
5. **Balancieren**: Schulung der Gleichgewichts- und Koordinationsfähigkeit, Beherrschung des Bewegungsapparats
   Material: ein langes Seil, für jedes Kind einen Ball
   Verlauf: Die Kinder sollen mit dem Ball in der Hand auf dem Seil balancieren. Alternativ können zum Beispiel zwei Bälle getragen werden oder es wird auf einer Langbank balanciert.

Die Übungen können gemeinsam (1, 2, 4), in Kleingruppen (3, 5) oder auch als Stationenlauf durchgeführt und vielseitig ergänzt werden.
Die Nachbesprechungen können direkt im Anschluss an die Übungen oder in der Klasse mithilfe der Bilder im Buch durchgeführt werden.
Einige Gesprächspunkte (siehe Arbeitsauftrag 1 und 2) könnten sein:

- Was genau übst du hier?
- Was ist noch schwierig für dich?
- Viele der Übungen können dir helfen, deinen Schulweg sicher zurückzulegen. Kannst du dir vorstellen, warum das so ist?
- Wieso ist das Hören so wichtig? Reicht es denn nicht, gut zu sehen?
- Ich balanciere doch nicht auf der Straße ...

Einige Ideen für Ihren Unterricht

Hier folgen weitere psychomotorische Übungen zur Schulung der Wahrnehmungs- und Koordinationsfähigkeit, teilweise mit Anbindung an reale Verkehssituationen.

1. **Hörst du mich?** Isolierte Schulung des Hörvermögens, bewusste Orientierung mithilfe der Ohren
   Material: Augenbinden (Schals) für alle
   Ort: Turnhalle
   Verlauf: Jedes Kind geht mit verbundenen Augen umher und macht dabei ein Geräusch (summen, reden, pfeifen ...). Das Ziel ist es, mit keinem anderen Kind zusammenzustoßen, sondern nach Gehör auszuweichen.
2. **Schlangenhören:** Schulung des Richtungshörens und der Konzentration
   Material: Augenbinde
   Verlauf: Ein Kind bekommt die Augen verbunden, die übrigen Kinder stellen sich in einer Schlangenlinie auf. Sie klatschen nacheinander in die Hände. Das „blinde“ Kind muss versuchen, den Schlangenlinienweg nur mithilfe des Gehörs abzugehen.
3. **Autos raten:** Sensibilisierung der auditiven Wahrnehmung
   Material: keins
   Ort: an der Straße
   Organisation: kleine Gruppen bilden
   Verlauf: Die Kinder stehen mit geschlossenen Augen an der Straße und versuchen, Autos zu hören und mit dem Finger zu verfolgen. Welches Auto ist groß? Welches schnell? Woran konntest du das hören?
4. **Menschen im Verkehr:** Verschiedene Geschwindigkeiten erleben, Tempobewegungen beherrschen und sicher mit ihnen umgehen
   Material: keins
   Ort: Schulhof oder Turnhalle
   Verlauf: Die Kinder spielen mit wechselnden Rollen verschiedene Verkehrsteilnehmer (alte Menschen, hüpfende Kinder, Jogger ...) und bewegen sich im Raum. Wie wird die eigene Bewegung und die der anderen erlebt?
5. **Einfädeln üben:** Umgang mit eigenen Bewegungsmöglichkeiten und Erkennen fremder Bewegungsabsichten
   Material: keins
   Ort: draußen
   Verlauf: Die Klasse wird halbiert. Die eine Hälfte der Kinder geht langsam und mit geringem Abstand hintereinander her, die restlichen Kinder bewegen sich frei. Auf ein Zeichen hin müssen sie ihre Gehrichtung und ihr Tempo so steuern, dass sie sich nach und nach in die Schlange einfädeln können.

Weiterführende Ideen

- „Wann siehst du mich“: Ein Kind legt die Hände seitlich an den Kopf (eingeschränkter Blickwinkel), ein anderes geht seitwärts an ihm vorbei. Wann gerät das Kind in das Blickfeld?
- Dazu passend: Durch Wenden des Kopfes (oder noch besser des Körpers) verbessert sich der Blickwinkel.
- Autospiel 1: Mit Kästen (Turnhalle) in etwa die Höhe eines Autos nachbauen. Ein Kind sitzt im Kasten (Kopf

soll oben herausgucken). Die anderen Kinder verteilen sich um das „Auto“ herum und nehmen verschiedene Positionen ein (sitzend, liegend, stehend ...). Welche Kinder werden vom „Autofahrer“ gesehen?

- Autospiel 2: Zwei „Autos“ (große Kästen) parken am Straßenrand. Wo muss ich mich als Kind hinstellen, damit ich die Straße überblicken kann?
- Viele weitere Möglichkeiten siehe Warwitz.

S. 7: ... für den Verkehr
Hier geht es darum, dass die Kinder den Sinn von Verkehrsregeln erfahren (angelehnt an Warwitz: „Wie spielen Verkehrschaos“, Seite 227 ff.).
Die Bilder dienen als Anregung und Gesprächsanlass (siehe Arbeitsaufträge 1 und 2). Die Situationen sollten jedoch unbedingt nachgespielt werden, um den Kindern durch die unmittelbare Erfahrung die Notwendigkeit und den Sinn eines „geregelten“ Verkehrsablaufs einsichtig zu machen.
Zum oberen Bild: Hier dürfen sich die Kinder in einem abgetrennten Bereich frei bewegen, wie sie wollen, aber ohne sich zu berühren. Sie werden schnell merken, dass das sehr schwer ist. Zusätzliche „Kommandos“ (alle rechts herum, drehen, langsam laufen, rückwärts gehen etc.) oder eine Verkleinerung des Raumes machen die Bewegungen so schwierig, dass Regelungen notwendig werden. (Benötigtes Material: Pylonen oder Schulranzen zur Abgrenzung; Ort: Schulhof oder Turnhalle.)
Im Bild unten haben die Kinder eine Kreuzung aufgemalt und einen Helfer in die Mitte gestellt, der mit einer Kelle die Bewegungsrichtung anzeigt. (Benötigtes Material: Pylonen, Kreide oder Klebeband, eine rote und eine grüne Pappscheibe, weiteres nach Bedarf.)
In einem nächsten Schritt könnten eigene Verkehrszeichen entworfen werden, die den Verkehr regeln.
Dieses Spiel kann zu einem komplexen Verkehrsspiel ausgebaut werden, in dem die Kinder in die Rollen unterschiedlicher Verkehrteilnehmer schlüpfen, um deren Sichtweisen kennen zu lernen. Sie setzen ihre entworfenen Verkehrszeichen ein und lernen das Regelnetz des Straßenverkehrs spielerisch kennen.

Einige Ideen für Ihren Unterricht

1. **Mit Fantasiefahrzeugen fahren:** Herausbilden elementarer Vorstellungen über die Abläufe im Straßenverkehr
   Material: Pylonen oder andere Raumabgrenzungen, Markierungen und weiteres Material nach Bedarf
   Verlauf: Die Kinder fahren mit imaginären Fahrzeugen im abgegrenzten Raum. Zunächst wie im unteren Bild, danach sollten die Regeln erweitert werden.
2. **Sich in Bahnen bewegen:** Vorteile der Bahnenordnung erfahren
   Material: wie oben
   Verlauf: Es werden getrennte Bahnen für Autos, Radfahrer und Fußgänger aufgemalt, auf denen diese sich bewegen können.
3. **Rechts fahren und links überholen:** Sinn des Rechtsverkehrs erfahren, Überholvorgänge üben
   Material: wie oben
   Verlauf: Alle bewegen sich wie im richtigen Verkehr auf der rechten Seite ihrer Bahn. Wer überholen möchte, muss das auf der linken Seite tun.
4. **Gegenverkehr beachten:** Sinn des Rechtsverkehrs erfahren, Überholvorgänge üben, Verkehr beobachten, Geschwindigkeiten einschätzen
   Material: wie oben
   Verlauf: Die Bahnen werden in beide Richtungen befahren. Alle fahren rechts, damit Zusammenstöße vermieden werden. Wer überholen möchte, gibt ein Zeichen und beobachtet den Gegenverkehr. Erst bei freier Bahn darf überholt werden.

Weiterführende Ideen

- Die genannten Übungen können beliebig erweitert werden, zum Beispiel durch die Aspekte „Kreuzungen befahren“, „rechts vor links“, „Ampelverkehr“.
- Fahren mit symbolischen Fahrzeugen
  Material: verschiedene Geräte wie Reifen, Kastenteile, Seile
  Ort: Turnhalle
  Verlauf: gleiche Abfolge wie oben
- Fahren mit Fahrzeugen
  Material: Roller, Dreiräder, Kinderräder
  Ort: Schulhof
  Verlauf: wie oben; für Klasse 2 vergleiche Schülerbuch, Seiten 10 und 11

S. 8: Auf dem Weg ...
Die Seiten 8 und 9 sollen die Kinder darauf vorbereiten, ihren Schulweg allein und sicher zu bewältigen.
Auf Seite 8 wird das Überqueren der Straße ohne Hilfsmittel gezeigt.

Einige Ideen für Ihren Unterricht

1. Das Lied „Links und rechts“ von Rolf Zuckowski hören, einüben und singen.
2. Die Bilder auf der Seite anschauen und darüber sprechen: Wie verhält sich das Kind? Macht es alles richtig? ...
3. Die Situation in der Klasse oder auf dem Hof nachspielen, wobei einige Kinder die Rolle des Autos übernehmen. Zuschauende Kinder können sagen, was sie beobachten.
4. „Trockenübungen“ an der Straße: Kinder beobachten den Verkehr und sagen laut, wohin sie schauen und was sie sehen (zum Beispiel: „Ich gucke nach links, dann nach rechts. Da kommt ein Auto!“ etc.)
5. Eine Straße im verkehrsberuhigten Bereich ohne Hilfsmittel überqueren.
6. Eine Stelle aufsuchen, an der Autos am Straßenrand parken: Wo muss ich stehen, damit ich als Kind die Straße überblicken kann? (Vgl. Autospiel 2.)

7. Bordsteintraining mithilfe eines Verkehrspolizisten (wo möglich): Einüben, wie die Straße sicher überquert werden kann.

S. 9: ... zur Schule
Auf dieser Seite wird gezeigt, wie die Fahrbahn an einem Zebrastreifen und an einer Fußgängerampel (Druckampel) überquert werden kann.

Einige Ideen für Ihren Unterricht

1. Die Bilder anschauen und darüber sprechen: „Was muss ich am Zebrastreifen beachten? Muss ich gar nicht mehr aufpassen, weil mir der Zebrastreifen Vorfahrt gibt? Wie funktioniert eine Druckampel?“...
2. Die Situationen nachspielen (mit den Fingern auf der Seite, in der Klasse, auf dem Schulhof. Zebrastreifen aufmalen, Ampel aus Pappdeckeln ...).
3. Gang zu einer Straße mit Zebrastreifen. Den Verkehr beobachten. Das richtige Überqueren einüben.
4. Gang zu einer Straße mit Druckampel. Druckampel erklären, bedienen, die Straße überqueren.
5. Bordsteintraining wie oben beschrieben.

In allen Übungssituationen ist das Gespräch wichtig, zum Beispiel: „Wie zeige ich am Zebrastreifen an, dass ich die Fahrbahn überqueren will? Wie merke ich, dass ein Autofahrer/Radfahrer ... auch wirklich anhält? Was mache ich, wenn die Ampel auf Rot umspringt und ich noch mitten auf der Straße bin?“

S. 10, 11: Training für Rollerfahrer, Radfahrer ...
Den Parcours kann man mit einfachen Mitteln auf dem Schulhof oder in der Turnhalle aufbauen. Benötigt werden:
Fahrzeuge (Roller und/oder Räder), Helme, von den Kindern entworfene und/oder „richtige“ Verkehrsschilder (gemalte), Kreide oder Klebeband für die Markierungen, Pylonen (es geht auch mit Blechdosen), 2 lange Seile, 1 Plastikreifen, 2 Stangen mit Ständern, kleine Kästen, Matten o.Ä. als Rampe, 1 Tisch.
Die Pfeile geben die Bewegungsrichtung vor. Es können mehrere Kinder gleichzeitig üben.
Unten auf der Doppelseite sind echte Verkehrsschilder abgebildet. Sie können den selbst erdachten zugeordnet werden.

Vernetzung und Fortführung

- Klasse 1/2: Wo geht's lang? Wir lesen Karten!
- Klasse 3/4: Verschiedene Verkehrsräume und -mittel sicher nutzen; Verkehrswege als Verbindungen und Grenzen erkennen; Radfahrausbildung absolvieren
- In allen Schuljahren: Fortsetzung des psychomotorischen Trainings, Wahrnehmungsübungen

Weiterführende Ideen

- Rolf Zuckowski: Schau mal, hör mal, mach mal mit – Liederspaß für deine Verkehrssicherheit (CD/MC) und: Rolfs neue Schulweg-Hitparade. Mehr Lieder, mehr Spaß, mehr Verkehrssicherheit (Liederbuch/Video/DVD/CD/MC)

Zum Nachlesen

- Altenburg, Erika; Arnold, Gisela; Schüürmann, Anja: Stationenlernen im fächerübergreifenden Sachunterricht. Auer Verlag, Donauwörth 2000
- Deutsche Verkehrwacht e.V. (Hrsg.): Flux. Die pfiffige Verkehrserziehung. Lehrerband 1./2. Schuljahr. Ernst Klett Grundschulverlag, Leipzig 1999
- Deutsche Verkehrwacht e.V. (Hrsg.): Radfahren in der Schule. Ernst Klett Grundschulverlag, Leipzig 1999
- Warwitz, Siegbert: Verkehrserziehung vom Kinde aus. Wahrnehmen, Spielen, Denken, Handeln. Schneider Verlag Hohengehren, Baltmannsweiler 2000

Links und rechts

Musik und Text:
Rolf Zuckowski

Mittlerer Beat

SB S. 6–11 Training für Rollerfahrer, Radfahrer und Fußgänger **AH** S. 4–7

1. Als ich vier Jahre alt geworden bin,
   da sagte meine Mutter: „Liebes Kind!
   In deiner linken Tasche,
   da hab ich was versteckt,
   und du hast es noch immer nicht entdeckt."
   Ich griff sofort hinein mit meiner Hand,
   nun ratet mal, was ich wohl darin fand?
   Nur einen leeren Zettel
   und plötzlich war mir klar,
   dass es wohl die rechte Tasche war.

Refrain:
Wer links und rechts nicht unterscheiden kann,
das ist ein armer Mann, das ist ein armer Mann!
Wer links und rechts nicht unterscheiden kann,
für den fang ich noch mal von vorne an.
Ich hebe links meine Hand, rechts meine Hand,
und ich klatsch so laut wie ich kann.
Links einen Blick, rechts einen Blick,
dafür braucht man keinen Zaubertrick.

2. Das Spielchen war bei uns bald sehr beliebt
   und ich hab sogar heimlich noch geübt.
   Dann ging es immer schneller
   und besser mit der Zeit
   und heut ist es für mich 'ne Kleinigkeit.
   Darum ist es für mich auch kein Problem,
   mal ganz allein am Fahrbahnrand zu stehn,
   nach links und rechts zu schauen
   und noch einmal nach links
   und erst, wenn alles frei ist, loszugehn.

Refrain:
Wer links und rechts nicht unterscheiden kann ...

Musik und Text: Rolf Zuckowski

Wir basteln eine Ampel

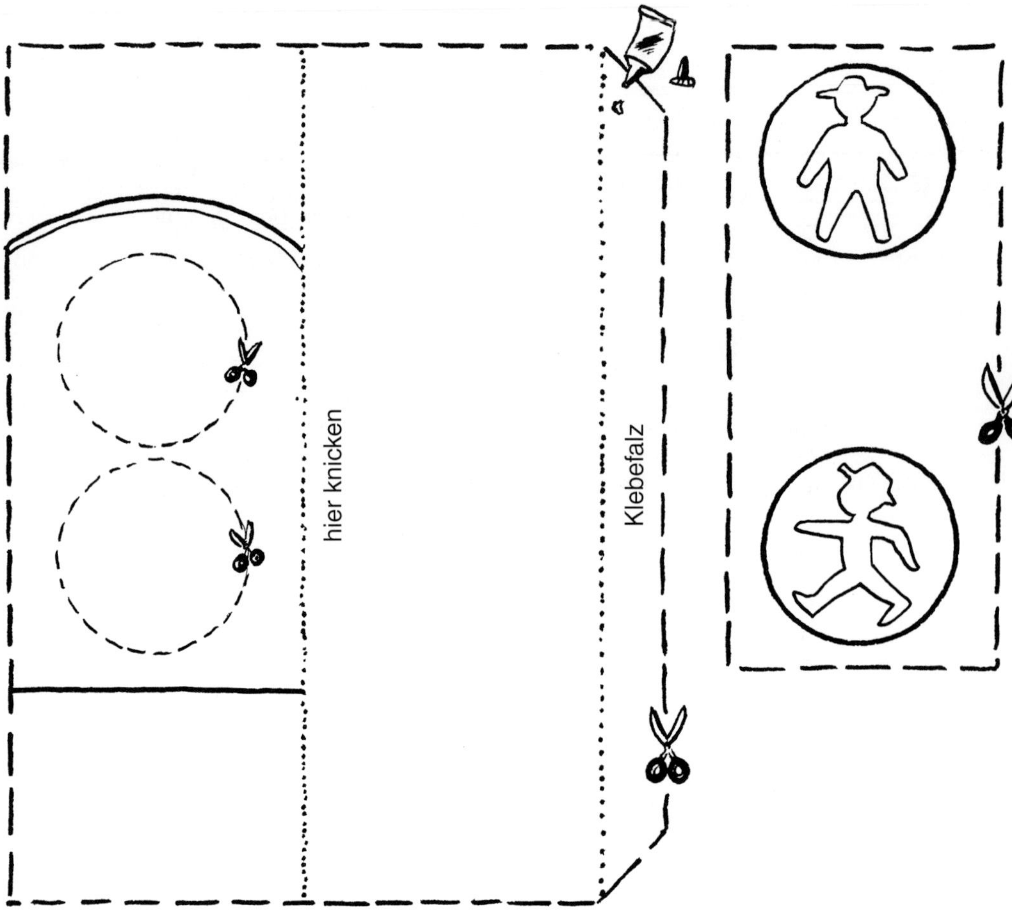

Das wird gebraucht:

- Schere
- Klebstoff
- ein Schaschlikspieß
- ein roter und ein grüner Stift

So wird's gemacht:

1. Das Gehäuse der Ampel entlang der Strichlinie ausschneiden.
2. Die beiden Kreise für die Ampellichter ausschneiden.
3. Das Gehäuse an der gepunkteten Linie knicken.
4. Den Klebefalz dünn mit Klebstoff bestreichen.
5. Die Rückseite des Gehäuses daran festkleben.
6. Die beiden Ampelmännchen mit den richtigen Farben ausmalen.
7. Das Rechteck mit den Ampelmännchen entlang der gestrichelten Linie ausschneiden.
8. An der Rückseite des Rechtecks mit den Ampelmännchen den Schaschlikspieß festkleben.

Jetzt kann der Stab mit den Ampelmännchen in das Gehäuse geschoben werden. So weit, bis ein Männchen in den ausgeschnittenen Kreisen zu sehen ist.

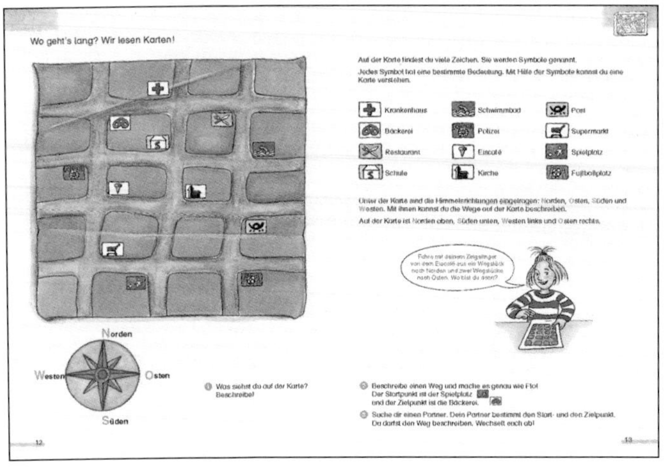

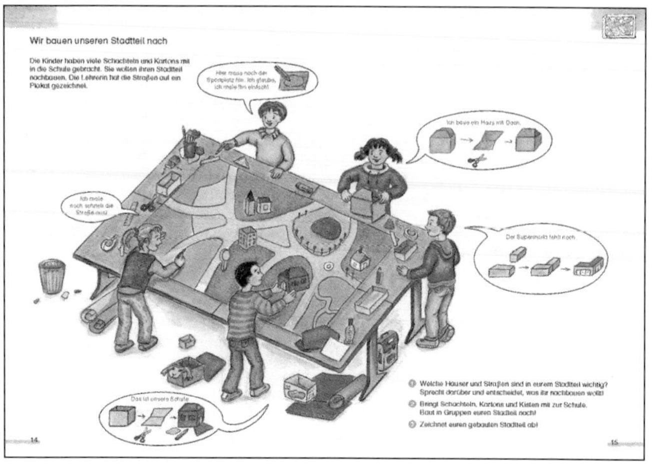

Zur Sache

Es ist wichtig, den Kinder grundlegende Kenntnisse und Fertigkeiten zu vermitteln, die sie dazu befähigen, sich im Raum und auf der Karte zu orientieren. Die Kinder machen erste Erfahrungen im Umgang mit Karten und im Lesen von Karten, die sie im weiteren Verlauf ihrer Schulzeit erweitern und vertiefen können.

Zunächst einmal müssen Kenntnisse erworben werden, die die Voraussetzung zum Lesen und Verstehen von Karten bilden. Hierzu gehören folgende Teilaspekte, die sich auch auf den Schulbuchseiten wiederfinden:

- Erkundung einer vereinfachten bzw. stark reduzierten Karte. Auf ihr sind nur wesentliche Örtlichkeiten einer Stadt eingezeichnet, die den Kindern als Orientierungspunkte dienen können.
- Kennenlernen der Himmelsrichtungen. Sie sind eine Orientierungshilfe und Kommunikationsgrundlage für die Beschreibung von Wegen.
- Eine Legende mit Symbolen verstehen lernen. Die Symbole sind an der Lebenswirklichkeit der Kinder angelehnt.

Schließlich geht es um die sachgerechte Anwendung der genannten Kenntnisse. Das heißt, die Kinder sollen die Symbole auf der Karte entdecken, sie in der Legende identifizieren und „entschlüsseln“. Außerdem sollen sie mithilfe der Himmelsrichtungen Wege auf der Karte beschreiben.
In einem weiteren Schritt wird bei den Kindern die Fähigkeit angebahnt, sich mithilfe von Karten im Raum zu orientieren. Die Raumorientierung besteht darin, den in der Landschaft vorgefundenen „Realraum“ mit dem auf der Karte dargestellten „Kartenraum“ zur Deckung zu bringen. Da es für Kinder sehr schwierig ist, einen Landschaftsausschnitt (zum Beispiel ihre Schulumgebung oder ihren Stadtteil) direkt auf einer Karte abzubilden, wird auf den Schulbuchseiten 14 und 15 zunächst ein Modell des Stadtteils gebaut. Später können die Kinder mithilfe dieses Modells erste Versuche im Kartenzeichnen unternehmen.

Sowohl beim Anfertigen des Modells als auch beim Zeichnen der Karte geht es um die Einordnung von Objekten in ein abstraktes räumliches Gefüge. Ordnungskriterien sind die Eigenschaften der Objekte und ihre Beziehungen zueinander (zum Beispiel Lage, Größe und Form der Gebäude). Schließlich aber sollen Kinder, die sich im realen Raum orientieren müssen, in der Lage sein, die verschiedenen Objekte in der Landschaft und auf der Karte zuordnen zu können (unter Berücksichtigung der Kriterien Entfernung, Richtung und Lage).
Die Raumorientierung erweist sich somit als eine äußerst komplexe Fähigkeit, die erst im Laufe der Zeit Schritt für Schritt entwickelt und ausgebaut werden kann. Sie ist untrennbar mit dem Erwerb entsprechender Kenntnisse und Fertigkeiten verbunden.

Zur Arbeit mit dem Schülerbuch

S. 12, 13: Wo geht's lang? Wir lesen Karten!
Hier soll bei den Kindern ein erstes Verständnis für das Lesen einer Karte angebahnt werden. Die Kinder sehen eine stark reduzierte Karte, die ein Straßennetz und verschiedene Symbole, die für bekannte bzw. typische Gebäude in einem Stadtteil oder Wohnort stehen, erkennen lässt. Die Kinder sollen diese Karte zunächst erkunden und die Symbole identifizieren, die in der Legende erläutert werden. Mithilfe der Himmelsrichtungen, die in Verbindung mit den Begriffen rechts (Osten), links (Westen), oben (Norden) und unten (Süden) eingeführt werden können, sollen die Kinder Wege auf der Karte beschreiben. Hierbei ist zu beachten, dass ein Wegstück immer von einem Kreuzungspunkt zum nächsten führt.

S. 14, 15: Wir bauen unseren Stadtteil nach
Auf dieser Doppelseite werden die Kinder dazu angeregt, in Gruppen mit bis zu fünf Kindern ihren eigenen Stadtteil nachzubauen. Dabei ist mit Stadtteil der Bereich gemeint, in dem die Kinder hauptsächlich leben. Die Kinder werden dabei wahrscheinlich auf für sie wesentliche Bezugspunkte zurückgreifen. Dies könnten u. a. die Schule, der Schulweg, der Kindergarten, der Kiosk oder die Kirche sein.
Die Entscheidungsfindung und die Entwicklung von Kriterien, Prioritäten etc. sollten in einem offenen Gespräch stattfinden, in das die Lehrerin nach Möglichkeit nur moderierend eingreift (vgl. Aufgabe 1).

SB S. 12, 13 Wo geht's lang? Wir lesen Karten! **AH** S. 8–11
SB S. 14, 15 Wir bauen unseren Stadtteil nach

Bevor die Kinder anfangen ihren Stadtteil nachzubauen, sollten über einen längeren Zeitraum hinweg kleinere Schachteln und Kartons gesammelt werden. Streichholzschachteln sind besonders geeignet (vgl. Aufgabe 2).
Damit genügend Platz zum Bauen vorhanden ist, sollten Gruppentische gebildet werden, die mit Packpapier oder großen Pappen abgedeckt werden. Diese dienen als Untergrund, auf den die Straßen, Wiesen etc. gezeichnet werden (vgl. Abbildung).
Mithilfe der einfachen Zeichnungen und Erklärungen in den Sprechblasen können die Kinder einzelne Häuser nachbauen und eigenständig konstruieren. Hierfür werden Pappen, Papier, Kleber, Kreppband, Schere und Stifte benötigt.
Das Zeichnen und Gestalten des Stadtteils kann für die Kinder erleichtert werden, indem die Lehrerin die Lage einer Straße oder eines Gebäudes vorgibt.
Nach der Fertigstellung der Stadtteile sollten die Gruppen ihre Ergebnisse vorstellen und vergleichen. Gerade die Unterschiede (zum Beispiel Größe und Lage von Straßen und Gebäuden) sind hierbei sehr bedeutsam. Sie weisen auf Probleme des Maßstabs, der richtigen Ausrichtung und der Wahrnehmung hin. Diese werden bei der Weiterarbeit im 3. und 4. Schuljahr von Bedeutung sein.
Im Anschluss daran übertragen die Kinder das dreidimensionale Modell in eine zweidimensionale Zeichnung (vgl. Aufgabe 3 im Schülerbuch und AH).

Vernetzung und Fortführung

- Klasse 1/2: Willkommen in der Schule!; Wir üben für den Verkehr; Auf dem Weg zur Schule; Training für Rollerfahrer, Radfahrer und Fußgänger; Wir planen gemeinsam
- Klasse 3/4: Typische Strukturen des Schulortes und der Region erkunden; wesentliche Sachverhalte und Veränderungen der Räume NRW, Deutschland, Europa und der Erde erarbeiten

Weiterführende Ideen

- Anlegen eines Sandkastenmodells
- „Wir richten unser Zimmer ein" oder auch „Wir gestalten unseren Klassenraum" (Grundriss zeichnen)
- Schatzsuche: Eine Gruppe versteckt im Klassenraum, im Schulgebäude oder auf dem Schulgelände einen Schatz und zeichnet eine Karte dazu. Können die anderen das Versteck finden?
- Eigene Fantasiesymbole ausdenken

Zum Nachlesen

- Fiegl, Horst; Schwarz, Ursula (Hrsg.): Sachkunde kreativ unterrichten. Orientierung im Raum. Oldenbourg Schulbuchverlag, München 1999
- Nebel, Jürgen: Start in die Kartenwelt. (Lehrerband, Schülerbuch und Arbeitsheft). Westermann Schulbuchverlag, Braunschweig 2002
- Schumann, Gernot; Wittkowske, Steffen: Grundformen der Kartenarbeit (I) und (II). In: Grundschulunterricht, 43. Jg. (1996), Heft 7/8
- Schumann, Gernot; Wittkowske, Steffen: Grundformen der Kartenarbeit (III). In: Grundschulunterricht, 43. Jg. (1996), Heft 10
- Wittkowske, Steffen: Orientieren im Gelände – Einige praktische Anregungen. In: Grundschulunterricht. 42. Jg. (1995), Heft 3

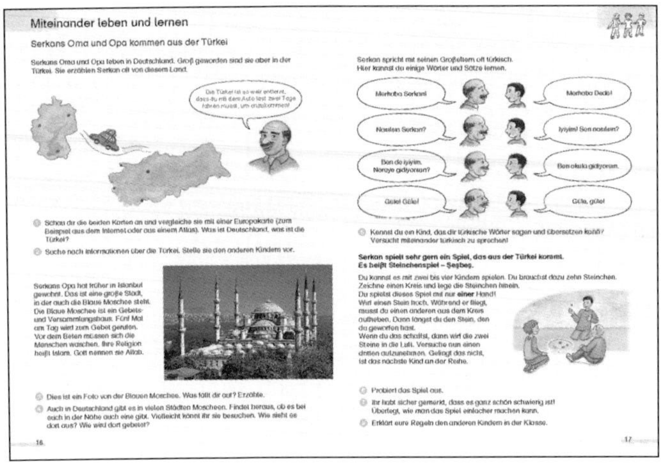

Miteinander leben und lernen

Serkans Oma und Opa kommen aus der Türkei

Serkans Oma und Opa leben in Deutschland. Groß geworden sind sie aber in der Türkei. Sie erzählen Serkan oft von diesem Land.

Schau dir die beiden Karten an und vergleiche sie mit einer Europakarte (zum Beispiel aus dem Internet oder aus einem Atlas). Was ist Deutschland, was ist die Türkei?

Suche noch Informationen über die Türkei. Stelle sie den anderen Kindern vor.

Serkans Opa hat früher in Istanbul gewohnt. Das ist eine große Stadt, in der auch die Blaue Moschee steht. Die Blaue Moschee ist ein Gebets- und Versammlungshaus. Fünf Mal am Tag wird zum Gebet gerufen. Vor dem Beten müssen sich die Menschen waschen. Ihre Religion heißt Islam. Gott nennen sie Allah.

Dies ist ein Foto von der Blauen Moschee. Was fällt dir auf? Erzähle.

Auch in Deutschland gibt es in vielen Städten Moscheen. Findet heraus, ob es bei euch in der Nähe auch eine gibt. Vielleicht könnt ihr sie besuchen. Wie sieht es dort aus? Wie wird dort gebetet?

16

Serkan spricht mit seinen Großeltern oft türkisch. Hier kannst du einige Wörter und Sätze lernen.

Kennst du ein Kind, das dir türkische Wörter sagen und übersetzen kann? Versucht miteinander türkisch zu sprechen!

Serkan spielt sehr gern ein Spiel, das aus der Türkei kommt. Es heißt Steinchenspiel – Şeşbeş.

Du kannst es mit zwei bis vier Kindern spielen. Du brauchst dazu zehn Steinchen. Zeichne einen Kreis und lege die Steinchen hinein. Du spielst dieses Spiel mit nur **einer** Hand! Wirf einen Stein hoch. Während er fliegt, musst du einen anderen aus dem Kreis aufheben. Dann fängst du den Stein, den du geworfen hast. Wenn du das schaffst, dann wirf die zwei Steine in die Luft. Versuche nun einen dritten aufzunehmen. Gelingt das nicht, ist das nächste Kind an der Reihe.

Probiert das Spiel aus.

Ihr habt sicher gemerkt, dass es ganz schön schwierig ist! Überlegt, wie man das Spiel einfacher machen kann.

Erklärt eure Regeln den anderen Kindern in der Klasse.

17

Zur Sache

In wohl den meisten Grundschulen gibt es Kinder aus unterschiedlichen Herkunftsländern. Der Unterricht sollte sich für ihre Kulturen öffnen, um Integration sowie ein respektvolles und angstfreies Miteinander zu ermöglichen. Auf den beiden Schulbuchseiten erfahren die Kinder etwas mehr über die Türkei, die türkische Sprache und ein arabisches Kinderspiel. Die Seiten sind als Begegnungs- und Erzählanlass gedacht und sind exemplarisch für andere Länder und Bevölkerungsgruppen. Im Vordergrund steht der spielerische und interessengeleitete Zugang zu einem „anderen" Kulturkreis.

Die größte Gruppe der in Deutschland lebenden ausländischen Staatsanghörigen wird von Türkinnen und Türken gebildet. 1961 schloss die Bundesrepublik Deutschland mit der Türkei ein Anwerbeabkommen. Aufgrund des Wirtschaftswunders wurden viele Arbeitkräfte benötigt. Die türkischen Arbeitsmigranten kamen vor allem aus dem eher ländlich geprägten Anatolien. Zunächst war angedacht, dass die „Gastarbeiter" für einen Zeitraum von zwei Jahren in Deutschland arbeiten und dann in die Türkei zurückkehren sollten. Daher wurde von beiden Seiten kein integrativer Handlungsbedarf gesehen. 1973 fand ein Anwerbestopp statt. Gleichzeitig kehrten immer weniger türkische Mitbürger in ihre Heimat zurück. Sie begannen verstärkt ihre Familien nach Deutschland zu holen. 1997 lebten mehr als 60 % der Türken länger als 10, viele sogar länger als 20 Jahre in Deutschland. Das bedeutet, dass Familien türkischer Kinder, die heute unsere Schulen besuchen, oftmals schon in der dritten oder vierten Generation in Deutschland leben.
Trotz dieser langen Zeit und der gewollten Einwanderung treffen türkische Mitbürger und Mitbürgerinnen auf gesellschaftliche Probleme. Sie sehen sich oft mit einem sehr diffusen Bild von Ausländern im Allgemeinen, Türken und dem Islam konfrontiert. Unwissenheit und Berührungsängste sind hier als wichtige Ursachen zu nennen.
Der Islam entstand Anfang des siebten Jahrhunderts. Er geht auf den Propheten Mohamed zurück, der den Menschen den Koran überbrachte. Nach Gründung der türkischen Republik durch Kemal Atatürk im Jahr 1923, wurde 1937 die strikte Trennung von Staat und Religion verfassungsmäßig verankert. Der Islam kennt keine einheitliche zentrale Organisationsform, weshalb es unterschiedliche Strömungen gibt. So kann man zwischen den religiösen Vorstellungen der Sunniten (sie machen etwa 90 % aller Muslime aus) und den kleineren Gruppen der Schiiten und Alleviten unterscheiden. Darüber hinaus sind Unterschiede in den traditionellen und religiösen Wertvorstellungen regional gebunden, was sich etwa in einem „Stadt-Land-Gefälle" äußert. Außerdem sind in jeder Generation Menschen zu finden, die dazu neigen, in ihren traditionellen Wertvorstellungen zu verharren, um so ihre kulturelle Identität zu wahren. Dies kann zu Konflikten innerhalb der Familien führen; Partnerschaften, die Freizeitgestaltung oder das Tragen des Kopftuchs werden dann zum Beispiel zum Streitthema.
Eine wichtige soziale Einheit vieler Musliminnen und Muslime ist die Familie. Neben dem religiösen Leben sind Ehre, Achtung und Würde sowie der Respekt vor familiären Autoritäten zentrale Werte.
Muslimische Kinder und Jugendliche fühlen sich oft zwischen den Kulturen hin und her gerissen. Sie können dann nicht eindeutig benennen, wohin sie gehören.
Ein weiteres Integrationsproblem stellt die Erziehungs- und Bildungssituation dar. Nicht ausreichende Deutschkenntnisse verringern die Bildungs- und Berufschancen türkischer Mädchen und Jungen. Kinder aus Familien, die sich vom deutschen Umfeld abschotten, haben deutlich weniger Bildungschancen.
Eine gelungene Integration setzt also die Bereitschaft voraus, aufeinander zuzugehen, sich besser kennen zu lernen und sich in seiner Unterschiedlichkeit zu akzeptieren. Diese Forderung ist im Unterricht aufzugreifen.

Zur Arbeit mit dem Schülerbuch

Serkan ist ein Kind aus der Musterklasse, seine Großeltern sind in der Türkei aufgewachsen. Dem Alter und Entwicklungsstand entsprechend werden den Kindern beispielhaft wichtige Lebensbereiche vorgestellt. Diese gliedern sich in die Bereiche Heimat, Sprache und Miteinander (Spielen).

S. 16
In dem oberen Teil der Seite finden sich zwei stark reduzierte Darstellungen. Die Kinder sollen herausfinden, um welche Länder es sich hier handelt. Dazu benötigen sie einen (Kinder-)Atlas oder eine große Weltkarte (mit Staatengrenzen), die im Klassenraum aufgehängt wird.
Auch im Internet gibt es nützliche Hilfen. Unter www.europa.eu.int/abc/maps/index_de.htm gibt es beispielsweise eine Europakarte. Sie ist Bestandteil der offiziellen „EUROPA-Website" (www.europa.eu.int). Wenn diese Eingaben zu schwierig sind, bietet sich die Möglichkeit, den Umgang mit Suchmaschinen zu üben (zum Beispiel führt die Eingabe von „Europakarte" in die Suchmaschine von www.blinde-kuh.de ebenfalls zu der oben genannten Karte).
Die zweite Aufgabe fordert die Kinder dazu auf, selbstständig Informationen zu suchen, zu sammeln und zu präsentieren. Auch hier kann das Arbeiten mit einer Such-

maschine sinnvoll sein, Expertengespräche sind sicherlich ebenfalls spannend.

Im zweiten Teil der Seite werden Istanbul, die Blaue Moschee und die Religion vorgestellt. Dazu kann das gesammelte Material der Kinder zur Anschauung verwendet bzw. ergänzt werden. Die Blaue Moschee (oder auch Sultan-Ahmet-Moschee) ist weltweit die einzige Moschee mit sechs Minaretten. Die Säulen und Mauern im Inneren sind mit blauen Fliesen verkleidet, daher der Name des Gebäudes. Die Kinder sollen die Moschee betrachten und über das Verhalten der Menschen sprechen. Die rituelle Reinigung vor dem Gebet und die Gebetshaltung werden auf den KV gezeigt.
Schließlich werden die Kinder dazu aufgefordert, sich nach einer Moschee in ihrer Umgebung zu erkundigen. Der Besuch ist anzuraten. Viele türkische Vereine sind offen für Interessenten und stellen gerne Informationsmaterial zu Verfügung. Eventuell ist auch der Besuch einer Koranschule möglich.

S. 17
Im oberen Teil der Seite ist ein einfaches Gespräch zwischen dem Großvater und Serkan abgebildet. Die Kinder werden aufgefordert, zu zweit das Gespräch nachzuvollziehen und somit der türkischen Sprache zu begegnen. Da sich in vielen Klassen türkische Kinder finden, dürften Aussprache und Inhalt kein Problem sein, auch neue Vokabeln können hinzugenommen werden. Übersetzt sagen sich Großvater und Enkel:
Hallo Serkan! – Hallo Großvater!
Wie geht es dir, Serkan? – Gut! Und wie geht es dir?
Mir geht es auch gut. Wohin gehst du? – Ich gehe zur Schule.
Auf Wiedersehen! – Auf Wiedersehen!

Im unteren Teil der Seite wird ein typisches arabisches Spiel vorgestellt, von dem es viele Varianten gibt. Es kann von 2 bis 4 Kindern gespielt werden. Da es höhere motorische Anforderungen stellt, muss es eventuell von der Lehrerin oder einer Kindergruppe zunächst einmal vorgestellt werden. Die Kinder erproben es dann in Kleingruppen und sollen für sich die Spielregeln verändern, um es ggf. zu vereinfachen. Die Gruppen stellen das Spiel mit den veränderten Regeln schließlich im Klassenverband vor.

... und zum Arbeitsheft
Im Arbeitsheft befindet sich eine (erweiterte) Europakarte, in der die Kinder Deutschland und die Türkei kennzeichnen sollen. Außerdem sollen sie sich einen Weg zwischen den beiden Ländern suchen und aufschreiben, durch welche anderen Staaten sie auf ihrem Weg kommen. Das Ergebnis können sie anschließend in einem Gruppengespräch beschreiben.

Vernetzung und Fortführung

- Klasse 1/2: Jede Familie ist anders; Viele Kinder, eine Klasse; Wir suchen Informationen am Computer
- Klasse 3/4: Wesentliche Sachverhalte und Veränderungen der Räume NRW, Deutschland, Europa und der Erde erarbeiten; Erfahrungen mit vertrauten und fremden Kulturen, Religionen, Bräuchen und Lebensweisen reflektieren

Weiterführende Ideen

- Eine Moschee besuchen
- Arabische Schrift betrachten und versuchen nachzuzeichnen
- Gemeinsame Zubereitung eines türkisches Essens
- Türkische Lieder singen und sich dazu bewegen
- Mit Wasserfarben eine Moschee malen und diese mit Goldpapier verzieren
- Eigene Mosaike herstellen
- Türkische bzw. muslimische Bräuche aufgreifen und erklären
- Auf einer passenden (Europa-)Karte die Herkunftsländer anderer Kinder eintragen

Zum Nachlesen

- Bundeszentrale für politische Bildung: Türkei. Bonn 2002 (Informationen zur politischen Bildung, Heft 277)
- Günther, Sybille: iftah ya simsim – Spielend den Orient entdecken. Ökotopia Verlag, Münster 1999;
  dazu gibt es auch eine Musik-CD:
  Bektas, Ahmet; Budde, Pit: iftah ya simsim – Orientalische Lieder und Tänze für Kinder. Ökotopia Verlag, Münster 1999
- Krause, Vera: Salam! Der Islam in der Grundschule. Lern-Bausteine für Regelunterricht und Freiarbeit in den Klassen 3 und 4. Auer Verlag, Donauwörth 2003
- Weiner, Sigrid: Der Islam. Einführung in Religion, Kultur, Brauchtum. Auer Verlag, Donauwörth 2002
- www.europa.eu.int (die offizielle „EUROPA-Website")

Die rituelle Reinigung vor dem Gebet

①

Ich sage: „Im Namen Gottes, des Barmherzigen“ und wasche mir die Hände.

②

Ich spüle mir dreimal den Mund aus.

③

Ich spüle meine Nase und schnäuze dreimal.

④

Ich wasche mir dreimal das Gesicht.

⑤

Ich wasche mir dreimal den rechten Unterarm, dann dreimal den linken Unterarm.

⑥

Ich befeuchte meinen Kopf mit Wasser.

⑦

Ich streiche mir das Wasser bis weit in den Nacken.

⑧

Ich wasche mir außen und innen die Ohren.

⑨

Ich wasche mir dreimal den rechten Fuß, dann dreimal den linken Fuß.

Die Haltung beim Gebet

①

Ich schaue in Richtung Mekka und beginne mein Gebet mit den Worten: „Gott ist groß!“

②

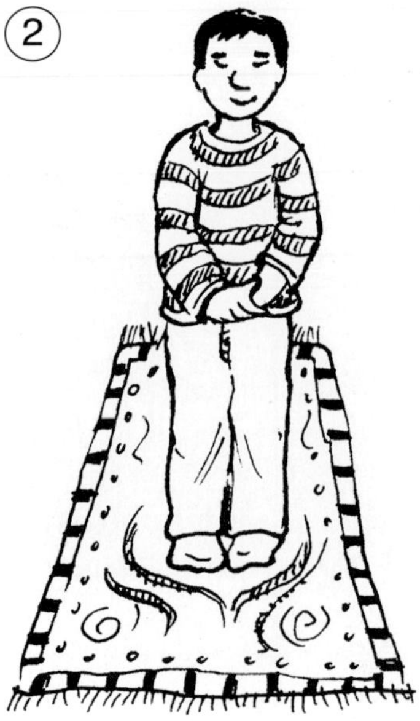

Nun spreche ich mein Gebet. Dabei umfasst meine rechte Hand die linke Hand. Ich beende mein Gebet, indem ich wiederhole: „Gott ist groß!“

③

Anschließend verbeuge ich mich tief vor Gott. Ich sage: „Ehre sei Gott!“

④

Ich spreche noch einmal: „Gott ist groß!“ und knie mich hin. Dabei berühre ich mit meiner Stirn den Boden. So tief auf dem Boden gebeugt sage ich dreimal: „Ehre sei meinem allerhöchsten Gott!“

⑤

Dann spreche ich erneut: „Gott ist groß!“ und setze mich zurück auf meine Fersen. Meine Hände liegen dabei auf den Oberschenkeln. Zum Abschluss bleibe ich noch eine kleine Weile sitzen. Bevor ich aufstehe, drehe ich mich um und sage zu den anderen Gläubigen: „Der Friede Gottes sei mit euch!“

Europa und seine Nachbarn

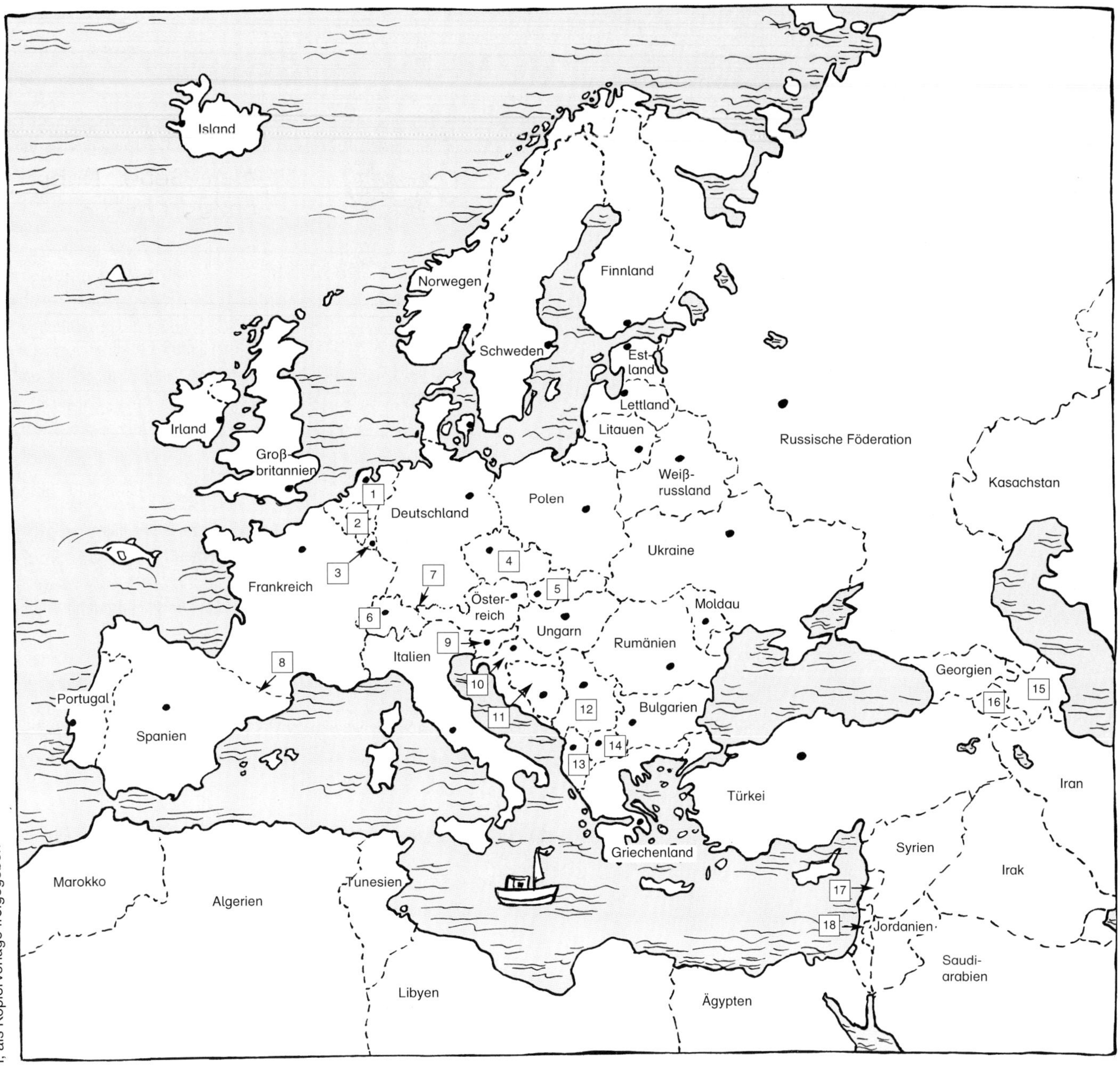

1 = Niederlande
2 = Belgien
3 = Luxemburg
4 = Tschechische Republik
5 = Slowakische Republik
6 = Schweiz
7 = Liechtenstein
8 = Andorra
9 = Slowenien
10 = Kroatien
11 = Bosnien und Herzegowina
12 = Serbien und Montenegro
13 = Albanien
14 = Mazedonien
15 = Aserbaidschan
16 = Armenien
17 = Libanon
18 = Israel

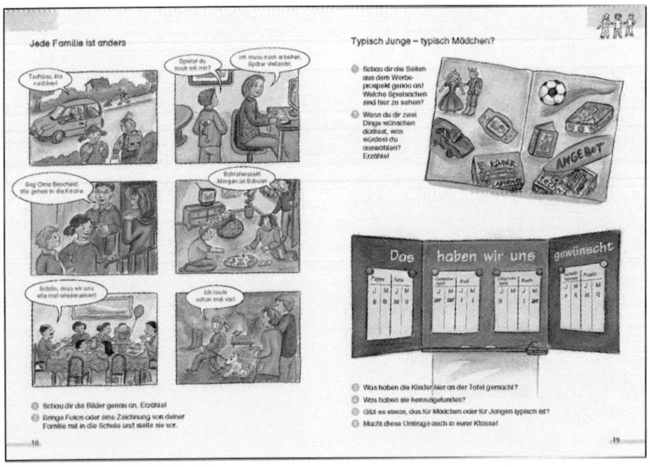

Zur Sache

Die Familie spielt im Leben des Kindes eine zentrale Rolle. Sie ist der Lebensort, an dem wichtige Grundhaltungen und Grundwerte erprobt, erfahren und erlernt werden. Hier erlebt ein Kind das Glück gelungener Beziehungen, aber auch Belastungen, Konflikte oder Scheitern.
Aufgrund der gesellschaftlichen Veränderungen finden sich neben traditionellen Familien auch viele andere Formen des Zusammenlebens (zum Beispiel allein erziehende Mütter oder Väter, Eltern, von denen nur noch ein Teil mit dem Kind verwandt ist, Ersatzeltern oder homosexuelle Partner als Eltern). Darüber hinaus erleben viele Kinder im Laufe ihrer Entwicklung Veränderungen innerhalb ihrer Familie (Scheidung, neue Partnerschaft etc.).
Viele Kinder wachsen in unserer heutigen Gesellschaft als Einzelkinder auf und schließlich leben und lernen in einem Klassenverband auch Kinder aus verschiedenen Kulturkreisen mit ganz unterschiedlichen familiären Strukturen.

Diesen sozialen Gegebenheiten muss Schule Rechnung tragen. Zum einen bedeutet dies, Kindern im Unterricht Raum für das Wahrnehmen, Sprechen und Überdenken ihrer eigenen Situation und die anderer Familien zu geben. Zum anderen bedeutet das aber für die Lehrerin, eine Formulierung zum Thema Familie zu finden, die der Vielfalt der Erfahrungen ihrer Schülerinnen und Schüler gerecht wird. Keine Lebensform darf abgewertet oder diskriminiert werden!

Die Schülerinnen und Schüler tragen ihre sozialen Erfahrungen mit in den Unterricht (familiäre Handlungsmuster, individuelle Probleme etc. eingeschlossen). Nur indem diese aufgegriffen und kommuniziert werden, kann ein vertrauensvolles und respektvolles Umgehen und Verstehen erreicht werden. Gespräche über verschiedene Lebensformen ermöglichen den Kindern nicht nur ein besseres Kennenlernen, sondern auch ein tiefer gehendes Verständnis füreinander. Die Kinder nehmen ihre eigene und die Situation anderer genauer wahr. Ihre Lebenswirklichkeit wird für sie durchschaubarer. Schule wird somit zu einer sozial-kulturellen Begegnungsstätte mit dem Ziel der Ich-Stärkung und des gegenseitigen Respekts. Dabei hat die Kommunikation eine tragende Rolle.

Zur Arbeit mit dem Schülerbuch

Die Bilder und die dazugehörigen Sprechblasen stellen einige typische Situationen im Familienleben von Kindern dar. Unterschiedliche Lebensformen und Familienstrukturen werden angedeutet und dienen als Gesprächsanlass. Dabei werden die Kinder sicherlich oft über Rollenverteilungen in ihrer Familie und das Verhalten untereinander berichten. Für die Bearbeitung der zweiten Aufgabe kann anstelle von Fotos auch ein gemaltes Bild von der Familie mit in den Unterricht gebracht werden. Die Bilder sollten im Klassenverband vorgestellt und besprochen werden. Dadurch lernen sich die Kinder besser kennen und sie können ihren Blick auf andere Lebenssituationen erweitern.

Vernetzung und Fortführung

- Klasse 1/2: Serkans Oma und Opa kommen aus der Türkei; Typisch Junge – typisch Mädchen; Viele Kinder – eine Klasse; Wir in der Klasse; Wir streiten manchmal; Wir sprechen miteinander; Wo ich herkomme ... und was aus mir geworden ist
- Klasse 3/4: Konflikte erkennen und Konfliktlösungen erproben; Formen der aktiven Mitarbeit und demokratischen Beteiligung im Ort oder Ortsteil kennen lernen; Erfahrungen mit vertrauten und fremden Kulturen, Religionen, Bräuchen und Lebensweisen reflektieren

Weiterführende Ideen

- Täglicher Morgenkreis, in dem die Kinder von ihren Erlebnissen berichten
- Kinder haben oftmals Probleme, Kontakte zu knüpfen oder Verabredungen zu treffen. Dabei kann die Lehrerin sie unterstützen.
- Anlässe schaffen, bei denen Kinder und Erwachsene sich gegenseitig begegnen, gemeinsam feiern und kennen lernen können.
- Kunst: Die eigene Familie malen

Zum Nachlesen

- Jürgens, Eiko; Hacker, Hartmut; Hanke, Petra u. a.: Die Grundschule. Schneider Verlag Hohengehren, Baltmannsweiler 1997
- Kaiser, Astrid: Einführung in die Didaktik des Sachunterrichts. Schneider Verlag Hohengehren, Baltmannsweiler 1997
- Marquardt-Mau, Brunhilde; Schreier, Helmut: Grundlegende Bildung im Sachunterricht. Klinkhardt, Bad Heilbrunn 1998

SB S. 19 Typisch Junge – typisch Mädchen

Zur Sache

Wir leben in einer Zeit, in der Geschlechterstereotype immer wieder in Frage gestellt werden, sich aber trotzdem an vielen Stellen halten. Frauen sind oft nicht „nur“ Hausfrau und Mutter, sondern vereinbaren Familie und Beruf. Dennoch gibt es nur wenige Frauen in Führungspositionen. Männer können Erziehungsurlaub nehmen und doch wird das nur selten in Anspruch genommen (u. a. wegen ihrer oftmals besseren Verdienstmöglichkeiten). Trotzdem sind sicher sehr viel mehr Lebensentwürfe denkbar als früher.
Das Rollenverhalten ist ein sehr sensibles Thema, bei dem es zunächst gilt, an die verschiedenen Sozialisationserfahrungen der Kinder anzuknüpfen. Dabei sollen keine Stereotypen (Mädchen sind schwach und spielen mit Puppen ...) verstärkt werden, gleichzeitig dürfen die möglichen Vorlieben der Kinder aber auch nicht abgewertet werden. Ziel kann es sein, eventuell vorhandene Stereotype durch die Erfahrungen anderer Kinder in Frage zu stellen bzw. die Wahrnehmung zu erweitern. Außerdem kann versucht werden, innerhalb des Schullebens solche Stereotype nicht zu etablieren, sondern bewusst Gegenakzente zu setzen. Insgesamt dürfen die Erwartungen auf diesem Gebiet allerdings nicht zu hoch gesteckt werden, denn die Veränderung solcher Denkmuster ist ein langfristiger Prozess.

Zur Arbeit mit dem Schülerbuch

Der obere Teil der Seite dient als Einstieg, indem die Wünsche der Kinder angeregt und thematisiert werden. Es wurden bewusst Spielzeuge ausgewählt, die im klassischen Sinne typisch für Mädchen (Puppe) bzw. typisch für Jungen (Fußball, Auto) sind, aber auch eher „neutrale“ Gegenstände finden sich hier.
Auf dem unteren Teil der Seite tauchen die Namen der Spielzeuge erneut auf.
Es wurde eine Tabelle angelegt, bei dem jedes Kind aus der Musterklasse zwei Striche bei seinem Lieblingsspielzeug machen durfte. Dabei wird jeweils unterschieden zwischen Jungen und Mädchen. Durch die Tabelle besteht hier ein enger Bezug zum Mathematikunterricht. Die Kinder können in diesem Kontext auch erkennen, dass die Darstellung in Tabellenform hilft, Daten übersichtlich darzustellen.
Zunächst einmal muss sehr genau besprochen werden, was hier zu sehen ist, insbesondere wenn die Kinder noch keine Vorerfahrungen mit tabellarischen Darstellungen haben. Die Ergebnisse können in Worte gefasst werden: „2 Jungen wünschen sich eine Puppe“.
Dies leitet unmittelbar zu Aufgabe 4 über und wird an einigen Stellen durch die provozierenden Ergebnisse zu Diskussionen führen.
Anschließend bietet es sich an, diese Umfrage auch in der eigenen Klasse durchzuführen und die Ergebnisse der Musterklasse mit den eigenen zu vergleichen.

Vernetzung und Fortführung

- Klasse 1/2: Jede Familie ist anders; Viele Kinder eine Klasse
- Klasse 3/4: Absicht von Werbung und ihre Wirkung untersuchen, Werbung und Wirklichkeit vergleichen; die Vorgänge bei Zeugung, Schwangerschaft und Geburt kennen lernen; Kenntnisse über die Entwicklung vom Schulkind zum Erwachsenen; über Liebe und Sexualität nachdenken; Erfahrungen mit vertrauten und fremden Kulturen, Religionen, Bräuchen und Lebensweisen reflektieren

Weiterführende Ideen

- Die Kinder stellen ihre Lieblingsspielzeuge vor
- Vergleich: Spielzeug früher, Spielzeug heute
- Rollenverhalten früher und heute, zum Beispiel beim Spielen oder in der Schule

Zum Nachlesen

- Etschenberg, Karla: Sexualerziehung in der Grundschule. Cornelsen Scriptor, Berlin 2000
- Kaiser, Astrid: Praxisbuch handelnder Sachunterricht. Band 1. Schneider Verlag Hohengehren, Baltmannsweiler 1999 (hier die Seiten 83–92)
- Ministerium für Schule und Weiterbildung, Wissenschaft und Forschung des Landes Nordrhein-Westfalen (Hrsg.): Richtlinien für die Sexualerziehung in Nordrhein-Westfalen. Ritterbach Verlag, Frechen 1999

SB S. 20 Viele Kinder, eine Klasse **AH** S. 15–17
SB S. 21 Wir in der Klasse

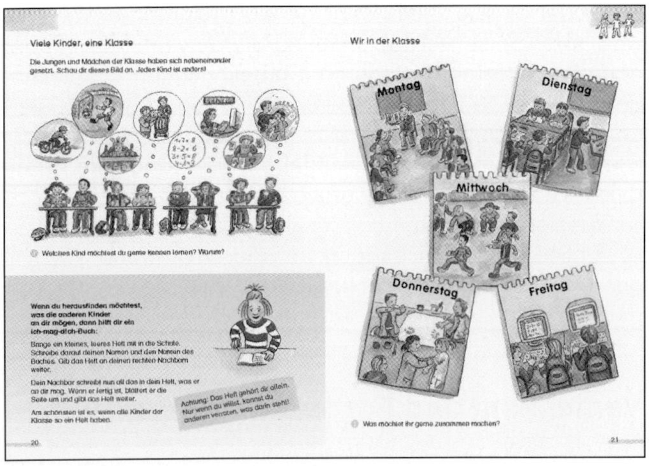

Zur Sache

Wenn Kinder zur Schule kommen, sind sie schon in starkem Maße als soziale Wesen geprägt. Doch mit Eintritt in die Schule werden sie mit Menschen konfrontiert, die ganz andere Prägungen aufweisen. Dabei treffen Kinder mit unterschiedlichen Erwartungen, Interessen, Fähigkeiten und sozialen Verhaltensweisen aufeinander. Einige Kinder kennen sich vielleicht aus dem Kindergarten, andere sind sich noch fremd.

Damit diese Kinder zu einer Lern-Gemeinschaft werden können, sollte von der ersten Woche an ein starker Akzent auf die soziale Erziehung und das Miteinander gelegt werden. Die Kinder lernen sich kennen, spielen miteinander und finden Formen des Umgangs miteinander. Dazu gehört zum einen, jeden Einzelnen mit seinen Stärken, Schwächen und Besonderheiten wahrzunehmen und zu akzeptieren. Zum anderen umfasst es aber auch, sich als Teil einer Gemeinschaft zu erleben. Eine Gemeinschaft, die trägt, in die sich das Kind aber auch einordnen muss und in der es Aufgaben übertragen bekommt.
Leitgedanke dieser und der folgenden Doppelseite ist es, den anderen gegenüber eine wertschätzende Grundhaltung zu entwickeln und die Grenzen anderer zu respektieren.

Neben der individuell erbrachten Leistung haben Aspekte wie Team- und Kommunikationsfähigkeit in unserer heutigen (Arbeits-)Welt enorm an Bedeutung gewonnen. Ebenso hat sich der Lernbegriff in den letzten Jahren hin zu einem aktiven und sozialen Prozess verändert. Deshalb sollten der Dialog und die Kooperation untereinander auf vielfältige Weise angeregt und ausgebaut werden. Dies ist ein Anliegen, das sich durch alle Fächer der Grundschule hindurchzieht. Durch Morgen- oder Schlusskreis, Klassenrat, Partner- und Gruppenarbeit, gemeinsame Arbeitsvorhaben und offene Lernformen werden vielfältige Möglichkeiten dazu geschaffen.

Die Klasse ist zunächst einmal eine Gruppe, der man zufällig zugeteilt wurde. Doch über gemeinsame Rituale, Aktionen und Inhalte entwickelt sich schnell ein Wir-Gefühl. Das allmorgendliche Begrüßungslied, ein bestimmtes Geburtstagsritual, die Bewegungspause auf dem Schulhof oder ein gemeinsam gestaltetes Kunstplakat verbinden die Beteiligten. Das Miteinander in einer Klasse ist also eine gelebte Erfahrung der Kinder.

Zur Arbeit mit dem Schülerbuch

S. 20: Viele Kinder, eine Klasse
Zunächst sollen sich die Kinder über die Besonderheiten jedes Einzelnen bewusst werden. Jeder hat andere Stärken und Vorlieben und ist deswegen liebenswert. Der Aufbau einer positiven Ich-Identität ist auch für ein erfolgreiches Lernen von Bedeutung. (In diesem Zusammenhang kann hier auch auf das Arbeitsheft verwiesen werden. Auf Seite 15 zum Beispiel stellen sich die Kinder auf spielerische Weise vor: Sie malen sich, machen einen Fingerabdruck, kleben ein Haar von sich auf, zeichnen ihr Lieblingsessen etc. So entsteht ein einfacher Steckbrief, der auch hervorragend als Gesprächsanlass genutzt werden kann.)
Im Schülerbuch zeigt die Zeichnung mit den verschiedenen Gedankenbildern der Kinder eine große Interessenspalette auf und regt zum Vergleichen und Weiterdenken an.
Das Anlegen eines Ich-mag-dich-Buches fördert einen wertschätzenden Blick auf die anderen. Allerdings bedarf es hier einer guten Vorbereitung: Niemand sollte zum Mitmachen gezwungen werden. Nur schöne und gute Sachen dürfen in das Buch hineingeschrieben bzw. gemalt werden. Man darf die anderen Seiten nur lesen, wenn der Besitzer des Buches es einem erlaubt.
Diese Übung lässt sich auch mündlich als „Warme Dusche“ durchführen (zum Beispiel als Geburtstagsritual). Ein Kind setzt sich in die Mitte des Stuhlkreises und jeder, der möchte, sagt etwas Positives zu dem Kind („Du kannst gut ...“). Damit nicht nur Allgemeinplätze wie „Du kannst schön schreiben“ auftauchen, sollte die Benennung von Stärken des Einzelnen auch sonst einen Platz im Miteinander haben.

S. 21: Wir in der Klasse
Die Klasse als Gemeinschaft, die viele verschiedene Dinge miteinander macht, rückt auf dieser Seite in den Mittelpunkt.
Montag: Gemeinsame Bilderbuchbetrachtung im Sitzkreis
Dienstag: Gemeinsam lernen, vier Kinder schreiben, ein Kind knetet einen neuen Buchstaben
Mittwoch: Gemeinsames Spiel („Sitz Hase – lauf Hase“: Jeder kann jeden mit dem Zuruf „Sitz Hase“ zum Sitzen bringen bzw. mit dem Zuruf „Lauf Hase“ wieder befreien.)
Donnerstag: Gestaltung eines Gemeinschaftsplakates, das zum Beispiel der Präsentation nach außen dienen kann
Freitag: Gemeinsames Arbeiten am Computer

Vernetzung und Fortführung

- Klasse 1/2: Willkommen in der Schule; Wir streiten manchmal; Wir sprechen miteinander; Wir planen gemeinsam; Unsere Klassendienste

SB S. 20 Viele Kinder, eine Klasse **AH** S. 15–17
SB S. 21 Wir in der Klasse

■ Klasse 3/4: Konflikte erkennen und Konfliktlösungen erproben; Formen der aktiven Mitarbeit und demokratischen Beteiligung im Ort oder Ortsteil kennen lernen

Einige Ideen für Ihren Unterricht

Hier einige Kooperationsspiele zur Stärkung des Klassenverbundes:

Spiele zu zweit

Angestiftet

Material: pro Paar 2 Stifte (zum Beispiel Filzstifte)
Ziel: Motorische Koordination, aufeinander eingehen, Führung übernehmen und sich führen lassen

Es wird jeweils ein Stift zwischen die ausgestreckten Zeigefinger der beiden Partner geklemmt. Durch leichten Druck gegen die Spitze bzw. das Ende erreichen sie, dass der Stift nicht herunterfällt. Nun beginnen die beiden, zunächst kleine und dann immer größere Bewegungen auszuführen. Natürlich darf dabei kein Stift herunterfallen. Wenn das Zusammenspiel nicht von selber funktioniert, kann es hilfreich sein, dass sich die Kinder absprechen, wer die Führung übernimmt.
Nach einiger Zeit kann es gelingen, dass sie sich zusammen hinsetzen oder -legen oder zu Musik tanzen. Besonders nachhaltig wirkt das Spiel, wenn es mit geschlossenen Augen gespielt wird.

Blinde Kutsche

Material: eventuell Tücher zum Verbinden der Augen
Ziel: gegenseitiges Vertrauen fördern, Signale in Bewegung umsetzen, Rücksicht nehmen, Orientierung im Raum

Jeweils zwei Kinder bilden eine Kutsche, der Vordermann ist das Pferd, dahinter steht der Kutscher. Das vordere Kind schließt die Augen bzw. bekommt sie verbunden. Der Kutscher, der hinter dem Pferd hergeht, lenkt es über Klopfzeichen auf dem Rücken:
linke Schulter = linksherum gehen,
rechte Schulter = rechtsherum gehen,
Mitte des Rückens = geradeaus weiter.
Der Kutscher muss ein Gefühl für seine Kommandos bekommen und gleichzeitig die anderen Kutschen um sich herum im Auge behalten. Das Pferd muss lernen, die Zeichen möglichst schnell und genau umzusetzen. Ist ein Kutschteam gut eingespielt, kann das Tempo gesteigert werden.

Bild zu zweit

Material: Papier und Filzstifte
Ziel: Kooperation und Kreativität, sensibles Aufeinandereingehen, Geschicklichkeit

Zu zweit soll ein Bild gemalt werden – und zwar in besonderer Weise: Beide Spieler haben zusammen ein Blatt Papier und einen Stift. Sie nehmen den Stift gemeinsam in die Hand und zeichnen, ohne zu sprechen. Die Spielleiterin gibt zunächst ganz einfache Motive vor (zum Beispiel ein Haus oder eine Blume).
Die Kinder dürfen während des gesamten Spiels nicht miteinander reden. Hinterher kann aber besprochen werden, ob zum Beispiel immer nur ein Partner geführt hat (und warum) oder ob jeder einmal die Führung übernommen hat. Gegebenenfalls können Konflikte geklärt werden.
Voraussetzung bei diesem Spiel ist, dass bereits im Vorfeld eine ruhige, gelassene Atmosphäre herrscht. Bei einer angespannten Stimmung ist es weniger geeignet.

Pizza backen

Material: Decken oder Matten, evtl. ruhige Musik
Ziel: Entspannung, spielerische Form des Körperkontakts, sich etwas Gutes tun

Ein Kind legt sich auf den Bauch, das andere kniet daneben und massiert zu einer Geschichte, die die Spielleiterin erzählt. Am Ende wird gewechselt. Bei den folgenden Anweisungen handelt es sich um Beispiele, die geändert werden können – hier sind der Fantasie keine Grenzen gesetzt! Anfänglich überschäumende Aktivität weicht erfahrungsgemäß sehr schnell einem angemessenen Verhalten bei der spielerischen Massage. Ruhige Musik fördert eine schöne Atmosphäre.
Wichtig ist jedoch, die Kinder am Schluss „zurückzuholen". Und machen Sie die Kinder darauf aufmerksam, dass die Wirbelsäule nicht bearbeitet werden darf und man im Bereich der Nieren besonders vorsichtig sein muss!

Du hast einen tollen Tag gehabt und zum Abschluss möchtest du dir so richtig etwas gönnen. Du gehst zu Alfredo, dem besten Pizzabäcker in der Stadt, und bestellst dir eine Pizza mit allem Drum und Dran.

Alfredo nimmt ein Stück Teig und knetet es gründlich durch (den Rücken mit beiden Händen durchkneten, aber Vorsicht: nicht zu fest und nicht an der Wirbelsäule!).

Dann fettet er das Blech mit einem Pinsel ein (mit der Handkante lang über den Rücken wischen).

Jetzt legt er den Teig auf das Blech und breitet ihn aus (eine Faust leicht auf den Rücken fallen lassen und von der Mitte aus zu den Rändern streichen).

Nun kommt Alfredos Spezial-Tomatensoße auf den Teig (die Handfläche kreist auf dem Rücken).

Dann legt er die Pilze auf die Pizza (mit einem Finger an verschiedenen Stellen auf den Rücken drücken).

Jetzt verteilt Alfredo die Salamischeiben (einen Handballen mit leichtem Druck drehen).

Die Zwiebeln schneidet er in kleine Stücke, bevor sie auf die Pizza kommen (mit der Handkante hacken).

Nun schiebt Alfredo die Pizza in den Ofen, wo sie ordentlich gebacken wird (die Hände werden aneinander gerieben und die Handflächen auf den Rücken gedrückt).

Alfredo nimmt die Pizza aus den Ofen. Mmmh, wie das duftet! Und wie gut sie aussieht! Schnell teilt Alfredo sie in Stücke ... (mit der Handkante werden Schneidebewegungen gemacht).

... und streut noch einige Kräuter darauf (mit den Fingerspitzen trommeln).

Wunderbar! Alfredo macht die beste Pizza der Welt! Komm nun langsam wieder hierher zurück. Öffne die Augen und dreh dich auf die Seite, bevor du dich hinsetzt.

Wettermassage

Die Wettermassage funktioniert genauso wie „Pizza backen“. Diesmal erzählt die Spielleiterin eine kleine Wettergeschichte:
Es ist ein schöner Sommertag, die Sonne scheint vom blauen Himmel. Alles ist warm und hell. Doch ganz plötzlich tauchen am Horizont zwei kleine, dunkle Wolken auf, sie kommen immer näher ...
Sonne = die Hände liegen leicht gespreizt auf dem Rücken und geben ihre Wärme ab
Wolken = Fäuste sanft aufdrücken
Wind = Fingerspitzen gleiten sanft über den Rücken
Sturm = Fingerspitzen streichen spürbar über den Rücken
Nieselregen = leichtes „Klavierspielen“ mit den Fingerspitzen
dicke Regentropfen = Druck der Fingerspitzen wird stärker, Klopffrequenz erhöhen
Platzregen = mit der ganzen Handfläche auf den Körper platschen
Nebel = ganze Hand streicht wie ein Hauch über den Rücken

Auch hierbei gilt: Die Wirbelsäule darf nicht bearbeitet werden und Vorsicht im Bereich der Nieren!

Spiele in der Gruppe oder mit der ganzen Klasse

Maschinenbauer

Material: keins
Ziel: gemeinsam eine Idee entwickeln, Kreativität, Bewegungskoordination aller Spieler

Jeweils 5 bis 7 Kinder bilden eine Kleingruppe. Sie haben die Aufgabe, eine Maschine zu bauen, die aus den Kindern besteht, die sich bewegt und die dazu passende rhythmische Töne abgibt. Ein Spieler beginnt mit einer Bewegung und einem passenden Geräusch, der zweite Schüler schließt sich an, indem er zum Beispiel seine Hand auf die Schulter des ersten legt und dann eine eigene Bewegung mit Geräusch macht. Das geht so lange, bis jeder seinen Platz in der Maschine gefunden hat.
Anschließend gibt es eine Besichtigung der verschiedenen Maschinen, natürlich im vollen Einsatz!
Später kann versucht werden, ob die ganze Klasse zusammen eine Maschine bauen kann.

Raupe

Material: keins
Ziel: motorische Koordination, Rücksichtnahme

Die Kinder bilden eine Raupe, indem sich alle hinknien und mit ihren Händen die Fußknöchel ihres Vordermannes umfassen. Zunächst sollte die Raupe noch sehr klein sein und erst nach und nach größer werden. Auf ein Zeichen der Spielleiterin hin setzt sich die Raupe in Bewegung. Sie kann sich auf ebener Strecke bewegen oder aber kleine Steigungen und Hindernisse überwinden. Es sollte auf einen weichen, trockenen Untergrund geachtet werden (zum Beispiel eine Wiese oder ein Mattenboden). Wenn die Spieler etwas geübter sind, können kleine Wettkriechereien veranstaltet werden.

Zeltbau

Material: keins
Ziel: Zusammenhalt, sich auf andere verlassen können

Die Klasse wird zu einem straff gespannten Zelt. Dazu bildet sie einen Kreis, die Spieler fassen sich an den Armen, die Füße stehen eng beieinander. Nun wird immer bis zwei abgezählt. Die „Zweier“ drehen sich um und stehen nun mit dem Rücken zur Kreismitte. Dann wird der Kreis vergrößert: Alle Spieler gehen so weit auseinander, bis die Arme vollständig gestreckt sind. Vorsichtig lehnen sich jetzt alle Kinder jeweils nach vorne (die „Einer“ in die Kreismitte, die „Zweier“ nach außen). Sie sollen versuchen, sich so weit wie möglich vorzulehnen und dabei mit den anderen ins Gleichgewicht zu kommen.
Wenn es Stabilitätsprobleme gibt, so kann dies daran liegen, dass nebeneinander stehende Kinder körperlich zu unterschiedlich gebaut sind. Gegebenenfalls muss gewechselt werden.
Es ist für alle ein tolles Gefühl, von der Gemeinschaft gehalten zu werden.

Pferderennen

Material: keins
Ziel: Warmwerden in der Gruppe, Freude an gemeinsamer Bewegung

Bei diesem Pferderennen müssen alle mitmachen! Die Klasse sitzt auf den Stühlen in einem Sitzkreis und ein Radioreporter (Spielleiterin) beschreibt den Verlauf eines packenden Pferderennens. Alle machen dazu die vorher abgesprochenen und eventuell auch eingeübten Bewegungen.

Die Pferde werden in die Startbox geführt (mit den Händen langsam in Schritttempo auf die Oberschenkel schlagen). *Die letzten Wetten werden abgeschlossen* (tuscheln: wetten – wetten – wetten), *die Jockeys steigen auf* (Bewegung auf dem Stuhl andeuten), *die Pferde scharren unruhig mit den Hufen* (Bewegung mit den Füßen nachmachen) *und dann wird der Startschuss gegeben* (klatschen). *Die Pferde stürmen los* (schnell

auf die Schenkel klopfen). Nun geht das Rennen durch einen Parcours mit einigen Hindernissen und Stationen, die von der Spielleiterin in freier Reihenfolge kommentiert werden können:
Links-/Rechtskurve = alle legen sich zur entsprechenden Seite in die Kurve
Hindernis = Po leicht vom Sitz heben und „Hui“ rufen (Doppeloxer = „Hui, hui“)
Holzbrücke = mit den Fäusten auf die Brust trommeln
Wassergraben = mit den Fingern am Mund blubbern
vorbei an der Tribüne = „Yeah“
ein kleiner Freund = „Hey“ (Gruß mit der Hand und hoher Stimme)
ein großer Freund = „Hey“ (Gruß mit der Hand und tiefer Stimme)
Tribüne der Königin = Hand ansetzen zum Salutieren
Zielgerade = noch schneller auf die Oberschenkel klopfen
Zielfoto = kurz innehalten und lächeln
Ziel = großer Jubel

Die Kinder lieben dieses Spiel! Es kann in Tempo und Lautstärke variiert werden, die Kinder können selber noch weitere Ereignisse erfinden.

Zum Nachlesen

- Burk, Karlheinz; Speck-Hamdan, Angelika; Wedekind, Hartmut (Hrsg.): Kinder beteiligen, Demokratie lernen? Arbeitskreis Grundschule, Frankfurt 2003
- Die Grundschulzeitschrift 100/1998: Grundschule als Ort der Demokratie und 157/2002: Kinder beteiligen
- Flemming, Irene; Fritz, Jürgen: Kooperationsspiele. Partner- und Gruppenspiele für Grundschulkinder. Matthias Grünewald-Verlag, Mainz 1996
- Grundschule 1/2002: Demokratisches Lernen
- Herdegen, Peter: Soziales und politisches Lernen in der Grundschule. Grundlagen, Ziele, Handlungsfelder. Auer Verlag, Donauwörth 1999
- Kaiser, Astrid: Praxisbuch handelnder Sachunterricht. Band 2 (Kap. 5). Schneider Verlag Hohengehren, Baltmannsweiler 1998
- Reeken von, Dietmar: Politisches Lernen im Sachunterricht. Didaktische Grundlegung und unterrichtspraktische Hinweise. Schneider Verlag Hohengehren, Baltmannsweiler 2001
- Sachunterricht Grundschule 6/2000: Miteinander
- Schilling, Dianne: Soziales Lernen in der Grundschule. Verlag an der Ruhr, Mülheim 2000

Weiterführende Ideen

- Mit einem Wollknäuel ein Netz knüpfen
- Sich gegenseitig blind führen
- Lied: Wenn einer sagt, ich mag dich ...

Kindermutmachlied

Text und Musik: Andreas Ebert

Kindermutmachlied

Wenn einer sagt: „Ich mag dich,
du, ich find dich ehrlich gut.“
Dann krieg ich eine Gänsehaut
und auch ein bisschen Mut.
Lalala ...

Wenn einer sagt: „Ich brauch dich,
du, ich schaff es nicht allein.“
Dann kribbelt es in meinem Bauch,
ich fühl mich nicht mehr klein.
Lalala ...

Wenn einer sagt: „Komm, geh mit mir,
zusammen sind wir was.“
Dann werd ich rot, weil ich mich freu,
dann macht das Leben Spaß.
Lalala ...

Gott sagt zu dir: „Ich hab dich lieb.
Ich wär so gern dein Freund!
Und das, was du allein nicht schaffst,
dass schaffen wir vereint!"
Lalala ...

Hänssler-Verlag, Holzgerlingen

SB S. 22 Wir streiten manchmal AH S. 18, 19
SB S. 23 Wir sprechen miteinander

Zur Sache

Zu jedem Miteinander gehört immer auch ein Gegeneinander. Nicht alle Kinder kommen gleich gut miteinander zurecht; manche müssen lernen, Grenzen zu setzen oder Grenzen ernst zu nehmen. Dadurch kommt es immer wieder zu Zank und Streit.
Im strukturierten Rahmen des Klassenzimmers tritt so etwas weit weniger häufig auf als in den Pausen. Wenn es zu einem Konflikt gekommen ist, fehlt es oftmals an Handlungsmöglichkeiten, wie man mit solch einem Streit umgehen kann. Die grundlegende Voraussetzung für die Konfliktbearbeitung ist, dass Kinder lernen, Probleme und die damit verbundenen Gefühle zu verbalisieren. Sie müssen auch ihre Empathiefähigkeit entwickeln, sich also in die Gefühlslage anderer Kinder hineinversetzen können. Da dies vielen Kindern sehr schwer fällt, kann es hilfreich sein, die Wahrnehmung und Benennung von Gefühlen und den Umgang mit ihnen gezielt in den Mittelpunkt zu stellen.
Außerdem hat es sich bewährt, sein Anliegen als Wunsch an den anderen zu formulieren, statt seinen Unmut in anklagender und vorwurfsvoller Weise vorzubringen. Dadurch gewinnt man eine optimistischere, zukunftsgerichtete Haltung.

Zur Arbeit mit dem Schülerbuch

Diese beiden Seiten zielen eher auf Störungen im Miteinander ab. Auch sie gehören zum Zusammenleben, lassen sich aber bewältigen.
Schulhofszenen wie im Bild auf Seite 22 werden allen Kindern bekannt sein. Wie der Konflikt weitergehen könnte, kann mit den Kindern auf verschiedenen Wegen erarbeitet werden. Denkbar wäre hier ein Gesprächskreis, aber auch ein Schreibanlass oder kleine szenische Darstellungen. Dabei sollten die Kinder angeregt werden, sich in die unterschiedlichen Positionen der Streitenden einzufühlen.
Der Wunschbaum unten auf Seite 22 stellt einen möglichen Weg dar, wie mit solchen Konflikten zukunftsorientiert umgegangen werden kann. Dabei sollte versucht werden, auf den Blättern nie jemanden direkt zu beschuldigen oder verantwortlich zu machen, sondern sein Anliegen als Wunsch zu formulieren. Hierdurch wird nicht das Negative betont, sondern eine Handlungsanregung gegeben, die davon ausgeht, dass der andere kein Gegner, sondern ein „Mitspieler" ist.

Ausgehend von der Streitsituation wird auf Seite 23 das Kreisgespräch als Lösungsstrategie näher betrachtet. Im Bild oben zeigt sich, dass die Kinder Gesprächsregeln anwenden (Gesprächsstein, sich anschauen, sich direkt ansprechen, Ich-Sätze verwenden). Im unteren Bild wird klar, warum der Streit entstanden ist. Einerseits geht es hier um die Wahrnehmung und Verbalisierung von Gefühlen, auf der anderen Seite um Empathie: Kann ich mich in andere hineinversetzen und deren Gefühle verstehen?
Diese Form des Niederschreibens und der späteren Besprechung von Konflikten im Sitzkreis kann als Vorform des Klassenrates gesehen werden.
Da das Wahrnehmen und Verstehen der eigenen Gefühle die Voraussetzung für Einfühlungsvermögen ist, sollte dieser Bereich nicht „lehrgangsmäßig" behandelt, sondern immer wieder aufgegriffen werden.

Vernetzung und Fortführung

- Klasse 1/2: Typisch Junge – typisch Mädchen; Viele Kinder, eine Klasse
- Klasse 3/4: Konflikte erkennen und Konfliktlösungen erproben

Weiterführende Ideen

- Stimmungsbarometer 1 (vgl. Vorlage; etwas schlechteren Bastlern kann man das Ausschneiden der Scheiben ersparen, wenn zwei Pappteller verwendet werden). Ein Kind kann zum Beispiel im Morgenkreis den entsprechenden Gesichtsausdruck wählen und dazu erzählen („Ich bin heute traurig, weil ..."). Etwas schwieriger zu basteln ist ein so genannter Mim-Würfel: Auf jeder Seite eines Würfels wird ein Smiley mit unterschiedlichem Gesichtsausdruck dargestellt.
- Stimmungsbarometer 2 (vgl. Abbildung im Schülerbuch, Seite 23 unten): Die Kinder hängen (morgens) ihre Namensklammer zu dem Gesicht, das ihrer momentanen Stimmung entspricht. Vielleicht gibt es Gelegenheit, kurz darüber zu erzählen. Zwischendurch kann die Lehrerin oder ein anderes Kind auch einmal nachfragen.
- Gefühlspantomime: Ein Kind stellt ein Gefühl durch Körperhaltung und Mimik dar. Die anderen raten.
- Auch die verschiedensten Rollenspiele bieten sich an. So bekommen die Kinder die Gelegenheit, auch einmal in andere Rollen (zum Beispiel die des Außenseiters) zu schlüpfen.

SB S. 22 Wir streiten manchmal
SB S. 23 Wir sprechen miteinander

AH S. 18, 19

Zum Nachlesen

- Drew, Naomi: Kinder lernen zusammen streiten und gemeinsam lernen. Verlag an der Ruhr, Mülheim 2000
- Grundschulunterricht 1/2001: Gewalt in der Schule? Nein danke!
- Kaiser, Astrid: Praxisbuch handelnder Sachunterricht. Band 2 (Kap. 5). Schneider Verlag Hohengehren, Baltmannsweiler 1998
- Potthoff, Ulrike; Steck-Lüschow, Angelika; Zitzke, Elke: Gespräche mit Kindern. Cornelsen Scriptor, Berlin 1999
- Schilling, Dianne: Soziales Lernen in der Grundschule. Verlag an der Ruhr, Mülheim 2000
- Walker, Jamie: Gewaltfreier Umgang mit Konflikten. Cornelsen Scriptor, Berlin 2001

Wir basteln ein Stimmungsbarometer

Das wird gebraucht:

- dünner Karton
- ein Pappteller als Vorlage
- ein Bleistift
- eine Schere
- verschiedene Filzstifte
- eine Stopfnadel oder ein Nagel
- eine Musterklammer
- eventuell etwas Bastelmaterial (Klebstoff, Krepp-Papier, Wolle ...)

So wird's gemacht:

1. Zeichne mit dem Bleistift zwei gleich große Kreise auf den Karton und schneide sie aus. Du kannst zum Beispiel einen Pappteller als Vorlage nehmen.
2. Lege beide Scheiben übereinander und stich mit der Nadel oder dem Nagel ein Loch in die Mitte.
3. Schneide von der oberen Scheibe ein Stück ab.
4. Male auf die obere Scheibe ein Gesicht ohne Mund. Um das Loch herum ist die Nase, darüber sind die Augen, die Haare ...
5. Auf die untere Scheibe werden mit rotem Filzstift vier verschiedene Mundformen gemalt: „Ich bin traurig", „Ich habe gute Laune", „Achtung Sturm!", „Ich weiß noch nicht so recht".
6. Lege die beiden Scheiben übereinander und drücke dann die Musterklammer durch beide Löcher. Biege sie auseinander.

Scheibe 1

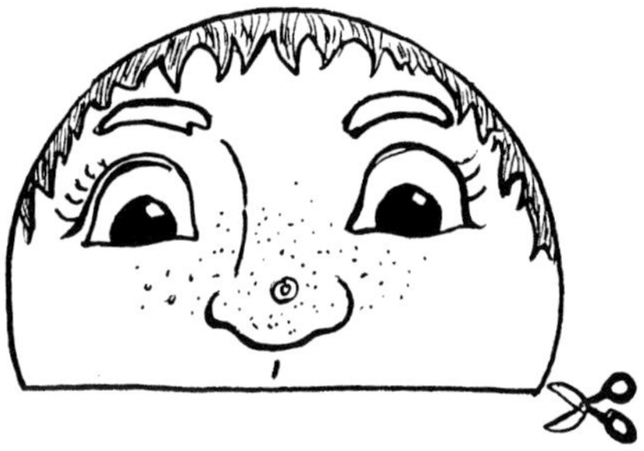

Scheibe 2

fertig

Wenn du an der unteren Scheibe drehst, kannst du den anderen zeigen, wie es dir geht.

Du kannst dein Stimmungsbarometer auch noch verschönern: zum Beispiel Haare aus Wolle ankleben ...

SB S. 24 Wir planen gemeinsam
SB S. 25 Unsere Klassendienste

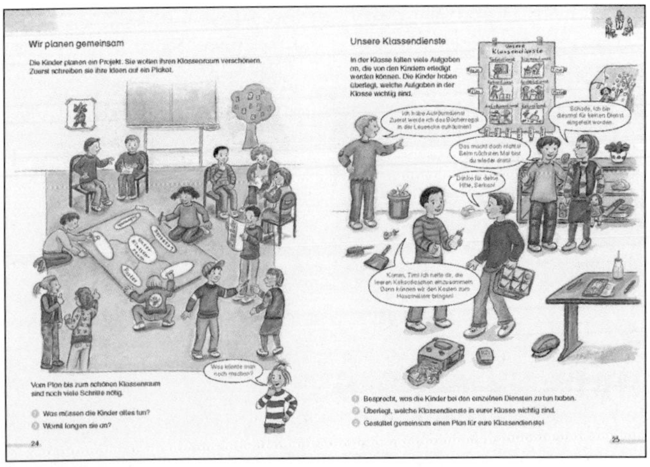

Zur Sache

Partizipation als aktive Mitgestaltung von Bürgerinnen und Bürgern innerhalb der Politik und unserer Gesellschaft ist ein zentraler Pfeiler unserer Demokratie.
Grundschule als Schule für alle Kinder und als Lebens- und Lernort der Demokratie muss auch die Erfahrung der Mitbestimmung beinhalten. Indem man die Kinder in Planung und Reflexion von Unterricht und Schulleben miteinbezieht, macht man schulisches Lernen zu ihrer eigenen Sache. Um dies zu realisieren, bedarf es einer bestimmten Haltung der Lehrperson. Sie muss den Kindern die Fähigkeit zur Mitbestimmung zutrauen und bereit sein, einen Teil ihrer „Macht“ abzugeben. Wenn die Kinder immer wieder Unterricht erleben, in dem ihre Eigeninitiative gefördert und gefordert wird, werden sie diese Verantwortung in immer umfassenderem Maße wahrnehmen können und wollen.
Das Konzept des offenen Unterrichts in seinen verschiedenen Erscheinungsformen eröffnet den Kindern vielfältige Möglichkeiten der Partizipation. Projekte (oder am Anfang so genannte Mini-Projekte) sind dabei eine bestimmte, auf eine gemeinsame Sache ausgerichtete Form des offenen Unterrichts. Merkmale solcher Projekte bzw. Mini-Projekte sind:

- die Einbeziehung der Kinder in Entscheidungen von Anfang an,
- soziales Handeln beim gemeinsamen Planen und Zusammenarbeiten,
- arbeitsteilige und
- fächerübergreifende Herangehensweise,
- vorweisbare Ergebnisse.

Indem die Kinder möglichst früh bei der Planung und Strukturierung bestimmter Themen miteinbezogen werden, ermöglicht man ihnen auch den Erwerb einer Methodenkompetenz beim Lernen. Hierbei wird das intuitive Herangehen der Kinder an Themen und Arbeitsweisen weiterentwickelt – bis hin zum selbstständigen, methodischen Vorgehen und zur Übertragung der angewandten Methoden auf neue Themen.
Cluster, Mindmaps und Ideensammlungen bieten eine gute Möglichkeit, „das Planen“ einzuüben.
Sie eignen sich auch als Einstieg in viele andere Themen, geben Aufschluss über das Vorwissen und können Grundlage für eine erste Strukturierung eines Themas sein.
Der **Cluster** dient als Methode der Ideenfindung und der Visualisierung von Gedanken: Hierzu wird ein Schlüsselbegriff auf ein leeres Blatt Papier geschrieben und eingekreist. Nun schreibt man spontane Assoziationen um das Kernwort herum auf, wobei sich Begriffsgruppen bilden können. So ergeben sich eventuell neue Schlüsselbegriffe, die man miteinander verbinden kann.
Dazu ähnlich ist die **Mindmap**. Auch hier steht das Thema im Mittelpunkt und wieder werden dazu passende Schlüsselwörter gesucht. Weitere Assoziationen werden jedoch – abhängig von dem jeweiligen Zusammenhang – hierarchisch eingeordnet. Auch sie werden mit Linien verbunden. So entsteht eine bildhafte Darstellung der Gedanken, eine „Gedankenkarte“.
Mit der **Ideensammlung** können sämtliche Einfälle, Arbeitsvorschläge und Ziele der Aktion oder des Projektes für alle sichtbar gemacht werden. Es werden unterschiedliche Aspekte berücksichtigt und die Kinder haben jederzeit alle Details der Arbeit vor Augen. Nach einer ersten, ungeordneten Sammlung von Ideen und Vorschlägen werden diese geordnet und strukturiert aufgeschrieben. Dabei können auch die Kinder, die bestimmte Teilaspekte bearbeiten, mit aufgelistet werden (vgl. die Abbildungen auf der folgenden Seite).

Zur Arbeit mit dem Schülerbuch

S. 24: Wir planen gemeinsam

Das Bild dient als Anregung für projektorientiertes Arbeiten. Das ist zu sehen:
Die Kinder wollen ihren Klassenraum verschönern und überlegen gemeinsam, was sie dazu beitragen können. Es entsteht ein erster, einfacher Cluster, auf dem die Kinder ihre Ideen festhalten. Andere Kinder überlegen schon, wie sie die Vorschläge verwirklichen können.

Einige Ideen für Ihren Unterricht

Mini-Projekt: Wir verschönern unseren Klassenraum

- Themenfindung: ein von den Kindern vorgeschlagenes oder von der Lehrerin angeregtes Thema
- Erstellen eines Clusters mit ersten Ideen
- Der Cluster wird für alle sichtbar aufgehängt, damit er bei Bedarf ergänzt werden kann.
- Im Gespräch werden die Ideen begutachtet und ausgewählt, wenn möglich werden einzelne Aspekte zusammengefasst.
- Die Kinder bilden (möglichst selbstständig) Arbeitsgruppen zu den einzelnen Aufgaben.
- Ein Zeitplan wird gemeinsam erarbeitet und aufgehängt.
- Die Gruppen besorgen das Material und ...
- ... führen die Aufgaben aus.
- Die Ergebnisse werden gemeinsam begutachtet.

SB S. 24 Wir planen gemeinsam
SB S. 25 Unsere Klassendienste

- Als fester Bestandteil der Arbeit ist das gemeinsame Gespräch von großer Bedeutung: Was haben wir bisher erreicht? Wo gibt es Schwierigkeiten? Wer braucht Hilfe? Liegen wir im Zeitplan? Konnten die Gruppen gut zusammenarbeiten? ...

Mini-Projekte dieser Art können schon im ersten Schuljahr durchgeführt werden. Hier kann der Cluster evtl. bebildert und zusätzlich von der Lehrerin nach Angaben der Kinder beschriftet werden.
Im zweiten Schuljahr bietet sich eine Erweiterung an, die zugleich eine Erweiterung der Methodenkompetenz beinhaltet.

Projekt: Haustiere in unserer Umgebung
Nach der Phase der ersten Ideenfindung (evtl. mit einem einfachen Cluster) werden Ideensammlungen zu verschiedenen Aspekten des Themas erstellt.
Diese Aspekte könnten zum Beispiel sein: Wen fragen wir? Was wollen wir wissen? Was wollen wir machen?
Die folgenden Abbildungen geben nur einige wenige Beispiele wieder:

Thema: Haustiere in unserer Umgebung
So viel Zeit brauchen wir: ...

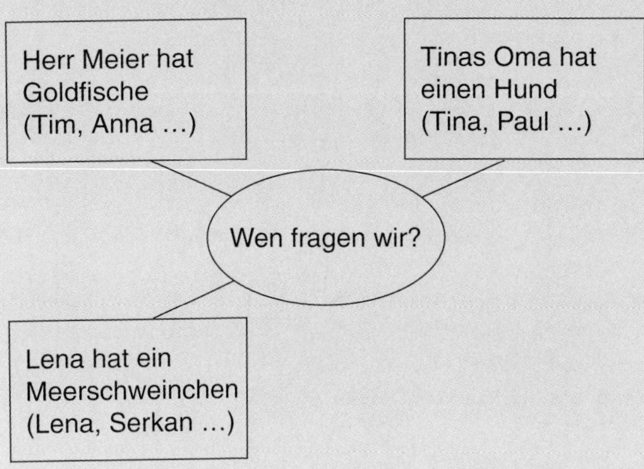

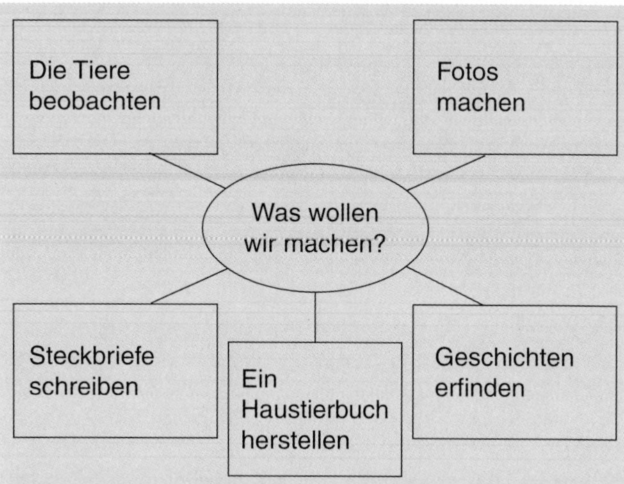

- Nach dieser Phase der Ideenfindung bilden sich wieder Arbeitsgruppen (möglichst nach Neigung).
- Gemeinsam wird ein Zeitplan erstellt.
- Die Gruppen bereiten ihre Dokumentationsmittel vor (Fotoapparat, Blätter, Stifte, Rekorder ...) und klären organisatorische Fragen: Wer fragt bei den Personen nach, ob und wann ein Besuch möglich ist? Wie viele Kinder können kommen? Was ist zu beachten, damit das Tier sich nicht gestört fühlt?
- In der Ausführungsphase machen die Kinder ihre Besuche, befragen die Tierhalter und beobachten bzw. fotografieren die Tiere. Sie fertigen Skizzen an und machen sich Notizen.
- In der Dokumentationsphase berichten die Gruppen von ihren Erlebnissen, stellen Zeichnungen, Texte und Fotos zusammen und besorgen sich eventuell zusätzliche Informationen aus Büchern oder am Computer.
- Als gemeinsames Produkt könnte ein Ordner über Haustiere zusammengestellt bzw. ein Buch hergestellt werden.
- Zwischenreflektionen sind auch hier von großer Bedeutung: Die Klärung der organisatorischen Fragen und die Möglichkeiten der Beschaffung der Dokumentationsmittel sollten zusammen besprochen werden. Die Ausführungsphase, die wahrscheinlich außerschulisch und zu unterschiedlichen Zeiten stattfinden wird, sollte im Unterricht reflektiert werden. Weitere Geprächsaspekte ergeben sich durch Fragen nach Hilfestellungen, bei Schwierigkeiten im sozialen Miteinander usw.

S. 25: Unsere Klassendienste
Auch das Herausfinden der für die Klasse benötigten Dienste kann in gemeinschaftlicher Arbeit erfolgen.
Je nach Schul- und Klassensituation kann es einen Tafel-, Blumen-, Austeil-, Bücherecken-, Kehr- und Getränkedienst geben. Ein Dienstplan kann gemeinsam erstellt werden, die Dienste müssen in bestimmten Zeitabständen neu vergeben werden. Auf diese Weise werden der Gemeinschaftssinn sowie das Verantwortungsbewusstsein der Kinder angeregt und gefördert.

Vernetzung und Fortführung

- Klasse 1/2: Viele Kinder, eine Klasse; Wir in der Klasse; Unser Zooprojekt
- Klasse 3/4: Formen der aktiven Mitarbeit und demokratischen Beteiligung im Ort oder Ortsteil kennen lernen

Weiterführende Ideen

- Neben den Klassendiensten gibt es auch Aufgaben, die für die ganze Schule zu erledigen sind: Türdienst, Kakaodienst, Schulhofdienst u. a. Dabei erleben sich die Kinder als Mitglied einer noch größeren Gemeinschaft.
- Weitere Themen, die in Form von (Mini-)Projekten behandelt werden können: Wir legen ein Frühlingsbeet an; Wir kochen eine Gemüsesuppe ...

Zum Nachlesen

- Bunk, Hans-Dieter: Zehn Projekte im Sachunterricht. Cornelsen Scriptor, Berlin 1995
- Burk, Karlheinz; Speck-Hamdan, Angelika; Wedekind, Hartmut (Hrsg.): Kinder beteiligen, Demokratie lernen? Arbeitskreis Grundschule, Frankfurt 2003
- Die Grundschulzeitschrift 100/1998: Grundschule als Ort der Demokratie und 157/2002: Kinder beteiligen
- Grundschule 1/2002: Demokratisches Lernen
- Kaiser, Astrid: Praxisbuch handelnder Sachunterricht. Band 3 (Kap. 12). Schneider Verlag Hohengehren, Baltmannsweiler 2000
- Roschitsch, Ursula; Müller, Alois: Praxisbuch Methodentraining. Für einen schüler- und erfahrungsorientierten Unterricht in den Klassen 3–6. Auer Verlag, Donauwörth 2002
- Schilling, Dianne: Soziales Lernen in der Grundschule. Verlag an der Ruhr, Mülheim 2000

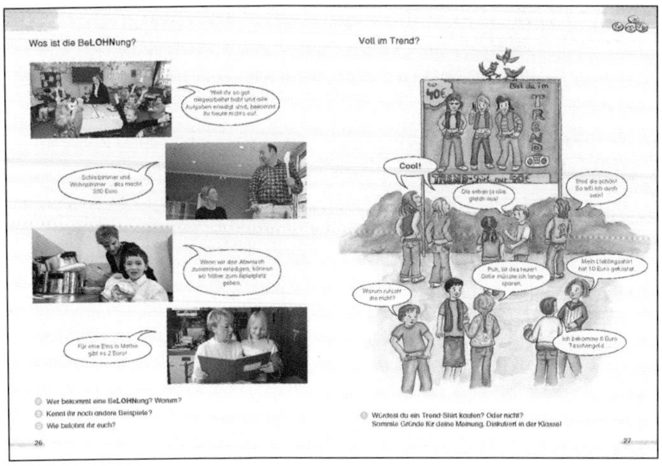

Zur Sache

Für geleistete Arbeit gibt es den Lohn oder das Gehalt. Dadurch können Unterkunft, Nahrung, Kleidung usw. bezahlt werden. Vielleicht hat die Familie sogar die Möglichkeit, sich Wünsche zu erfüllen oder einen Urlaub zu machen.
Kindern ist der Zusammenhang zwischen elterlicher Arbeit und deren Entlohnung schon früh deutlich. Sie bekommen die Auswirkungen, insbesondere bei ausbleibendem Gehalt, direkt zu spüren.
Die Belohnung, die Kinder erfahren, reduziert sich häufig auf materielle Zuwendungen. Geld und Geschenke stehen hoch im Kurs, wenn es um gute Noten, Mitarbeit im Haushalt, Freundlichkeit im Umgang mit Verwandten und Festtage geht. Taschengeld ist für viele Kinder selbstverständlich und bietet eine gute Möglichkeit, den selbstständigen und verantwortungsvollen Umgang mit Geld zu erlernen. Andererseits kann das Taschengeld einen Anlass zum Vergleich mit anderen Kindern bieten. Die Kaufkraft der Kinder kann dann zu heftigen Diskussionen in der Familie und auch in der Schule führen. Übersteigertes Konsumdenken und die Fixierung auf Markenartikel, die besonders im „Trend" liegen, können bereits früh Beeinträchtigungen des Selbstwertgefühls und/oder Bandenbildung und Mobbing zur Folge haben. Sogar kriminelle Handlungen kommen vor.

Zur Arbeit mit dem Schülerbuch

S. 26: Was ist die BeLOHNung
Mit den Bildern auf dieser Seite soll thematisiert werden,

- zu welchen Gelegenheiten eine Entlohnung und wann eine Belohnung geleistet werden sollte,
- welche Formen der Belohnung möglich sind und
- ob auch die Arbeit, die von Kindern geleistet wird, zu belohnen ist.

Zu sehen sind vier Situationen, die die Kinder so oder so ähnlich schon einmal im Alltag erlebt haben dürften. Was ist zu sehen? Wer sagt etwas? Wer bekommt eine Entlohnung? Wofür gibt es die Belohnung? Welcher Art ist die Belohnung? Hätte sie auch anders ausfallen können?

Ein Gespräch über vergleichbare Situationen zu Hause, in der Schule etc. bietet sich natürlich an. Auf den in vielen Familien verbreiteten Zusammenhang von Mitarbeit und Taschengeld wurde hier jedoch bewusst verzichtet.

S. 27: Voll im Trend
Die Kinder stehen vor einem Plakat, auf dem für den Kauf eines trendigen T-Shirts geworben wird. Natürlich muss der Name des Markenartikels teuer bezahlt werden.
Das Bild gibt einen Querschnitt der Kindermeinungen wieder. Nach der Bildbetrachtung bietet es sich an, zunächst die wesentlichen Aspekte zu benennen. Dann wird die Stellungnahme der Klasse eingeholt. Wer kann sich mit welcher Meinung identifizieren? Warum?
Im zweiten Schuljahr können die Argumente zum Beispiel im Rahmen eines Rollenspiels ausgetauscht werden. Mögliche Themen könnten sein:

- Deine Freundin kommt mit einem neuen, sehr teuren und trendigen T-Shirt in die Schule.
- Deine Mutter soll dir ein Trend-Shirt kaufen.
- Dein bester Freund zieht immer nur Sachen aus der Mottenkiste an. Die anderen lachen über dich, weil du so einen merkwürdigen Freund hast.

Es kann hilfreich sein, einige Argumente auf Karten vorzuformulieren. Dadurch gelingt es den Kindern leichter, in der Diskussion eine Position zu beziehen.

Vernetzung und Fortführung

- Klasse 1/2: Typisch Junge – typisch Mädchen; Klassendienste; Ein Buch entsteht
- Klasse 3/4: Erscheinungsformen von Arbeit und Auswirkungen von Arbeitslosigkeit kennen lernen; Planung, Herstellung und Vertrieb eines Produkts nachvollziehen und erleben; Zusammenhänge zwischen Konsumverhalten und Umweltproblemen untersuchen; Absicht von Werbung und ihre Wirkung untersuchen, Werbung und Wirklichkeit vergleichen

Weiterführende Ideen

- Anlegen einer Wunschkiste, in der Zettel mit kleinen Wünschen gesammelt werden, die eine Belohnung sein können.
- Viele Arbeiten müssen selbstverständlich erledigt werden, können aber auf viele verteilt werden (vgl. Klassendienste, Schülerbuch Seite 25).
- Es gibt zahlreiche Möglichkeiten, ansprechende Kleidung und trendigen Schmuck selbst zu gestalten, zum Beispiel Bedrucken, Batiken, ... von T-Shirts, Bekleben von Haarspangen, ...
- Organisation einer Kleidertauschbörse, so kann teure Kleidung intensiver genutzt werden.
- Anziehpuppen werden selbst gebastelt, auf Karton geklebt und mit Stoffen oder gemalten Kleidern angezogen.
- Kleidung zu bestimmten Themen entwerfen und vorstellen, zum Beispiel Spielkleidung, Feiertagskleidung, Kleidung für Zwillinge ...

Zum Nachlesen

Dieses Kinderbuch zum Thema Arbeitslosigkeit bietet viel Gesprächsanlass und greift insbesondere das Schamgefühl bei Arbeitslosigkeit der Eltern auf:

- Boie, Kirsten; Brix-Henker, Silke: Alles total geheim. Verlag Friedrich Oetinger, Hamburg, 1990

Informationen und Tipps zum Thema Taschengeld sind im Internet zu finden, zum Beispiel

- www.eltern.de/forfamily/schule_erziehung/erziehung/taschengeld.html
- www.regensburg.de/jugend/jugendschutzstelle/taschengeld.htm
- www.dsgv.de (= Deutscher Sparkassen- und Giroverband. Hier sind verschiedene Veröffentlichungen zum Thema erhältlich, darunter der „Euro-Taschengeldplaner")

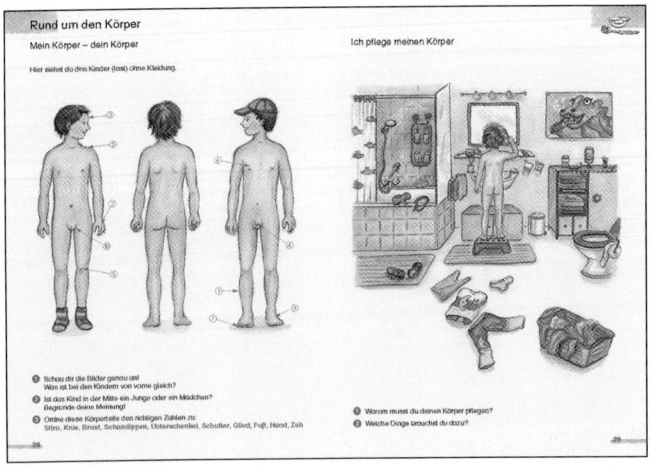

Zur Sache

Das Kennenlernen, Benennen und Unterscheiden der Körperteile bei Jungen und Mädchen sowie die Beschäftigung mit den körperlichen Entwicklungen bieten einen guten Einstieg in die Sexualerziehung in der Grundschule. Dabei bezieht die Sexualerziehung sich jedoch nicht allein auf den Aspekt der Sexualität, sondern hat sehr viel mit Körper- und Gefühlswahrnehmung zu tun. Deshalb werden auf dieser Schulbuchseite die Geschlechtsorgane auch nicht besonders hervorgehoben. Vielmehr ist dieser Aspekt eingebunden in die Betrachtung des gesamten Körpers mit den einzelnen Körperteilen. Dabei liegt einerseits ein Fokus auf den vielen Gemeinsamkeiten und andererseits auf den bestehenden Unterschieden zwischen Mädchen und Jungen.
Um die Kinder auch hinsichtlich ihres Körpers sprachfähiger zu machen, ist es wichtig, sowohl die verschiedenen Begrifflichkeiten aufzugreifen, die den Kindern bekannt sind, als auch speziell im Hinblick auf die Geschlechtsmerkmale gängige Sachbegriffe wie Penis bzw. Glied, Hodensack, Scheide und Schamlippen zu benutzen.
Je nach Erziehung, Gesellschaft und Religion sind Körper und Körperlichkeit mit Schamgefühlen verbunden und unterschiedlich stark tabuisiert. Kinder und Eltern sollten auf keinen Fall dazu gedrängt werden, ihre Schamgrenzen zu verletzen, auch wenn dies bei sehr orthodoxen Verhaltensregeln manchmal schwer fällt. Außerdem sind die Richtlinien zur Sexualerziehung und das Schulordnungsgesetz des Landes NRW zu berücksichtigen. Sie schreiben vor, dass die Schule Ziele, Inhalte und Methoden der Sexualerziehung den Erziehungsberechtigten bekannt gibt, begründet und berät. Hier ist daher ein rechtzeitiger Kontakt zur Elternschaft (Elternabend) sehr zu empfehlen.
Grundsätzlich gilt, dass alle Fragen der Kinder altersangemessen und zufriedenstellend beantwortet werden sollten. Körperwissen und Körperwahrnehmung sind darüber hinaus eine notwendige Grundlage für die Gesundheitserziehung. Nur wer seinen Körper genau kennt, kann verstehen, warum und wie er ihn pflegen und schützen muss: Zähne putzen, Hände waschen, Kleidung wechseln, ggf. Sonnencreme verwenden etc. Bei diesen Tätigkeiten ist sicherlich zunächst die Hilfe von Erwachsenen erforderlich, sie sollten jedoch für die Kinder zur Selbstverständlichkeit werden.

Zur Arbeit mit dem Schülerbuch

S. 28: Mein Körper – dein Körper
Diese Seite dient als Gesprächsanlass über den Körper und seine Körperteile. Strümpfe und Kappe sollen die Unmittelbarkeit des Bildes relativieren. Der Blick der Kinder wird gezielt auf die beiden Aspekte „Was ist gleich?“ und „Was ist unterschiedlich?“ gelenkt. Außerdem sollen die Schülerinnen und Schüler ihre Vermutungen über das Geschlecht des mittleren Kindes äußern und begründen. Die beiden äußeren Kinder sind unterschiedlichen Geschlechts, doch die Rückenansicht in der Bildmitte ist nicht zuzuordnen.
So werden die Geschlechtlichkeit und die noch nicht ausgebildeten Körperformen ins Blickfeld gerückt. Für die Kinder soll deutlich werden, dass sich Jungen- und Mädchenkörper in diesem Alter von hinten nicht eindeutig unterscheiden lassen. Bei Erwachsenen ist dies anhand der Formen von Schulterpartie, Taille und Becken eher möglich.
Auch das konkrete Benennen und Zuordnen der Körperteile kann zu dem Ergebnis führen, dass es manches sowohl bei Jungen als auch bei Mädchen gibt (wie Stirn und Schulter), wohingegen Scheide und Glied geschlechtsspezifische Merkmale sind.

S. 29: Ich pflege meinen Körper
In diesem Badezimmer können die Kinder viele Dinge entdecken und benennen, die zur Körperpflege benötigt werden. Dabei sollte thematisiert werden, dass manche Dinge wie etwa Seife und Zahnbürste unbedingt gebraucht werden, während andere Produkte wie etwa das Deo eher kosmetischer Natur sind. Die Taucherbrille und das Quietscheentchen bieten weitere Gesprächs- und Erzählanlässe bezüglich der Gewohnheiten und der Benutzung unterschiedlicher Artikel zur Körperreinigung und -pflege.
Die Toilette, aber natürlich auch die dreckigen Fußballschuhe und die schmutzigen Wäschestücke können dazu anregen, über Situationen zu sprechen, die eine Reinigung des Körpers nach sich ziehen bzw. notwendig machen.

Vernetzung und Fortführung

- Klasse 1/2: Typisch Junge – typisch Mädchen; Moritz versteht die Welt auf seine Weise; Wo ich herkomme ... und was aus mir geworden ist
- Klasse 3/4: Körperfunktionen beobachten und erklären; Bedingungen gesunder Lebensführung reflektieren und Präventionsmaßnahmen kennen lernen; Unfallverhütungsmaßnahmen und Erste-Hilfe-Maßnahmen kennen lernen; die Vorgänge bei Zeugung, Schwangerschaft und Geburt kennen lernen; Kenntnisse über die Entwicklung vom Schulkind zum Erwachsenen gewinnen; über Liebe und Sexualität nachdenken

SB S. 28 Mein Körper – dein Körper **AH** S. 22
SB S. 29 Ich pflege meinen Körper

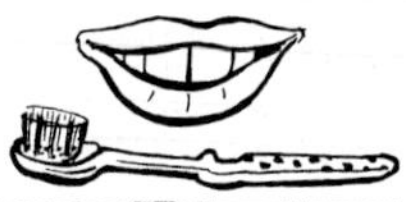

Weiterführende Ideen

- Die Kinder malen ihre Körperumrisse auf Tapetenstücke und beschriften diese mit den Namen der Körperteile (Einstiegsmöglichkeit).
- Peter, Ida und Minimum. Familie Lindström bekommt ein Baby. Bilderbuch von Grethe Fagerström und Gunilla Hansson. Ravensburger Buchverlag, Ravensburg 1992.
- Übungen zur Förderung der Körperwahrnehmung: Massage mit dem Igelball, Roboterspiel etc.
- Fächerübergreifend mit Mathematik: Körper vermessen bzw. Körpermaße (Elle, Fuß, Schritt etc.)

Zum Nachlesen

- Cleave van, Janice: Eine Reise in deinen Körper. Verlag an der Ruhr, Mülheim 2001
- Dixon, Malcom; Smith, Karen: Ich ... und mein Körper. Verlag an der Ruhr, Mülheim 1998
- Die Grundschulzeitschrift. Heft 4/1997, insbesondere der Materialteil zu Körper, Sprache und Gefühle
- Grundschule. Heft 5/2000. Thema: Sexualerziehung, situativ und kooperativ
- Kiper, Hanna: Sachunterricht kindorientiert. Schneider Verlag Hohengehren, Baltmannsweiler 1997
- Praxis Grundschule. Heft 3/2000. Thema: Aspekte der Sexualerziehung
- Ministerium für Schule und Weiterbildung, Wissenschaft und Forschung des Landes Nordrhein-Westfalen (Hrsg.): Richtlinien für die Sexualerziehung in Nordrhein-Westfalen. Verlag Ritterbach, Frechen 1999
- Niggemeyer, Susanne: Wo war ich eigentlich vor meiner Geburt? Auer Verlag, Donauwörth 2002

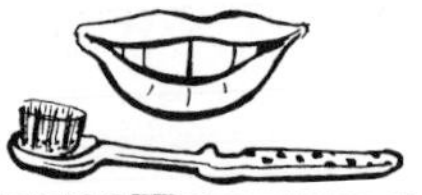

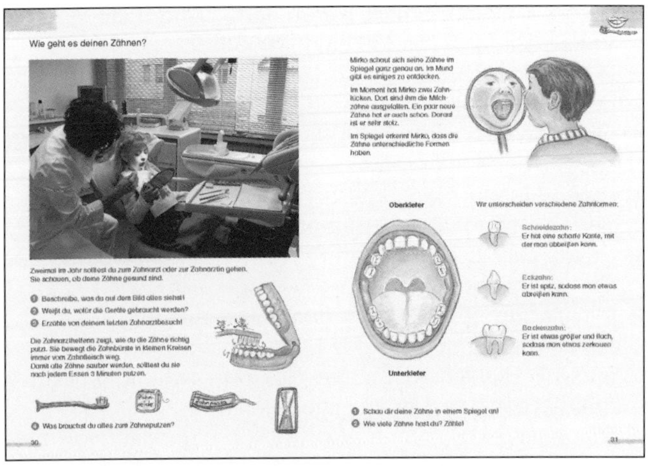

Zur Sache

Die Zähne sind für Kinder ein bekannter und wichtiger Teil ihres Körpers. Spätestens ab Beginn des Zahnwechsels mit ca. fünf Jahren wird die Aufmerksamkeit besonders auf den Mundbereich gerichtet, jeder ausgefallene Milchzahn wird von der Familie gewürdigt. Der Zahnwechsel markiert für die Kinder einen Schritt in Richtung Größerwerden.

Doch nicht erst ab diesem Zeitpunkt ist die Zahnpflege und -kontrolle von Bedeutung. Der regelmäßige Zahnarztbesuch sollte für Kinder im Grundschulalter eigentlich etwas Bekanntes sein.

In einem Behandlungszimmer gibt es für sie viel zu entdecken. Da sind der verstellbare Behandlungsstuhl, die helle Lampe, das Spülbecken und natürlich die verschiedenen Untersuchungsinstrumente: Spiegel, Sonde zum Abtasten der Zähne nach kleinen Löchern, Speichelsauger, Pinzette und Watterolle zum Trocknen des Mundbereichs, verschiedene Bohrer.

Beim ersten Zahnarztbesuch erfolgt oft nur ein kurzer Blick in den Mund, ansonsten dürfen sich die Kinder alles anschauen, um Vertrauen zu gewinnen. Man sollte sich bewusst sein, dass eine Zahnbehandlung für Kinder anstrengend ist; sie müssen längere Zeit still sitzen, den Mund geöffnet halten und fremde Gegenstände in ihrem Mund erdulden.

Der Zahnprophylaxe wird immer mehr Bedeutung zugemessen. Zahnärzte und speziell ausgebildete Helfer führen zum Teil schon im Kindergarten an eine richtige Zahnpflege verbunden mit einer zahngesunden Ernährung heran. Wichtige Regeln sind zum Beispiel: Putze immer in der gleichen Reihenfolge und immer vom Zahnfleisch weg! Verwende eine gute Zahnbürste mit einem kurzen Bürstenkopf, mit dem du auch in verstecktere Winkel kommst. Nutze eine fluoridhaltige Zahnpasta!

Dass Zucker schädlich für die Zähne ist, ist vielen Kindern bestimmt schon einmal gesagt worden. Neu wird für sie aber möglicherweise das Problem des versteckten Zuckers sein (Ketchup, Saft, Dosenobst, Fruchtjoghurt, Speiseeis und natürlich die verschiedenen „Kinderriegel").

Das Milchgebiss besteht gewöhnlich aus 20, das spätere bleibende Gebiss aus 32 Zähnen. In der Phase des Zahnwechsels findet man die (kleineren) Milchzähne neben schon bleibenden Zähnen, charakteristisch für diese Zeit sind die Zahnlücken. Jeder Zahn besteht aus der Krone, einem Hals und einer Wurzel (auch mehrere Wurzeln sind möglich). Man unterscheidet drei verschiedene Zahnformen: Schneide-, Eck- und Backenzahn. Genau genommen müssen die hinteren Zähne nochmals in Backen- und Mahlzähne unterteilt werden. Sie unterscheiden sich auch ein wenig in ihrer Form, was die Kinder hinten in der Mundhöhle aber nicht erkennen können.

Zur Arbeit mit dem Schülerbuch

S. 30

Hier werden die Zahnpflege und -prophylaxe und natürlich der Besuch beim Zahnarzt thematisiert. Das Foto und die drei Impulse animieren die Kinder, von ihren eigenen Erfahrungen zu erzählen und Bekanntes zu benennen. Gegenstände, die vielleicht nicht bekannt sind, werden mit ihren Funktionen besprochen und so haben auch Kinder, die über keine konkreten Vorerfahrungen verfügen, durch das Bild eine Gesprächsgrundlage.

Aufgabe 3 kann sehr unterschiedliche Emotionen zutage bringen. Sicherlich gibt es Kinder, die bereits schmerzhafte Erfahrungen gemacht oder die Ängste der Eltern übernommen haben. Diese Ängste sollten unbedingt ernst genommen, nicht aber geschürt werden.

Überhaupt gilt: Seien Sie ehrlich! Natürlich kann ein Zahn auch einmal krank werden, selbst bei guter Pflege. Daher sollte den Kindern der Schmerz nicht prophezeit oder gar angedroht werden. Es sollten aber auch keine Sätze fallen wie: „Es tut bestimmt nicht weh!". Ein Kind, das so vorbereitet zum Zahnarzt kommt, wird schon beim geringsten Schmerz den Eltern (Lehrern, Zahnärzten ...) nicht mehr glauben können.

Unten auf der Seite wird die richtige Zahnpflege angesprochen. Die Technik des Zähneputzens sollte noch einmal an einem Vorführgebiss (kann oft bei Zahnärzten ausgeliehen werden) oder am eigenen Mund gezeigt werden.

S. 31

Der Blick der Kinder wird nun auf die eigenen Zähne und das eigene Gebiss gelenkt.

Wie sehen die Zähne aus, welche Unterschiede gibt es? Wo ist ein Milchzahn, wo schon ein bleibender? Wie viele Zähne habe ich zur Zeit? Wie viele Lücken? Falls die Kinder sich auch gegenseitig in den Mund schauen, sollten unbedingt Gummihandschuhe verwendet werden.

Die drei verschiedenen Zahnformen werden eingeführt und in ihrer Funktion beschrieben. Die Kinder können versuchen, diese Formen mithilfe eines Spiegels in ihrem Mund wiederzufinden.

Vernetzung und Fortführung

- Klasse 1/2: Ich pflege meinen Körper; Iss dich fit!
- Klasse 3/4: Körperfunktionen beobachten und erklären; Bedingungen gesunder Lebensführung reflektieren und Präventionsmaßnahmen kennen lernen

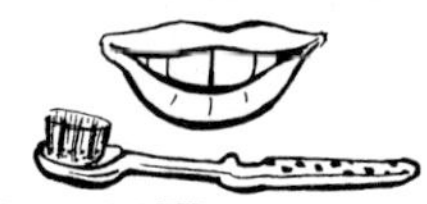

Weiterführende Ideen

- Watteversuch: Er eignet sich ganz besonders, um den Kindern zu zeigen, wie wichtig es ist, vom Zahnfleisch weg zu putzen. In einen groben Kamm wird etwas Watte geflochten. Will man diese nun mit der Zahnbürste entfernen, so geht das nur, wenn man gerade nach unten putzt. Dies können die Kinder selbst herausfinden und übertragen.
- Besuch in einer Zahnarztpraxis mit Erkundung des Behandlungszimmers oder Gespräch mit dem Schulzahnarzt
- Ausstellung: Unsere Milchzähne
- Zähne aus Knete herstellen
- 3-Minuten-Spiel: 3 Minuten lang soll man die Zähne putzen. Weißt du auch ohne Sanduhr, wie lange das ist? Verschiedene Tätigkeiten drei Minuten lang ausführen und schätzen, wann man aufhören kann.

Zum Nachlesen

- Infomaterialien der Bundeszahnärztekammer Köln, verschiedener Krankenkassen und in vielen Kreisen auch der Arbeitskreise „Zahngesundheit“
- Kaiser, Astrid: Praxisbuch handelnder Sachunterricht. Band 2. Schneider Verlag Hohengehren, Baltmannsweiler 1999, S. 225–234
- Schmidt, Hartmut; Merz, Christine: Komm mit zum Zahnarzt. Herder-Verlag, Freiburg 1988

Zähne zählen	Backenzähne	Schneidezähne	Eckzähne	zusammen
meine Zähne				
...				
...				

Sind diese Nahrungsmittel für deine Zähne gesund?	ja	nein
Vollkornbrot 		
Möhren 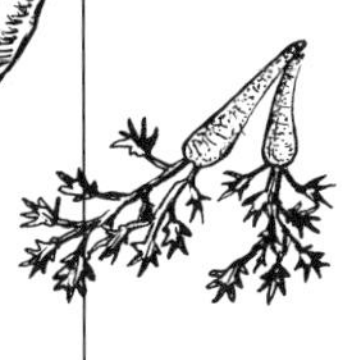		
Obst 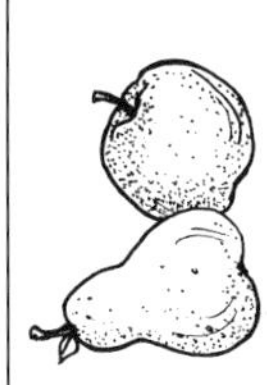		
Kuchen 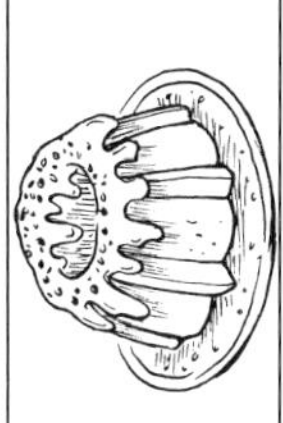		
Lutscher 		
Nüsse 		
Milchschnitte 		
Fruchtgummis 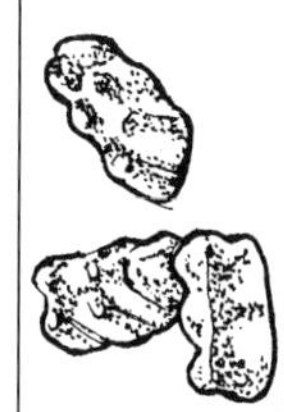		

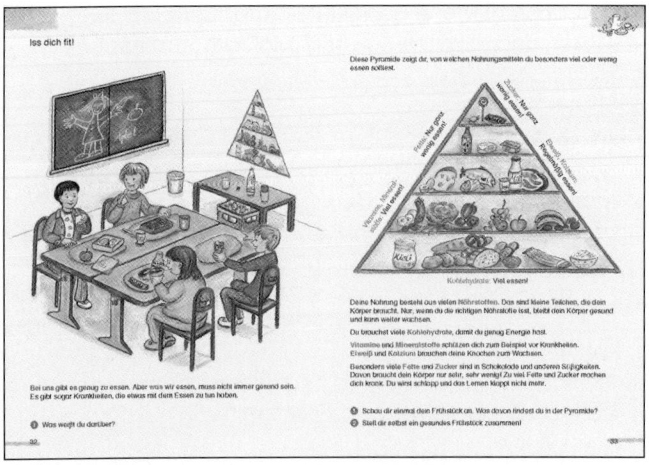

Zur Sache

Immer mehr Kinder leiden unter ernährungsbedingten Erkrankungen, die zusammen mit mangelnder Bewegung zu oft erheblichem Übergewicht, Haltungsschäden, Schädigung des Skeletts durch Überbelastung und mangelhafter Belastbarkeit des Herz-Kreislauf-Systems führen. Kindern ist in der Regel nicht bewusst, welche Nahrungsmittel für sie gesund sind. Oft enthalten gerade die so genannten Kindernahrungsmittel (Desserts, Riegel, Süßspeisen usw.) besonders viel Zucker, Farb- und Konservierungsstoffe, nicht zu reden von den versteckten Fetten.

Die Nahrungspyramide macht deutlich, wie groß der Anteil der dargestellten Lebensmittelgruppen an unserer täglichen Nahrung sein sollte.

Kohlehydrate sind Energiespeicher. Zu ihnen gehört etwa die Stärke, die in Weizen, Reis und Kartoffeln enthalten ist. Sie ist ein komplex gebautes Molekül und wird vom Körper deutlich langsamer abgebaut als das süße Kohlehydrat Zucker. Zucker steht dem Körper als Energiequelle schnell zur Verfügung, ist jedoch ebenso schnell wieder aufgebraucht. Vitamine und Mineralstoffe sind unentbehrlich für Menschen und Tiere, können aber von ihnen nicht selbst hergestellt werden. Sie gelangen nur durch die Nahrung in unseren Körper. Wesentliche Funktionen unseres Organismus sind von der ausreichenden Zufuhr an Vitaminen (Wachstum, Immunabwehr, Knochenbildung, Abbau von Fetten und Kohlehydraten usw.) und Mineralstoffen (Knochenbildung, Nervenfunktionen, Blutbildung, Schilddrüsenfunktion usw.) abhängig. Sie finden sich in Obst und Gemüse sowie in Fisch, Fleisch, Milch- und Vollkornprodukten. Diese liefern gleichzeitig Proteine, die zur Haar- und Knochenbildung, aber auch zum Bau von Hormonen und zur Immunreaktion dringend gebraucht werden. Fette und Öle speichern Energie und dienen, im Körper angelagert, als Wärme isolierende Schicht. Sie werden als Bausteine für Zellen benötigt, müssen jedoch dem Körper nur in geringen Mengen zugeführt werden. Übermäßige Fettaufnahme schadet!

Zur Arbeit mit dem Schülerbuch

S. 32
Zunächst sollen die Kinder auf ein Problem aufmerksam gemacht werden, dass ihnen in jeder Klasse begegnet. Im Bildmittelpunkt befindet sich der Frühstückstisch zur Pausenzeit. Die Kinder, die sich durch körperliche Merkmale unterscheiden, essen auch unterschiedlich. Es bietet sich an, mit den Schülerinnen und Schülern die Mahlzeiten der Buchkinder zu betrachten und sie hinsichtlich ihres Nährwertes zu beurteilen. Es reicht vollkommen aus, wenn die Kinder zu süße Nahrung identifizieren und benennen können. Weiterführend kann auf die Fette hingewiesen werden, wenn die Kinder sie ansprechen. Einige können sicher Obst und Milchprodukte als besonders gesund benennen.

Wichtig ist, dass die Konsequenzen falscher Ernährung ausschließlich auf die Buchkinder begrenzt werden. Kinder der eigenen Klasse und ihre Pausenbrote stehen nicht zur Diskussion! Sie dürfen keiner Diskriminierung ausgesetzt werden.

Wie wichtig das Trinken ist, gehört ebenfalls zum Thema Ernährung. Der im Bildhintergrund dargestellte Wasserkasten zeigt, dass auch im Klassenraum eine sinnvolle Getränkeversorgung möglich ist. Mit den Kindern lassen sich Kauf und Lieferung von Wasser in die Klasse schnell organisieren. Die Milchmixgetränke, die manche Kinder in den Pausen so gerne trinken, sind dagegen als Nahrungsmittel zu werten.

S. 33
Hier wird die so genannte Nahrungspyramide in einfacher Form vorgestellt. Wie bei Pyramiden üblich, gibt es den breiten Sockel, der die Pyramide trägt und der die wichtigsten Nahrungsmittel enthält. Zur Spitze hin werden die Nahrungsmittel in immer kleineren Mengen für eine gesunde Ernährung benötigt.
In dem erklärenden Text werden die Begriffe Nährstoffe, Kohlehydrate etc. eingeführt. Der anspruchsvolle Text kann differenzierend für einige Kinder oder gemeinsam mit allen Kindern erlesen werden.
Durch die Betrachtung der Pyramide und die Benennung der dargestellten Lebensmittel können auch die Kinder der ersten Klasse erfassen, welche Nahrungsmittel sie verstärkt essen bzw. meiden sollten.
Die Pyramide lässt sich problemlos auf einen größeren Karton übertragen. Die Kinder sammeln Abbildungen aus Prospekten und ordnen sie den Lebensmittelgruppen zu.

Vernetzung und Fortführung

- Klasse 1/2: Wie geht's deinen Zähnen?; Voll im Trend; Wir schützen unsere Umwelt
- Klasse 3/4: Körperfunktionen beobachten und erklären; Bedingungen gesunder Lebensführung reflektieren und Präventionsmaßnahmen kennen lernen; Zusammenhänge zwischen Konsumverhalten und Umweltproblemen untersuchen; Absicht von Werbung und

ihre Wirkung untersuchen; Werbung und Wirklichkeit vergleichen

Weiterführende Ideen

- Ein Ernährungsprotokoll oder ein Ernährungsbuch führen
- Anlegen und Gestalten eines Rezeptbuches
- Organisieren einer Frühstücks-Tauschbörse
- Anbieten einer Koch-AG
- Klassenfrühstück zu Geburtstagen oder mit der Nachbarklasse („Wir laden ein!")

Zum Nachlesen

- Grau, Petra: Übergewichtige Kinder. Ursachen und Folgen – Prävention und Behandlung. Persen Verlag, Horneburg 2003 (Bergedorfer Förderpädagogik)
- Hoeltzenbein, Gabriele: Gesundheitserziehung in der Grundschule mit Fipsi & Maxi. Band 3: Ernährung und Verdauung. Auer Verlag, Donauwörth 2003 (inkl. Leseheft: Fipsi & Maxi und die Sache mit Willi)
- Thomas-Heizmann, Doris; Strobel, Friedrich: Einfaches Kochen nach Fotos. Persen Verlag, Horneburg 2003
- Palser, Karin: Rezepte zur Vollwertkost. Persen Verlag, Horneburg 2000

Ein kugelrundes Schwein – Schwein – Schwein,
das wollt gern dünner sein – sein – sein.
Es fraß sich nicht mehr satt – satt – satt,
wurd dürr, doch auch ganz matt – matt – matt.

Drum, Schwein, bleib lieber rund – rund – rund,
sonst gleichst du einem Hund – Hund – Hund.

(Ein Klatschspiel)

Die Nahrungsmittelpyramide

Kohlehydrate 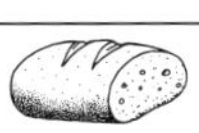	Vitamine, Mineralstoffe 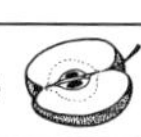	Eiweiß, Kalzium 
 Fette 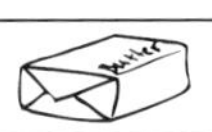	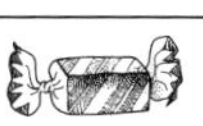 Zucker 	

Das habe ich diese Woche gegessen

	morgens	mittags	abends	zwischendurch
Montag				
Dienstag				
Mittwoch				
Donnerstag				
Freitag				
Samstag				
Sonntag				

SB S. 34 Moritz versteht die Welt auf seine Weise **AH** S. 25–30
SB S. 35–39 Hören, Riechen, Schmecken, Tasten, Sehen

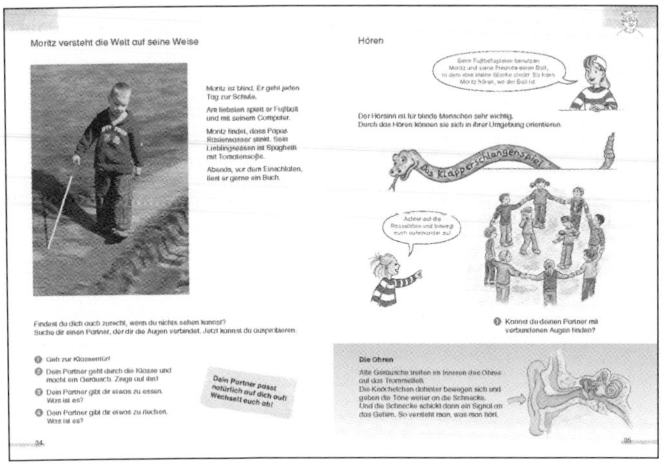

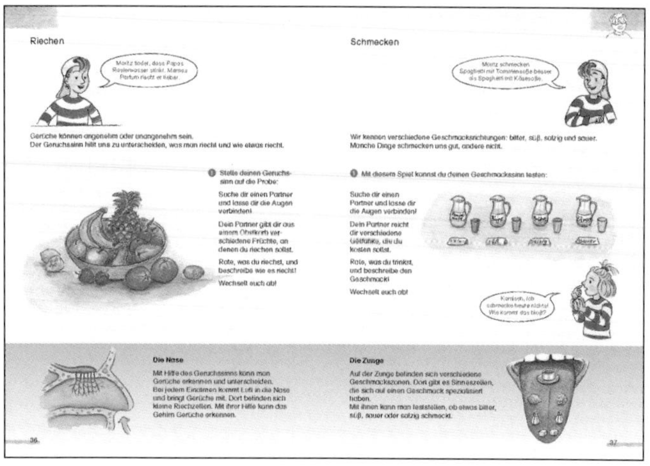

Zur Sache

Kinder sind von Geburt an sinnenreiche Wesen und besonders sensibel, wenn es um grundlegende Sinneswahrnehmung geht. Bedeutsam für eine gesunde hirnorganische Entwicklung von Kindern ist die Nutzung aller Sinne, damit sich Gehirnstrukturen bilden können und die Wahrnehmung verarbeitet werden kann.
Tasten, Sehen, Hören, Riechen und Schmecken muss deshalb von Kindern auch differenziert geübt werden. Die praktische Sinnesschulung ist für Kinder aufgrund ihrer ursprünglichen Freude am Erproben und Erleben eine spannende Aufgabe.
Die Sinne erleben, das bedeutet für Kinder mitmachen, ausprobieren, sich auf etwas einlassen und sich vertiefen – Erfahrungen, die Erwachsenen vielfach schon verloren gegangen sind.
In der heutigen Zeit sind Angebote zur sinnlichen Entfaltung für Kinder besonders wichtig und wertvoll, da die räumliche Begrenzung des kindlichen Lebensumfeldes meist weniger unmittelbare Sinneserfahrung der Kinder zulässt. So wird eine wichtige Voraussetzung für selbstständige Erforschungen und Umwelterfahrungen beschnitten. Des Weiteren machen Kinder aufgrund der fortschreitenden Medienüberflutung sinnliche Erfahrungen häufig nur aus zweiter Hand. Sinneserfahrungen dieser Art sind aber einseitig, da einzelne Sinne über- bzw. unterstimuliert werden. Eine umfassende Förderung aller Sinne wird aufgrund der veränderten Lebensbedingungen unserer Kinder somit Aufgabe eines jeden, der sich für die gesunde Entwicklung von Kindern verantwortlich fühlt. Mangelnde Sinneserfahrungen können eine Ursache für Lernschwierigkeiten sein.

Um die Intensität der Sinneswahrnehmung zu unterstützen, erhalten die Kinder auf den Schulbuchseiten Informationen darüber, wie ein blinder Junge sich mithilfe seiner Sinne in seiner Umwelt zurechtfindet. Ein kleines Lexikon am Seitenende liefert kindgerechte Sachinformationen zu den Sinnesorganen.

Sachinformationen zu den einzelnen Sinnesorganen und zur Thematik Blindheit

Wir hören mit den Ohren

Der wichtigste Teil der Ohren liegt im Kopf und ist damit durch die Schädeldecke gut geschützt. Von außen ist nur die Ohrmuschel erkennbar, die aus Haut und Knorpel besteht und wie ein Trichter funktioniert. Sie leitet die Schallwellen durch den Gehörgang zum Trommelfell. Das Trommelfell ist ein dünnes Häutchen, das den Gehörgang verschließt. Es nimmt die Schwingungen auf und leitet sie weiter an die drei Gehörknöchelchen im Mittelohr: Hammer, Amboss und Steigbügel. Die Gehörknöchelchen verstärken die Schallwellen und übertragen sie auf die Flüssigkeit im Innenohr. Die Flüssigkeit wird durch die Schallwellen bewegt und aktiviert tausende von kleinen Sinneshärchen, die in der Hörschnecke sitzen. Von dort aus werden Signale über die Hörnerven an das Gehirn gesandt. Das Gehirn entschlüsselt die Impulse und wir erkennen die Geräusche.

Wir riechen und schmecken mit der Nase und der Zunge

Die Sinnesorgane Nase und Zunge arbeiten eng zusammen. In jeder Nasenhöhle befinden sich etwa 10 Millionen Riechzellen. Diese nehmen den in der Luft enthaltenen Geruchsstoff beim Einatmen wahr und geben über die Riechnerven ihre Informationen an das Gehirn weiter. Dort wird die Botschaft entschlüsselt und der Geruch identifiziert. Die meisten Menschen können etwa 4000 Gerüche voneinander unterscheiden.
Die rund 10000 Geschmacksknospen auf der Zunge unterscheiden zwischen den vier Geschmacksrichtungen süß, sauer, salzig und bitter. Für jede dieser Geschmacksrichtungen gibt es auf der Zunge einen festen Bereich.
Da der Geschmackssinn vom Geruchssinn beeinflusst wird, werden beide bei einem Schnupfen beeinträchtigt.

Wir tasten mit der Haut

Die Haut ist das größte Sinnesorgan. In ihr befinden sich verschiedene Arten von Tastzellen, die Empfindungen wie Wärme, Kälte, Druck, Oberflächenbeschaffenheit, Vibrationen und Schmerz wahrnehmen können. Die Tastzellen

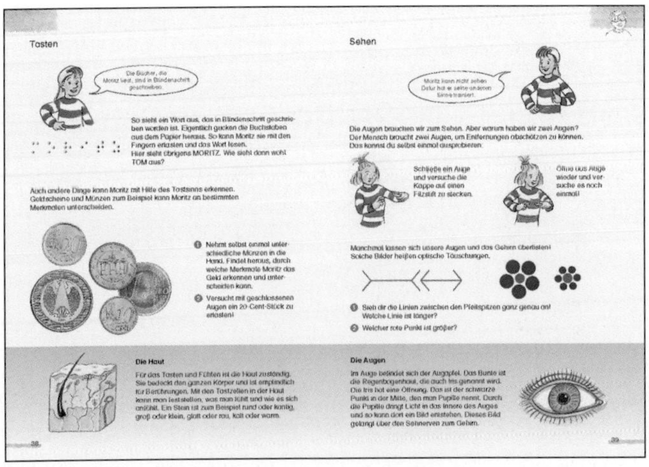

sind über sensorische Nerven mit dem Rückenmark und mit dem Gehirn verbunden. Sie geben ständig Informationen über den Zustand ihrer Umgebung weiter. Die Tastzellen liegen in verschiedenen Hautschichten. Kälte und leichter Druck werden dicht unter der Hautoberfläche wahrgenommen. Wärme und starker Druck werden in den tiefer gelegenen Hautschichten identifiziert. Hautstellen mit mehr Nervenenden sind empfindlicher als andere, die weniger Nervenenden aufweisen. Oberflächenstrukturen (wie glatt, rau etc.) werden am intensivsten von den Lippen und am wenigsten vom Rücken weitergeleitet. Druck wird am stärksten von den Fingerspitzen übertragen und am wenigsten im Gesäß gespürt.

Wir sehen mit den Augen

Die Augen sind zunächst einmal zwei Kugeln aus einer geleeartigen, durchsichtigen Masse. Diese Kugeln werden Augäpfel genannt. Sie sind nur zum Teil von außen sichtbar, der größte Teil liegt in den tiefen Augenhöhlen, wo sie durch die Schädeldecke geschützt werden. Die Augenlider, die sich sehr schnell öffnen und schließen können, schützen das Äußere des Auges. Pro Minute blinzelt ein Mensch ungefähr sechsmal. Unsere Augen glänzen, weil die Augenlider beim Öffnen und Schließen Tränenflüssigkeit über die Augenoberfläche verteilen. Diese wird in den Tränendrüsen hergestellt, die sich in den äußeren Augenwinkeln oberhalb der Augenlider befinden. Durch den Tränenpunkt im inneren Augenwinkel fließt die Flüssigkeit über den Tränenkanal wieder ab. Die Tränenflüssigkeit enthält Bakterien tötende Substanzen sowie Nährstoffe und Sauerstoff für die Hornhaut. Die Tränenflüssigkeit fließt normalerweise genauso schnell ab, wie sie produziert wird. Kommen jedoch Rauch oder Schmutz ins Auge, wird mehr Tränenflüssigkeit gebildet. Da diese dann nicht schnell genug abfließen kann, staut sie sich und der Mensch weint.

An jedem Augapfel sind sechs Muskeln befestigt. Sie ermöglichen es, dass wir in verschiedene Richtungen schauen können. Die Pupille ist ein Loch (das Sehloch), durch das von außen Lichtstrahlen in das Augeninnere gelangen. Ist wenig Licht vorhanden, weitet sich die Pupille, damit mehr Licht ins Auge kommt. Ist es sehr hell, wird die Pupillenöffnung kleiner. Diesen Vorgang reguliert die Iris, die sich aus einem Netzwerk von Muskeln zusammensetzt. Die Linse liegt hinter dem Sehloch. Durch die Linse werden die Lichtstrahlen so gebrochen, dass ein Bild auf der Netzhaut, die den Augapfel von innen bedeckt, entsteht. Das Bild, das auf der Netzhaut entsteht, ist durch die Linsenbrechung auf den Kopf gestellt. Die Netzhaut besteht aus 125 Millionen lichtempfindlichen Zellen, den so genannten Stäbchen, die auf Helligkeit ansprechen, und 7 Millionen Zapfen, die die Farbe des Lichtes registrieren. Bei schwachem Licht werden nur die lichtempfindlichen Stäbchen aktiviert. Deshalb kann der Mensch im Dunkeln keine Farben erkennen. Von den Stäbchen und Zapfen werden elektrische Impulse an den Sehnerv und von dort an das Gehirn weitergegeben. Hier werden die Impulse ausgewertet, wobei das Bild wieder umgedreht wird. Der Mensch sieht also erst im Gehirn das eigentliche Bild.

Blindheit

Nach landläufiger Meinung ist derjenige blind, der kein Licht wahrnehmen kann und demzufolge gar nichts sieht. Aber auch Personen, deren Sehschärfe so gering ist, dass sie sich in einer nicht vertrauten Umgebung ohne fremde Hilfe nicht zurechtfinden können, sind als blind anzusehen (nach einer Broschüre des Bundesministeriums für Arbeit und Sozialordnung). Sie sind in Schule, Beruf und Alltag auf entsprechende Blindentechniken (zum Beispiel Fernsehlesegerät, Stock, Blindenhund) angewiesen, auch wenn sie noch über ein gewisses Sehvermögen verfügen. Auch gibt es eine Reihe unterschiedlicher Erscheinungsformen der Blindheit und so nehmen viele Blinde in irgendeiner Form visuelle Eindrücke auf (hell/dunkel, grobe Umrisse u. a.). Folgende Begriffsbestimmungen lassen sich finden:

„**Blind** ist, wer nichts oder nur Lichtschein erkennt.

Hochgradig sehbehindert ist, wer wegen einer Sehbehinderung auf fremde Hilfe angewiesen ist. Dies gilt im Allgemeinen dann, wenn ... auf dem besseren Auge nur eine Sehschärfe von etwa 5 % besteht.

Sehbehinderung besteht, wenn die zentrale Sehschärfe auf dem besseren Auge 30–5 % beträgt ... [oder] wenn erhebliche Einschränkungen des Gesichtsfeldes bestehen." (Deutscher Blinden- und Sehbehindertenverband e.V. 2000, Seite 11).

Zur Arbeit mit dem Schülerbuch

S. 34: Moritz versteht die Welt auf seine Weise

Das Foto zeigt einen Jungen, der an seinem Blindenstock als blind zu identifizieren ist. Die Schülerinnen und Schüler sollen erfahren, wie ein blindes Kind seinen Alltag bewältigt und welche Hilfsmittel es dazu benötigt. So kann Moritz mit einem Ball, der eine Glocke enthält, sogar Fußball spielen. Er hat einen Computer, dessen Tastatur mit dem Blindenalphabet und speziellen Tasten- und Geräuschmarkierungen ausgestattet ist. Bücher, die in Blindenschrift gedruckt sind, kann Moritz lesen, indem er sie ertastet. Dass Spaghettis sein Lieblingsessen sind, hat natürlich nichts mit seiner Behinderung zu tun, schließlich ist er ja, von seiner Blindheit abgesehen, ein ganz normaler Junge – mit Vorlieben und Abneigungen. Wobei jedoch

seine anderen Sinne besonders trainiert sind: „Ein Blinder kann nicht von Natur aus besser hören als andere Menschen. Aber er kann lernen, sein Gehör optimal auszunutzen. ... Der geschulte Blinde hört am Echo seiner Schritte ... das offene Tor in der Mauer.“ (Deutscher Blinden- und Sehbehindertenverband e.V. 2000, Seite 6)
Die Arbeitsaufträge hier und auf den folgenden Seiten laden zur Sinnesschulung ein und gleichzeitig sollen sie die Kinder dafür sensibilisieren, was es bedeutet, blind zu sein. Die Kinder sollen nachempfinden und erfahren, wie schwer es ist, sich in der Umgebung zurecht zu finden, wenn der Sehsinn ausgeschaltet ist.

S. 35: Hören
Klapperschlangenspiel: Die Kinder orientieren sich anhand eines Geräusches. Dazu stellen sie sich in einen Kreis. Zwei Kinder stehen mit verbundenen Augen in der Kreismitte und halten jeweils eine Rassel in der Hand. Die beiden Kinder rasseln abwechselnd, lauschen und bewegen sich auf das Geräusch zu. Das wiederholen sie so oft, bis sie sich gefunden haben.
Der Lexikonabschnitt im unteren Bereich der Seite bietet den Kindern Sachinformationen zu den Ohren.

Einige Ideen für Ihren Unterricht

Spiele zum Hören

■ **Hörst du mich?**
Material: Augenbinden
Sozialform: Gruppenspiel
Ziel: Konzentrationstraining, Schulung der Raumorientierung über das Gehör, Förderung der Kreativität
Verlauf: Die Kinder sitzen im Klassenraum verteilt und haben die Augen geschlossen. Ein Kind geht in verschiedenen Gangarten und Geschwindigkeiten durch den Raum. Sobald das Kind neben einem sitzenden Kind stehen bleibt, muss dieses mit Stimme und/oder Körperklängen so lange Geräusche erzeugen, bis das Kind sich weiterbewegt.

■ **Geräusche im Klassenraum erraten**
Material: Augenbinden
Sozialform: Gruppenspiel
Ziel: Konzentrationstraining, Schulung der Raumorientierung über das Gehör und des Erinnerungsvermögens
Verlauf: Die Kinder sitzen mit geschlossenen Augen im Klassenraum. Ein Kind geht durch den Raum und führt fünf verschiedene Aktivitäten aus, zum Beispiel Fenster öffnen, Wasserhahn auf- und zudrehen, Stuhl rücken etc. Die anderen versuchen die Geräusche zu identifizieren und zu lokalisieren. Anschließend werden der Weg und die Aktivitäten des „Geräuschemachers“ rekonstruiert und benannt.

■ **Geräuschen auf der Spur**
Material: Kurzzeitmesser oder Spieluhr
Sozialform: Gruppenspiel
Ziel: Orientierung nach dem Gehör, Differenzierung und Sensibilisierung des Hörsinns, Stilleübung
Verlauf: Ein Kind versteckt einen Kurzzeitmesser oder eine Spieluhr im Klassenraum. Ein anderes Kind versucht diese Geräuschquelle zu finden, bevor sie klingelt oder abgelaufen ist. Die anderen Kinder müssen ganz leise sein, damit das Geräusch lokalisiert werden kann.

S. 36: Riechen
Moritz mag bestimmte Gerüche nicht nur lieber als andere, er kann anhand von Gerüchen auch Personen identifizieren. In einem Gespräch kann den Kindern bewusst gemacht werden, dass das Geruchsempfinden des Menschen sehr subjektiv ist.
Mithilfe des angebotenen Riech-Spiels können die Kinder ihren Geruchssinn auf die Probe stellen. Dazu werden verschiedene Früchte benötigt, die anhand ihres Geruchs bestimmt werden sollen. Es ist sinnvoll, die Früchte in kleine Stücke oder Scheiben zu schneiden, damit der Geruch sich besser entfalten kann.

S. 37: Schmecken
Auch das Geschmacksempfinden hat subjektiven Charakter, obwohl die Zahl der Geschmacksrichtungen grundsätzlich gering ist: süß, sauer, salzig und bitter.
Mit dem Geschmacksproben-Spiel, für das verschiedene Getränke und die dazu passenden Schilder benötigt werden, können die Kinder ihren Geschmackssinn testen und die vier Geschmacksrichtungen zuordnen: Zitronensaft – sauer, Pampelmuse (dunkler Kakao, Kaffee) – bitter, Birnensaft (gesüßter Tee) – süß, Brühe (Tomatensaft) – salzig.
Die Kinder können Flos Erfahrung, dass man ohne zu riechen auch nichts schmecken kann, nachvollziehen, indem sie mit zugehaltener Nase beispielsweise ein Stück Banane kosten.

S. 38: Tasten
Die Blindenschrift wird auch Punktschrift genannt, denn die Buchstaben dieser Schrift bestehen aus kleinen, tastbaren Punkten. Dabei werden die Buchstaben von der Unterseite her in ein dickes Papier oder einen Kunststoff gedrückt.
Im Schülerbuch ist dies natürlich nicht möglich, es handelt sich hier also nur um eine **Abbildung** des Wortes Moritz. Damit die Kinder das Prinzip der Punktschrift nachvollziehen können, sollte unbedingt mit einem Modell gearbeitet werden. So können zum Beispiel Musterklammern in eine Pappe oder Stecknadeln in eine Styropor-Unterlage gesteckt werden.
Am Beispiel der Münzen soll den Kindern verdeutlicht werden, wie blinde Menschen sich mithilfe bestimmter zu ertastender Merkmale in ihrer Umwelt zurechtfinden. Der Arbeitsauftrag lädt die Kinder dazu ein, das neu gewonnene Wissen anzuwenden und selbst zu versuchen, die Münzen anhand der unterschiedlichen Größen und Randprägungen zu unterscheiden.

SB S. 34 Moritz versteht die Welt auf seine Weise **AH** S. 25–30
SB S. 35–39 Hören, Riechen, Schmecken, Tasten, Sehen

Einige Ideen für Ihren Unterricht

Spiele zum Tasten

- **Ertasten von Statuen**
  Material: Augenbinde
  Sozialform: Partnerübung (in der Gruppe)
  Ziel: durch Ertasten der Körperhaltung innere Vorstellungsbilder entwickeln und Körperkontakt herstellen
  Verlauf: Einem Kind werden die Augen verbunden. Die Partnerin bzw. der Partner nimmt eine bestimmte Körperhaltung ein. Das erste Kind ertastet diese Haltung und ahmt sie schließlich möglichst genau nach. Dann wird die Augenbinde abgenommen und die Körperhaltungen der beiden werden verglichen.

- **Der blinde Detektiv und der blinde Assistent**
  Material: Tisch mit verschiedenartigen Gegenständen, Augenbinden
  Sozialform: Partnerübung (in der Gruppe)
  Ziel: Differenzierung des Tastsinns, sprachliche Umsetzung der Tasterfahrung
  Verlauf: Einem Detektiv, dessen Augen verbunden sind, werden drei verschiedene Gegenstände zum Ertasten vorgelegt. Anschließend werden diese Gegenstände auf einem Tisch zwischen anderen Gegenständen versteckt. Ein ebenfalls „blinder" Assistent des Detektivs soll diese Gegenstände nun wiederfinden. Dazu beschreibt der blinde Detektiv dem blinden Assistenten die drei Gegenstände möglichst genau. Wenn der Detektiv seine Beschreibung abgeschlossen hat, nimmt der Assistent die Augenbinde ab und versucht, die Gegenstände zu finden.

- **Wo sind meine Schuhe?**
  Material: Schuhpaare der Kinder, Augenbinden
  Sozialform: Gruppenspiel
  Ziel: Differenzierung und Sensibilisierung des Tastsinns, ungezwungenen Körperkontakt zwischen den Spielern herstellen, Wahrnehmung unterschiedlicher Materialien, Größen etc.
  Verlauf: Die Kinder bilden jeweils in Gruppen von 6 bis 8 Kindern einen Kreis und ziehen ihre Schuhe aus. Die Schuhe werden in die Kreismitte gelegt und anschließend versuchen die Kinder mit verbundenen Augen, ihr Schuhpaar durch Ertasten wiederzufinden.

S. 39: Sehen

Die Bedeutung des Sehvermögens haben die Kinder bereits kennen gelernt. Anhand des einfachen Versuchs mit der Stiftkappe können sie nun erfahren, warum es wichtig ist, dass der Mensch **zwei** Augen hat. Beim räumlichen Sehen zeigt sich auch die wichtige Rolle, die das Gehirn bei der Wahrnehmung hat. Dass es dabei durchaus auch eigene Wege gehen kann oder sich sogar überlisten lässt, zeigen die optischen Täuschungen. „Ich glaube nur, was ich sehe!" ist also als fachspezifische Arbeitsmethode wenig geeignet.

Einige Ideen für Ihren Unterricht

Spiele zum Sehen

- **Fußsohlenmemory**
  Material: Papier, Scheren, Stifte
  Sozialform: Partner- oder Gruppenarbeit
  Ziel: genaues Hinsehen üben, Gedächtnis- und Konzentrationstraining, Kreativität fördern
  Verlauf: Die Kinder zeichnen ihre eigenen Füße auf einem Blatt Papier nach. Die Umrisse werden ausgeschnitten und mit einem Muster bemalt, das bei beiden Füßen gleich sein muss. Schließlich wird nach den Regeln des Memoryspiels, bei dem Paare aufgedeckt werden müssen, gespielt. Die weißen Rückseiten der Papierfüße liegen zunächst oben.

- **Dinge im Klassenraum verändern**
  Material: keins
  Sozialform: Gruppenspiel
  Ziel: Schulung der Beobachtungs- und Merkfähigkeit
  Verlauf: Die Kinder werden aufgefordert, durch den Klassenraum zu gehen und sich alles genau anzusehen. Nach einiger Zeit werden mehrere Kinder aus dem Raum geschickt. Die übrigen lassen Gegenstände verschwinden und verändern hier und da etwas (zum Beispiel Fenster öffnen, Tafel aufklappen, Vorhang zuziehen ...). Die Rückkehrer müssen schließlich herausfinden, welche Dinge fehlen und was sich im Raum verändert hat.

- **Schnurgebilde**
  Material: Schnüre, Tuch
  Sozialform: Partner- oder Gruppenspiel
  Ziel: Sinn für Formen ansprechen, Wahrnehmungsschulung, Kommunikation anregen
  Verlauf: Ein Kind legt mit einer Schnur eine bestimmte Figur aus. Seine Partnerin bzw. sein Partner schaut sich die Figur kurz an, dann wird das Gebilde vorsichtig mit einem Tuch abgedeckt. Nun muss das zweite Kind versuchen, die Figur mit einer weiteren Schnur nachzulegen. Anschließend wird verglichen.

Vernetzung und Fortführung

- Klasse 1/2: Mein Körper – dein Körper
- Klasse 3/4: Körperfunktionen beobachten und erklären; Bedingungen gesunder Lebensführung reflektieren und Präventionsmaßnahmen kennen lernen

Weiterführende Ideen

- Wichtig: Auch der Schutz der Sinnesorgane muss thematisiert werden! Musik nicht zu laut hören und keine Gegenstände in den Gehörgang einführen (Wattestäbchen!), bei starkem Sonnenlicht Sonnenbrille tragen und Haut eincremen etc.

- Beim Deutschen Blinden- und Sehbehindertenverband (DBSV) sind Unterrichtsmaterialien für die Grundschule erhältlich (s. Literaturverzeichnis). Kontaktadresse: DBSV, Bismarckallee 30, 53173 Bonn
- Fächerübergreifend zum Thema „Schmecken" das Spielbilderbuch von Eric Carle: Die kleine Raupe Nimmersatt. Gerstenberg Verlag, Hildesheim 2004
- Einrichtung eines „Sinnes-Parcours" mit Angeboten zum Tasten, Riechen, Schmecken, Hören und Sehen

Zum Nachlesen

- Ackermann, Liselotte; Urfer, Renate; Müller, Bernhard: Sinn-Salabim. Tasten, Hören, Sehen. Spiele und Theaterprojekte für Kinder. Verlag an der Ruhr, Mülheim 1993
- Baum, Heike: Spielen mit allen Sinnen. Rund ums Jahr. Falken-Verlag, Niedernhausen 1996
- Brem, Christiane: Sinneserlebnisse. Mit Kindern die sinnliche Wahrnehmung entdecken. Auer Verlag, Donauwörth 1999
- Ciboul, Adele: Was sind die fünf Sinne? Coppenrath Verlag, Münster 1999
- Cicchini, Mathilde; Eichmann, Kerstin; Nitschmann, Simone: Mit allen Sinnen durch alle Fächer. Persen Verlag, Horneburg 2002
- Deutscher Blinden- und Sehbehindertenverband e.V. (Hrsg.): Blinde Menschen – Blinde Kinder. Unterrichtseinheit für Grundschulen. Lehrerheft. Bonn 2000. (Parallel hierzu gibt es ein Schülerheft, dem ein tastbares Blindenschriftalphabet und ein Punktschrifttext beiliegt.)
- Dolenc, Ruth; Valdix, Karola: Die Sinne erleben und begreifen. Bayerischer Schulbuchverlag, München 2000
- Landa & Co.: Mit allen Sinnen. Christophorus Verlag, Freiburg 1996
- O' Brien-Palmer, Michelle: Von den Sinnen. Verlag an der Ruhr, Mühlheim 1998
- Wirth, Irene: Wie das riecht und schmeckt – Kochen mit allen Sinnen. Auer Verlag, Donauwörth 2000

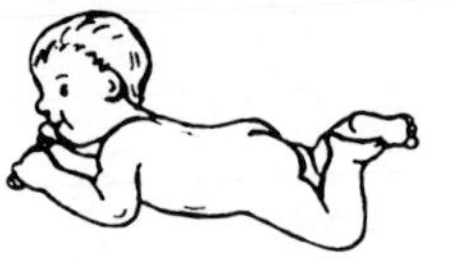

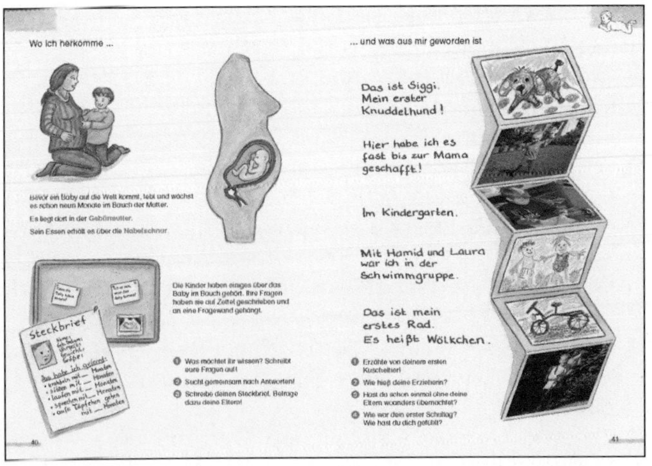
Wo ich herkomme ...

Bevor ein Baby auf die Welt kommt, lebt und wächst es schon neun Monate im Bauch der Mutter.

Es liegt dort in der Gebärmutter.

Sein Essen erhält es über die Nabelschnur.

Die Kinder haben einiges über das Baby im Bauch gehört. Ihre Fragen haben sie auf Zettel geschrieben und an eine Fragewand gehängt.

1. Was möchtet ihr wissen? Schreibt eure Fragen auf!
2. Sucht gemeinsam nach Antworten!
3. Schreibe deinen Steckbrief. Befrage dazu deine Eltern!

40

... und was aus mir geworden ist

Das ist Siggi. Mein erster Knuddelhund!

Hier habe ich es fast bis zur Mama geschafft!

Im Kindergarten.

Mit Hamid und Laura war ich in der Schwimmgruppe.

Das ist mein erstes Rad. Es heißt Wölkchen.

1. Erzähle von deinem ersten Kuscheltier!
2. Wie hieß deine Erzieherin?
3. Hast du schon einmal ohne deine Eltern woanders übernachtet?
4. Wie war dein erster Schultag? Wie hast du dich gefühlt?

41

Zur Sache

Diese Doppelseite richtet den Blick auf den Lebensweg eines Kindes von seinen Anfängen im Mutterleib bis zum Schulkind.
Zunächst liegt der Schwerpunkt auf der Schwangerschaft, ein Thema, das Kinder sehr interessiert. Es fasziniert sie, dass im Bauch einer Frau ein Kind heranwächst und dass sie selber auch einmal dort gewesen sind. Sehr oft erleben Kinder auch in ihrer unmittelbaren Umgebung (Mutter, Tante, Nachbarin) eine Schwangerschaft mit. Dies könnte als ein möglicher Aufhänger für diese Seite dienen. Durch die Darstellung einer nackten, wenn auch schematisierten Frau, wird der Aspekt der Körperlichkeit, der an anderer Stelle bereits auftaucht, nochmals aufgegriffen und als etwas Natürliches dargestellt. Außerdem gibt der Einblick in den Mutterleib den Kindern eine Vorstellung, wie es dort aussieht.
Der Aspekt der Zeugung wurde noch ausgeklammert, könnte aber durchaus eine Frage der Kinder sein. In diesem Fall sollten die Fragen auch aufgegriffen und altersgemäß beantwortet werden. Wenn weitere Medien aus dem Bereich der Sexualerziehung eingesetzt werden, so müssen sie jedoch vorab den Eltern vorgestellt werden (vgl. Richtlinien für die Sexualerziehung in Nordrhein-Westfalen).

Der Rückblick auf die eigene „Geschichte“ ist der zweite Schwerpunkt dieser Doppelseite. Im ersten Schuljahr ist das Zeitbewusstsein der Kinder im Allgemeinen noch wenig ausgeprägt, sie leben im Hier und Jetzt. Erst nach und nach lernen die Kinder zwischen heute, gestern und morgen zu unterscheiden. Gespräche über das vergangene Wochenende oder die Pläne für die kommenden Ferien stellen eine Verbindung zu Vergangenem und Zukünftigem her. Bei weiter zurückliegenden Ereignissen erinnern sich Kinder vor allem an besonders markante, meist emotional geprägte Ereignisse. Die Einordnung dieser Ereignisse in langzeitliche Verläufe fällt ihnen noch sehr schwer. Dennoch ist es wichtig und sinnvoll, bereits hier anzusetzen und ein erstes Zeitverständnis aufzubauen. Es bildet die Grundlage für die Beschreibung von zeitlichen Zusammenhängen und deren Darstellung auf einer Zeitleiste. Außerdem unterstützt es die Selbstwahrnehmung und hilft beim Aufbau eines Selbstwertgefühls: Das kann ich schon! Das habe ich schon alles erlebt!

Zur Arbeit mit dem Schülerbuch

S. 40: Wo ich herkomme ...
Die Hand des bereits geborenen Kindes auf dem Bauch der Mutter zeigt an, dass es hier etwas zu fühlen gibt. Einige Kinder haben das vermutlich schon selber erlebt, andere macht dies neugierig. Vom Verständnis schwieriger ist der Querschnitt durch den Mutterleib. Hier muss nach Bedarf zunächst geklärt werden, wie die Darstellung zu verstehen ist. Wenn der Bildausschnitt von den Kindern verstanden wurde, lässt sich gut und anschaulich über die eingeführten Fachwörter Gebärmutter und Nabelschnur sprechen. Kinder mit eigenen Babygeschwistern wissen darüber hinaus vielleicht noch etwas über die Lage des Kindes oder die Geburt zu berichten.
Die Fragewand unten soll dem großen Fragebedürfnis der Kinder Rechnung tragen. Alternativ kann auch ein Fragekasten aufgestellt werden. Für viele Kinder ist es leichter, eine drängende Frage anonym zu notieren, als sie vor der ganzen Klasse zu stellen bzw. auszuhängen. Es erweist sich stets als sehr ergiebig, den Sexualerziehungsunterricht an den Fragen und Interessen der Kinder zu orientieren. Außerdem erhält die Lehrperson so die Gelegenheit, sich über die Palette der Interessen zu informieren und für eine entsprechende Aufarbeitung zu sorgen. Allerdings müssen dann auch *alle* Fragen, auch die vermeintlich unangenehmen, thematisiert werden. Sehr gute Dienste leisten die Kinderfragen auch bei der Vorbereitung und Durchführung des Elternabends. Viele Eltern werden über die Inhalte erstaunt sein! Natürlich dürfen die Fragen nur anonym verwendet werden.
Der Babysteckbrief ist schon die erste Form eines Rückblicks, beschränkt auf die ersten Lebensjahre. Man könnte ihn natürlich auch um weitere Punkte wie zum Beispiel Fahrrad fahren, schwimmen ... erweitern. Bei diesem Steckbrief ist die Unterstützung durch die Eltern unverzichtbar, er sollte gegebenenfalls beim Elternabend schon vorgestellt werden.

S. 41: ... und was aus mir geworden ist
Das dargestellte Klappbuch zeigt wichtige Etappen eines Kinderlebens. Es dient als Gesprächsanlass und fordert in besonderem Maße zur Gestaltung eines eigenen Buches heraus. Manche Ereignisse sind typisch für die ersten Lebensjahre und werden auch bei anderen Kindern auftauchen. Einige Kinder dagegen waren nicht im Kindergarten oder haben andere Ereignisse als wichtig in Erinnerung behalten. Im Vergleich verschiedener Klappbücher lässt sich erkennen, dass Lebensläufe ähnlich und doch nicht identisch sind. Die vier Arbeitsaufträge sollen ebenso wie die Bilder eine Erinnerungshilfe darstellen. Der Punkt 3 zielt darauf ab, dass Kinder in diesem Alter schon erste Loslösungsschritte von ihren Eltern machen und ist für viele ein Zeichen dafür, dass sie groß werden. Allerdings werden vermutlich ganz unterschiedliche Reaktionen hervorgerufen, sodass an dieser Stelle genug Raum für individuelle Gefühle gegeben werden sollte. Ähnliches gilt für Punkt 4.

Auch bei der Gestaltung dieses Rückblicks ist das Gespräch mit den Eltern wichtig. Sie können weitere Details zur Erinnerung beitragen, verfügen über Fotos und Gegenstände aus der Vergangenheit und können helfen, eine zeitliche Ordnung in die Dinge zu bringen.

Vernetzung und Fortführung

- Klasse 1/2: Mein Körper – dein Körper; Viele Kinder, eine Klasse; Die Blätter an meinem Kalender; Sieben Tage hat die Woche
- Klasse 3/4: Die Vorgänge bei Zeugung, Schwangerschaft und Geburt kennen lernen; Kenntnisse über die Entwicklung vom Schulkind zum Erwachsenen gewinnen; über Liebe und Sexualität nachdenken

Weiterführende Ideen

- Alle bringen ein Babyfoto von sich mit (die Fotos dürfen aber noch nicht den anderen gezeigt werden) und geben es bei der Lehrerin ab. Diese kennzeichnet die Bilder und stellt sie aus. Nun sollen die Kinder herausfinden, wer auf welchem Foto zu sehen ist. Besonders toll ist es für die Kinder, wenn die Lehrerin ebenfalls ein Foto dazulegt.
- Eine Ausstellung mit Babysachen (Schuhe, Lätzchen, Schnuller, Töpfchen) wird organisiert.
- Eine schwangere Frau (zum Beispiel eine Mutter aus der Klasse oder eine Kollegin) wird als Expertin in den Unterricht eingeladen, um zu berichten. Die Kinder können ein solches Gespräch auch vorbereiten, indem sie sich vorher Fragen überlegen und notieren oder einen Fragebogen entwickeln.
- Das dargestellte Klappbuch kann selbst gebastelt werden. Dabei kann die Rückseite mit Bildern aus der Zukunft ergänzt werden: Ich am Ende der Grundschulzeit; so möchte ich später leben; mein Traumberuf etc. (zum Leporello vgl. auch Seite 76: „Einige Ideen für Ihren Unterricht: Frühling"). Schön ist auch ein „echtes" Buch zum Blättern (vgl. KV).
- Lied „Als ich ein Baby war" von Rolf Zuckowski; u. a. in „Der Spielmann" (Doppel-CD/-MC)

Zum Nachlesen

- Heintze, Hedi: Geschichte in der Grundschule. Schwerpunkte der Arbeit in den Klassenstufen 1–4. In: Grundschule Sachunterricht 9/2001, S. 6–11
- Heintze, Hedi; Brand, Karin: Vergangenheit sichtbar machen. Unterrichtsideen: Methodische Anregungen. In: Grundschule Sachunterricht 9/2001, S. 12
- Kiper, Hannah: Sachunterricht kindorientiert. Schneider Verlag Hohengehren, Baltmannsweiler 1997
- Ministerium für Schule und Weiterbildung, Wissenschaft und Forschung des Landes Nordrhein-Westfalen (Hrsg.): Richtlinien für die Sexualerziehung in Nordrhein-Westfalen. Verlag Ritterbach, Frechen 1999
- Niggemeyer, Susanne: Wo war ich eigentlich vor meiner Geburt? Auer Verlag, Donauwörth 2002

Ein Buch zum Blättern

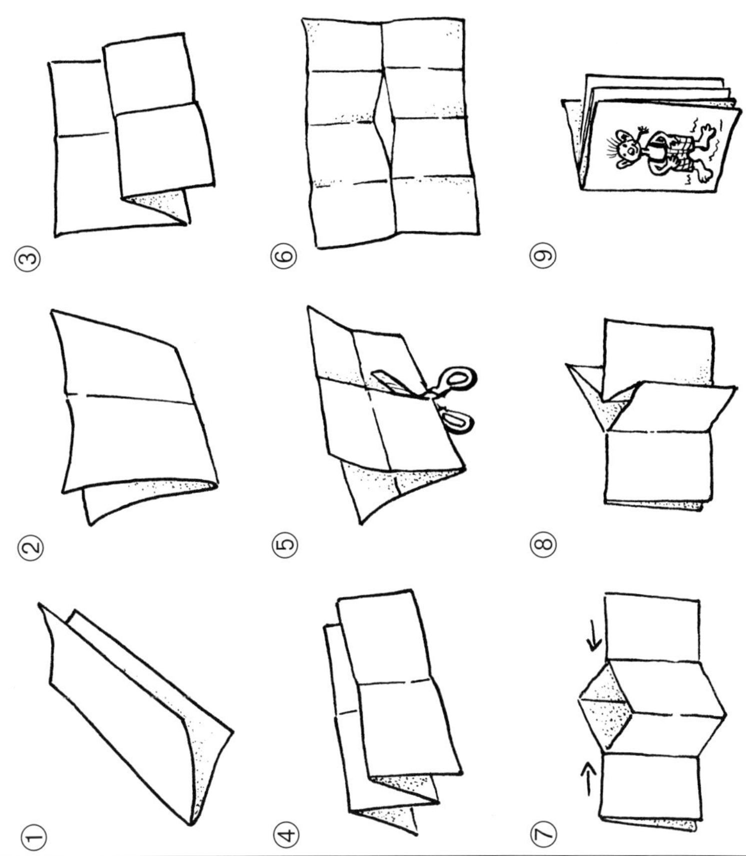

①–④ Falte ein DIN-A4-Blatt wie auf den Bildern zu sehen.
⑤ Auf Bild 5 siehst du eine gestrichelte Linie. Schneide das Blatt dort ein.
⑥ Wenn du es jetzt auseinander faltest, sieht dein Blatt aus wie auf Bild 6.
⑦, ⑧ Falte das Blatt längs in der Mitte und schiebe es zusammen.
⑨ Fertig! Jetzt hast du ein richtiges Buch zum Blättern und natürlich kannst du auch etwas hineinschreiben oder -malen!

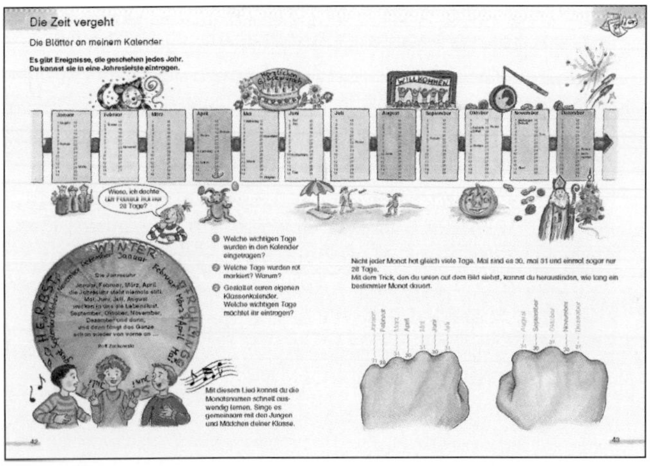

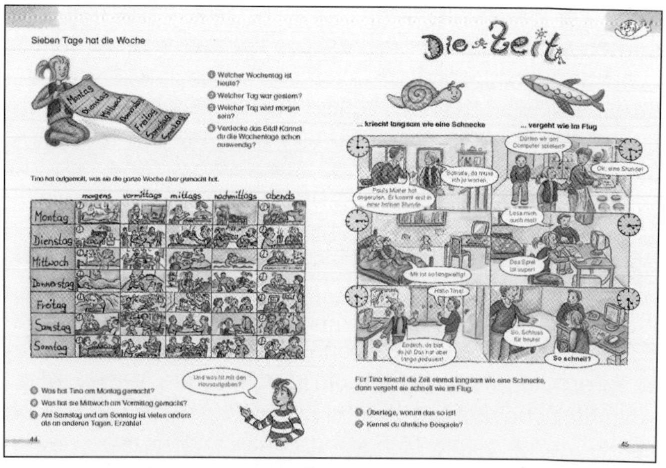

Zur Sache

Bis heute ist die Frage nach dem Wesen der Zeit nicht hinreichend beantwortet worden. Unterscheiden kann man die physikalische von der erlebten, somit historischen Zeit. Wahrnehmen kann man die Zeit an sich nicht. Man kann sie sich nur aufgrund von Ereignissen, die einen zeitlichen Ablauf markieren, vorstellen. Kinder beginnen schon im Babyalter, sich an bestimmte zeitliche Rhythmen zu gewöhnen. Das eigentliche Zeiterleben erwacht jedoch erst ungefähr im zweiten Lebensjahr, wenn sich die Vorstellungsfähigkeit entwickelt und durch die Sprache verfügbar wird. Die Ordnung des Alltags und damit auch das Nacheinander zeitlicher Abläufe wird in diesem Alter immer bewusster erkannt, zunächst als Tagesablauf, dann auch als Ablauf einer Woche und längerer Zeiteinheiten. Allerdings gibt es noch keinen einheitlichen Bezugspunkt für unterschiedliche Zeitreihen, sondern nur die subjektiv erlebte Zeit. Erst mit ungefähr acht Jahren beginnt das Kind, sich aus seiner egozentrischen Haltung zu lösen. Es wird zunehmend sachlicher und kann schließlich die Zeit objektivieren. Zu dieser Objektivierung von Zeit trägt das Kennenlernen von Uhr und Kalender wesentlich bei. Dies sind Ordnungsmittel, um Zeiterfahrungen, die im Laufe des Lebens gemacht werden, zu bewältigen. Auch der zeitlich gegliederte Schulalltag stärkt das Zeitbewusstsein des Kindes.

Auf diesen Seiten im Schülerbuch werden wichtige zeitliche Strukturen aus dem Leben der Kinder und ihrer Familien aufgegriffen. Vom Jahr mit seinen Jahreszeiten führt der Weg über die Woche hin zum Tag und seiner Einteilung. Schließlich wird sich zeigen, dass Zeit durchaus unterschiedlich wahrgenommen werden kann. Überhaupt sind Zeitstrukturen nur bedingt bewusst. Das führt dazu, dass die Kinder einen Wochentag oder Monat nicht benennen können. Andererseits gibt es viele Regelmäßigkeiten, die durch genaues Betrachten und Benennen erfasst werden können: Zeitbewusstsein wird beim Reflektieren bereits vergangener und erwarteter zukünftiger Ereignisse im sprachlichen Kommunikationsprozess mit anderen und mit sich selbst erworben.

Zur Arbeit mit dem Schülerbuch

S. 42/43: Die Blätter an meinem Kalender

Der Kalender gibt eine Übersicht über das ganze Jahr. Gleichzeitig wird durch die Zeichnung deutlich, dass sich der Kalender immer fortsetzt, jedem Jahr folgt ein neues. Erkennbare Strukturen sind die Anzahl der Tage, die Sonn- und Feiertage und besondere Feste im Jahresverlauf. Durch den Eintrag von persönlichen Geburtstagen und Festen wird aus dem allgemeinen Kalender ein individueller. Erfahrungsgemäß ist es für einige Kinder zunächst mühsam, sich abstrakt im Jahr oder Monat orientieren zu müssen. Das Lied „Die Jahresuhr" bietet den Kindern einen musikalischen und einfachen Weg, sich die Reihenfolge der Monate zu merken. Während des Singens oder im Anschluss daran werden die auseinander geschnittenen Teile der Jahresuhr (siehe KV) passend zusammengelegt. So wird die Abfolge der Monate noch anschaulicher.

Beim dritten Arbeitsauftrag werden die Kinder dazu aufgefordert, einen eigenen Klassenkalender anzufertigen. Dazu sollte zunächst in einem Klassengespräch geklärt werden, was jeweils auf einem Kalenderblatt zu finden sein soll. Beim Festlegen der Struktur ist sicherlich die Unterstützung der Lehrerin erforderlich, es sollten den Kindern aber auch verschiedene aktuelle Kalender als Muster zur Verfügung stehen. Mit deren Hilfe können die Kinder auch die Wochentage mit Datum übertragen und Sonn- und Feiertage markieren. Es ist sinnvoll, wenn die Kinder in Partner- oder Gruppenarbeit jeweils ein Kalenderblatt gestalten.

Im Arbeitsheft (Seite 32 f.) haben die Kinder auch die Möglichkeit, einen einfachen Geburtstagskalender anzufertigen. Außerdem wird noch einmal die Reihenfolge und Länge der Monate geübt (Seite 31).

Die Abbildung der Handknöchel und das Abzählen der Monate bietet eine weitere Hilfestellung. Die Kinder sollen sich das Bild zunächst betrachten und dann handelnd nachvollziehen. So sehen sie am eigenen Körper nicht nur die Reihenfolge der Monate, sondern können auch herleiten, wie viele Tage ein Monat hat. Spielerische Übungen wie „Wie viele Tage hat der August?" sollten festigend angeboten werden.

SB S. 42, 43 Die Blätter an meinem Kalender **AH** S. 31–35
SB S. 44, 45 Sieben Tage hat die Woche/Die Zeit …

Flo stößt am Rande übrigens auf das Phänomen, dass der Februar nicht immer 28 Tage hat. Wenn das Schaltjahr thematisiert wird, kann darauf hingewiesen werden, dass die Erde um die Sonne kreist. Für diese Reise braucht sie 365 Tage und ein Viertel. Da wir mit dem Vierteltag nicht viel anfangen können, warten wir so lange, bis vier Viertel zusammen sind. Das ist alle 4 Jahre der Fall. (Der Erdumlauf dauert 365,2422 Tage. Daher wurde das Kalenderjahr auf 365 Tage festgelegt. Der Rest beträgt 5 Stunden, 48 Minuten und 46 Sekunden. Alle 4 Jahre macht das fast einen Tag aus. Leider aber nur fast. Deshalb wurde im Jahr 1582 von Papst Gregor XIII. eine Kalenderreform durchgeführt, in der sich die 4–100–400–Regel findet: Wenn sich eine Jahreszahl ohne Rest durch 4 teilen lässt, ist es ein Schaltjahr; außer sie lässt sich ohne Rest durch 100 teilen, dann ist es kein Schaltjahr; außer sie lässt sich ohne Rest durch 400 teilen, dann ist es doch ein Schaltjahr.)

S. 44: Sieben Tage hat die Woche
Anhand der oberen Abbildung werden die Reihenfolge der Wochentage und Begriffe wie gestern, vorgestern, heute, morgen und übermorgen verdeutlicht. Die Wochentage können vergrößert an die Tafel geheftet werden. Mit einem Pfeil oder Magneten können dann der heutige Wochentag, sein Vorgänger und Nachfolger erarbeitet werden. Das sollte über einen längeren Zeitraum (ca. 4 Wochen) jeden Tag durchgeführt werden, um die Begriffe zu trainieren. Fragen wie „Welchen Namen trägt der Tag in 5 Tagen?" üben das flexiblere Denken.

In der Woche gibt es von Montag bis Freitag feste Zeiträume, in denen Kinder und Erwachsene (mehr oder weniger) immer dasselbe tun (morgens, vormittags, mittags, nachmittags, abends). Das Wochenende ist zeitlich nicht immer so klar strukturiert. Jede Familie nutzt ihre Zeit ganz anders und es gibt hier sehr individuelle Rituale (lange schlafen, in die Kirche gehen, samstags wird der Großeinkauf gemacht etc.).
Die tabellarische Abbildung zeigt einen solchen Wochenplan von Tina und ihrer Familie, wobei sich die Blickrichtung von der Wochenaufteilung hin zur Tagesstruktur verschiebt. Hier sollten die Aktivitäten des Kindes im Buch mit denen der Schülerinnen und Schüler verknüpft werden.

S. 45: Die Zeit ...
Das Erleben einer Zeitdauer wird oft sehr subjektiv empfunden. Ist eine Tätigkeit interessant oder abwechslungsreich, scheint die Zeit schneller vorüberzugehen, sie „vergeht schnell wie im Flug". Unangenehme Aktivitäten oder Wartezeiten scheinen dagegen kein Ende nehmen zu wollen, die Zeit „kriecht langsam wie eine Schnecke". Dieses sehr persönliche Zeitempfinden wird hier aufgegriffen und in das Blickfeld der Kinder gerückt: Tina muss unendlich lange auf Paul warten und als die beiden dann endlich am Computer spielen können, ist die Zeit auch schon wieder um.
Die Kinder werden sicherlich von ähnlichen Erfahrungen berichten können. Mithilfe einiger kleiner Übungen (siehe AH) lässt sich aber nicht nur feststellen, dass das Zeitempfinden subjektiv ist. Es zeigt sich auch die Notwendigkeit einer objektiven Zeitmessung.

Vernetzung und Fortführung

- Klasse 1/2: Jede Familie ist anders; Eine Uhrengeschichte; Wir bauen eine Sonnenuhr; Es tickt, blinkt und klingelt; Wie spät ist es; Unser Garten im Frühling
- Klasse 3/4: wesentliche Sachverhalte und Veränderungen der Räume NRW, Deutschland, Europa und der Erde erarbeiten; Informationen über vergangene Ereignisse und geschichtliche Abläufe und Entwicklungen sammeln, ordnen und darstellen

Weiterführende Ideen

- Das Lied „Die Jahresuhr" von Rolf Zuckowski
- Kalender in der Klasse: Der heutige Wochentag mit Datum wird im Klassenraum veröffentlicht.
- Wir gestalten unseren eigenen Geburtstagskalender für den Klassenraum.
- In der Klasse wird Tagebuch geführt.
- Die Planungen der Kinder und der Lehrerin für die Woche werden im Klassenraum veröffentlicht (zum Beispiel auf einem Plakat).
- In Kleingruppen oder an Stationen lösen die Kinder Arbeitsaufträge an verschiedenen (Taschen- und Wand-) Kalendern. So üben sie, sich in der Struktur von Kalendern zurechtzufinden.
- Welche Merkmale haben die Jahreszeiten? Wann beginnen sie, wie lange dauern sie?
- Thematisieren des Schaltjahres
- Zählen der Tage der Jahreszeiten und eines Jahres
- Ein Abreißkalender (für jeden Tag ein Blatt) wird im Klassenraum aufgehängt. So haben die Kinder vor Augen, wie schnell eine Woche, ein Monat, ein Jahr vergeht, denn der Kalender wird immer dünner.

Zum Nachlesen

- Franz, Trudy; Gubitz-Peruche, Helga; Posmik, Rita: Kommt Zeit – kommt Werkstatt! Ideen zu einer Werkstatt zum Thema Zeit. In: Sache-Wort-Zahl, Heft 26, 1998
- Jansen, Frauke: Die Zeit- und Uhrenwerkstatt. Verlag an der Ruhr, Mülheim 1999
- Schaub, Horst: Zeit und Geschichte. In: Praxis Grundschule. Leitthema „Zeit", Heft 6, 1998
- Sumser, Ingeborg: Kinder, wie die Zeit vergeht! Erfahrungen mit der Zeit. Klasse 2. In: RAAbits Grundschule, Juli 1994

SB S. 42, 43 Die Blätter an meinem Kalender **AH** S. 31–35
SB S. 44, 45 Sieben Tage hat die Woche/Die Zeit …

Einige Ideen für Ihren Unterricht

Es bedarf viel Übung, wenn Kinder den Schritt von einem eher subjektiv geleiteten Zeitempfinden hin zu einer objektiverbaren Zeitstruktur (Tageszeiten, Wochentage, Monate, Jahre) vollziehen sollen.
Auf den nächsten Seiten finden Sie einige Anregungen und Kopiervorlagen für Ihre Klasse:

- **Die Jahresuhr**: Dieses Anschauungs- und Spielmaterial besteht aus einem möglichst groß kopierten Kreis, der in 12 Bereiche aufgeteilt ist. Zu jedem Bereich gehören ein Bild und der entsprechende Monatsname. Darüber hinaus gibt es vier Jahreszeitenkarten, die um die Jahresuhr herumgelegt werden können. Mit dieser Jahresuhr können viele Übungen durchgeführt werden, zum Beispiel:
  - Begleitet von dem Zuckowski-Lied werden die Monatsnamen gelegt. Danach werden die entsprechenden Bilder zugeordnet.
  - Monatsnamen und Bilder werden nur teilweise auf dem Kreis angeordnet. Die Kinder haben die Aufgabe, die fehlenden Karten zu ergänzen.
  - Die Monatsnamen und Bilder werden falsch angeordnet. Die Kinder müssen die Fehler finden und berichtigen.
  - Der vollständig gelegten Jahresuhr müssen die Jahreszeiten zugeordnet werden.
- **Kalenderdetektiv**: Dieses Übungsangebot nutzen die Kinder in Partnerarbeit oder in Kleingruppen. Jede Kleingruppe erhält einen aktuellen Kalender (dabei sollten möglichst unterschiedliche Kalender verwendet werden). Die Kinder erhalten die Aufgabe, als Detektive den Kalender zu erforschen. So üben sie, sich in den Strukturen zurechtzufinden und dem Kalender Informationen zu entnehmen.
- **Das Kalenderspiel**: Dieses Spiel dient der Wiederholung von bereits gelernten Inhalten. Es kann in Gruppen von bis zu 4 Kindern gespielt werden. Das Spiel kann leicht verändert oder erweitert werden und die Regeln sind einfach.
- **Tägliche Übungen zu den Wochentagen**: Hier geht es um die Begriffe „vorgestern", „gestern", „heute", „morgen" und „übermorgen". Dazu wird ein Brett mit 5 Haken angefertigt. Über den Haken stehen die Begriffe. Außerdem werden Wortkarten mit den sieben Wochentagen benötigt (zum Beispiel aus Holz oder laminierter Pappe). Jeden Tag hat ein anderes Kind die Aufgabe, das Brett, das gut sichtbar im Klassenraum hängt, mit den richtigen Karten zu bestücken. Für die „Luxusversion" können noch Zahlenkarten hergestellt werden, damit die Kinder auch das jeweilige Datum hinzufügen können.

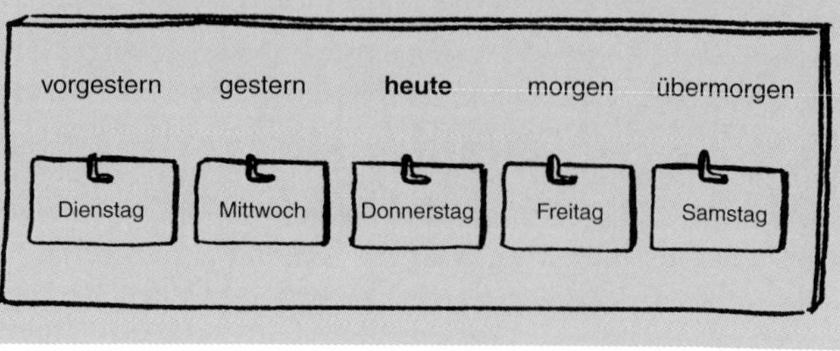

Die Jahresuhr

Endloser Tick–Tack–Beat
(♩ = 75)

Musik u. Text:
Rolf Zuckowski

Januar, Februar, März, April,
die Jahresuhr steht niemals still.
Januar, Februar, März, April,
die Jahresuhr steht niemals still.

Mai, Juni, Juli, August,
weckt in uns allen die Lebenslust.
Mai, Juni, Juli, August,
weckt in uns allen die Lebenslust.

September, Oktober, November, Dezember,
und dann, und dann
fängt das Ganze schon wieder von vorne an:

Januar, Februar, März, April ...

Die Jahresuhr

Möglichst groß kopieren und in einzelne Karten zerschneiden.

Das Kalenderspiel – Spielregeln

Es können 2 bis 4 Kinder mitspielen.

Ihr braucht: Einen Würfel, für jedes Kind eine Spielfigur, den Spielplan, die Frage- und die Aktionskarten.

Der Start ist im Januar. Wer zuerst ins neue Jahr kommt, hat gewonnen.

Das Kind, das am frühesten im Jahr Geburtstag hat, darf beginnen. Danach wird reihum gewürfelt und gezogen. Die Augen des Würfels zeigen an, über wie viele Felder ein Spieler ziehen darf.

Kommt ein Spieler auf ein Fragefeld (?), muss er eine Karte ziehen. Ein anderes Kind liest ihm die Frage vor.

Bei einer richtigen Antwort darf noch einmal gewürfelt werden, bei einer falschen Antwort ist das nächste Kind an der Reihe.

Kommt ein Spieler auf ein Aktionsfeld (A), muss er eine Aktionskarte ziehen, die wieder ein anderes Kind vorliest. Auf der Karte steht, was der Spieler machen muss.

Spielplan

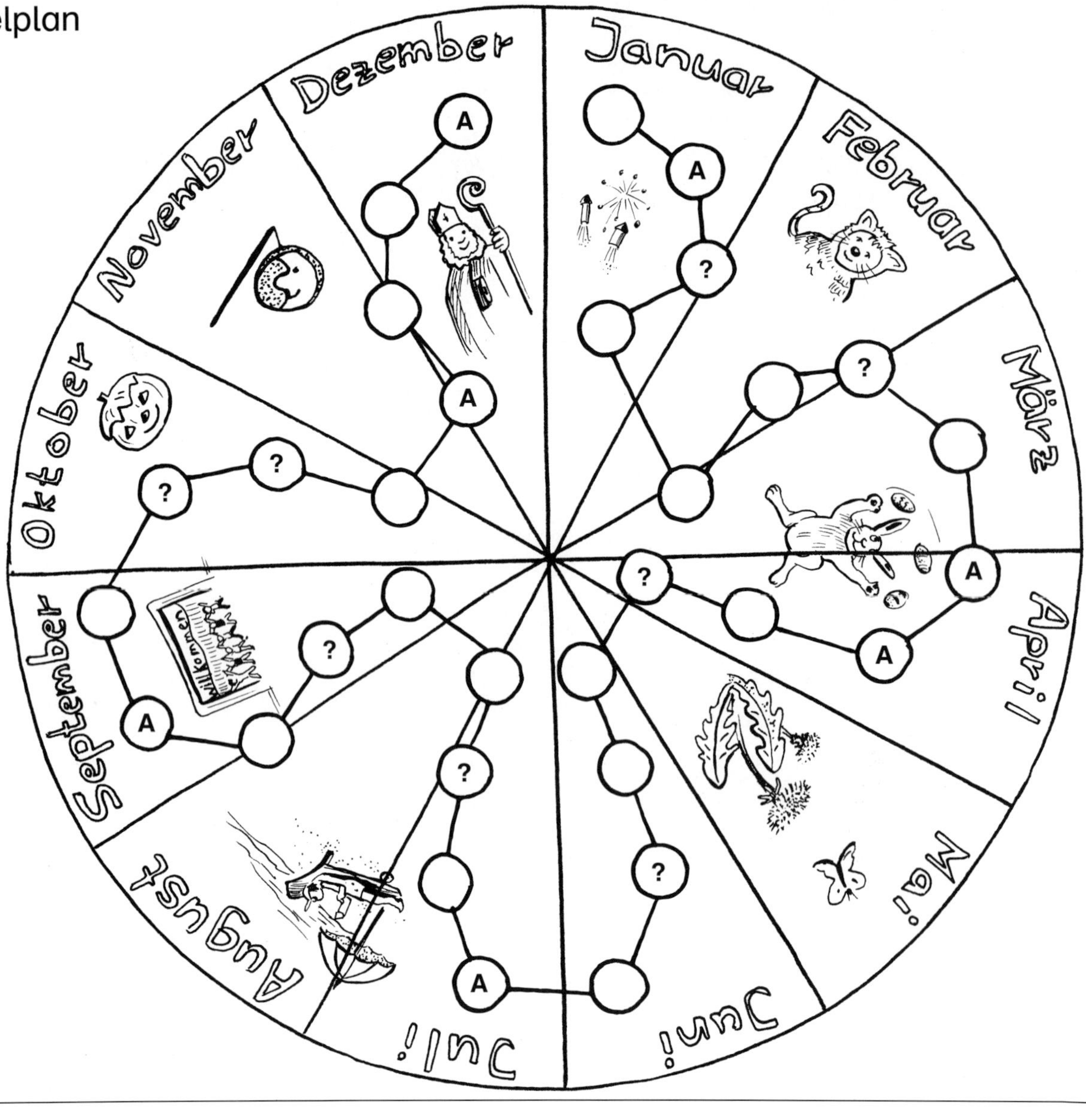

Fragekarten für das Kalenderspiel

Welcher Monat hat nur 3 Buchstaben?	Wie viele Tage hat der August?
Welcher Monat kommt vor dem November?	Welcher Monat ist am längsten: Januar, April oder Juni?
Wie viele Tage hat der Januar?	Wie heißt der 11. Monat im Jahr?
Welcher Monat ist jedes vierte Jahr einen Tag länger?	Welcher Monat ist am kürzesten: April, September oder Februar?
Welcher Monat kommt vor dem April?	In welchem Monat ist Silvester?
Welche beiden Monate unterscheiden sich nur in einem Buchstaben?	In welchem Monat ist Frühlingsanfang?
In welchem Monat gibt es Sommerferien?	An welchem Datum ist Pfingstsonntag?
Welcher Monat kommt nach dem Mai?	In welchem Monat feiern wir Ostern?
Wie heißt der letzte Monat des Jahres?	Wie viele Tage hat der April?

Aktionskarten für das Kalenderspiel

Kannst du das Wort Dezember buchstabieren? Dann ziehe 2 Felder vor!	Wann ist Aschermittwoch? Wenn du das Datum herausbekommst, geht es 2 Felder vor!
Wenn du herausfindest, an welchem Datum Sommeranfang ist, bekommst du hitzefrei: 3 Felder vor!	An welchem Wochentag hast du Geburtstag? Wenn du das herausbekommst, geht es 2 Felder vor!
Es ist Silvester. Wenn du das Datum weißt, darfst du länger aufbleiben: 1 Feld vor!	Woran erkennt man den Herbst? Wenn du 5 Merkmale nennen kannst, geht es 3 Felder vor!
Kennst du ein Sprichwort, das zum April passt? Dann darfst du 2 Felder vor.	Du suchst im Kalender, an welchem Wochentag Karfreitag ist. Eine Runde aussetzen und weitersuchen!
Wenn du das Lied von der Jahresuhr singst, darfst du 3 Felder vor!	Du willst Weihnachten und Ostern zusammen feiern. Deshalb darfst du eine Runde aussetzen!
Kannst du die Namen der 12 Monate rückwärts aufsagen? Dann darfst du 2 Felder vor!	Du bist Heiligabend zu früh ins Bett gegangen! Ziehe 2 Felder zurück!
An welchem Wochentag hat das Kind neben dir Geburtstag? Wenn du das herausbekommst, geht es 3 Felder vor!	Du bist auf einen Aprilscherz hereingefallen! Eine Runde aussetzen und weiterlachen!
Kannst du das Wort Oktober richtig schreiben? Dann ziehe 2 Felder vor!	Du hast Ostern nicht alle Eier gefunden! Eine Runde aussetzen und weitersuchen!
Wann ist der 1. Advent? Wenn du das Datum herausbekommst, geht es 2 Felder vor!	Du hast vergessen, dass dieses Jahr ein Schaltjahr ist. Ziehe 3 Felder zurück!

Der Kalenderdetektiv

Suche dir in deinem Kalender einen Monat aus!

1. Wie heißt er?

2. Wie viele Tage hat dein Monat?

3. Mit welchem Wochentag beginnt dein Monat?

4. Mit welchem Wochentag endet dein Monat?

5. Welches Datum haben die Sonntage in deinem Monat?

6. Gibt es in deinem Monat Feiertage?
   Wenn ja, wie heißen sie?

7. Kennst du jemanden, der in deinem Monat Geburtstag hat?
   Wenn ja, schreibe den Namen und das Geburtsdatum auf!

8. Passiert in deinem Monat etwas Besonderes?

SB S. 46 Eine Uhrengeschichte
SB S. 47 Wir bauen eine Sonnenuhr

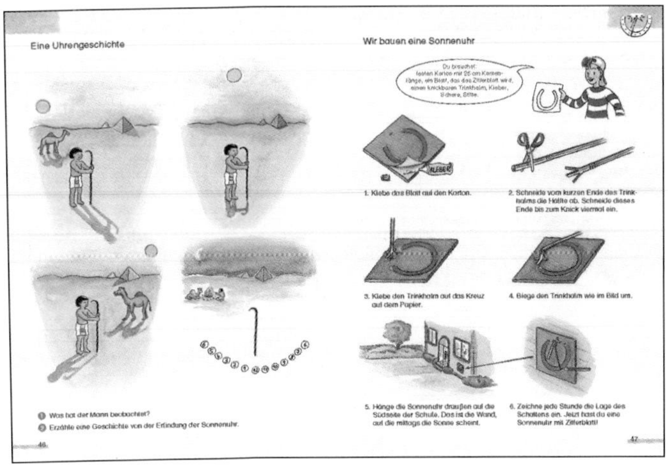

Zur Sache

Die Beleuchtung der Erde

Die Erde wird von der Sonne bestrahlt. Deshalb gibt es auf unserem Planeten eine unbeleuchtete und eine beleuchtete Hälfte. Da sich die Erde innerhalb von 24 Stunden einmal um ihre Achse dreht (= Rotation), werden immer wieder andere Teile der Erde beleuchtet bzw. liegen im Schatten. Das nehmen wir als Tag und Nacht wahr. Die Rotation verläuft von West nach Ost, daher erscheint die Bahn der Sonne entgegengesetzt: „Im Osten geht die Sonne auf, zum Süden nimmt sie ihren Lauf, im Westen muss sie untergehen, im Norden ist sie nie zu sehen." (Tagbogen der Sonne).

Die Lichtverhältnisse auf der Erde werden auch durch den Umlauf der Erde um die Sonne (= Revolution) bestimmt. Die Bahn der Erde beschreibt dabei eine Ebene (= Erdbahnebene oder Ekliptik) und hat die Form einer Ellipse. Die Achse der Erde steht jedoch nicht senkrecht auf dieser Ebene, sondern ist um etwa 23,5° geneigt (= Schiefe der Ekliptik). Die Richtung der Achse bleibt während eines Umlaufs stets gleich (sie zeigt zum Polarstern).

Stünde die Erdachse senkrecht, würde jeder Punkt der Erde das ganze Jahr über immer gleich beleuchtet. Die Sonne würde stets senkrecht über dem Äquator stehen und Tag und Nacht wären überall gleich lang. Nun kommen aber die gekippte Achse (mit immer gleicher Neigung und Richtung) und der Erdumlauf ins Spiel. Einmal nämlich wendet die Erde der Sonne die Nordhalbkugel zu, ein halbes Jahr später ist die Südhalbkugel an der Reihe (vgl. auch die Abbildung auf Seite 61).

Das hat für die Beleuchtung der Erde wichtige Folgen:

- In der tropischen Zone sind die Tage und Nächte fast gleich lang, Jahreszeiten gibt es nicht. Über jedem Ort steht die Sonne zweimal im Jahr senkrecht. Begrenzt wird dieser Bereich von den beiden Wendekreisen (23,5° nördl. bzw. südl. Breite).
- In den Polarzonen fallen die Sonnenstrahlen viel flacher ein. Auf der Halbkugel, die der Sonne abgewandt ist, wird diese Zone im Winterhalbjahr gar nicht beleuchtet (Polarnacht). Im Sommerhalbjahr geht die Sonne dagegen nicht unter (Polartag).
- Dazwischen befinden sich unsere gemäßigten Breiten. Hier sorgt die Schiefe der Ekliptik für das Phänomen der Jahreszeiten, die das Jahr gliedern. Im Sommer steht die Sonne relativ steil am Himmel (jedoch nie senkrecht) und die Tage sind lang. Im Winter beobachten wir einen flachen Sonnenstand und kurze Tage. Aber nicht nur die Höchststände zur Mittagszeit unterscheiden sich, auch die Punkte für den Sonnenaufgang bzw. -untergang verschieben sich im Laufe eines Jahres.

Sonnenuhren

Eigentlich ist der Gedanke sehr einfach: Ein Schattenspender wird (im Boden) befestigt, „die Sonne wandert" und wirft einen Schatten, mit dessen Hilfe sich wichtige Messpunkte (auf einem Zifferblatt) festhalten lassen (etwa der Sonnenhöchststand zur Mittagszeit).

Und so gibt es die Sonnenuhren tatsächlich schon sehr lange, wie die etwa 5000 Jahre alten Schattenstäbe der Ägypter. Aber auch den Babyloniern und Chinesen waren Sonnenuhren bereits früh bekannt.

Leider aber ist die „Zeitmessung per Sonne" gar nicht so einfach in den Griff zu bekommen. Ein Grund hierfür ist die oben erläuterte Himmelsmechanik. Der ellipsenförmige Kurs der Erde um die Sonne und die Schiefe der Ekliptik machen allen Sonnenuhrbauern bis heute zu schaffen. Auch darum gibt es die verschiedensten Bauformen (u. a. Hohlkugel-, Würfel- oder Zylinderuhren), unterschiedlich ausgerichtete Zifferblätter (zum Beispiel vertikal, horizontal und äquatorparallel) und Schattenspender (Gnomone). Viele Zifferblätter weisen darüber hinaus verwirrende, datumsabhängige Lineaturen auf.

Mithilfe der so genannten Zeitausgleichstabelle lässt sich ermitteln, wie viele Minuten an einem bestimmten Tag zur angezeigten Zeit (= wahre Ortszeit, WOZ) hinzu- oder abgezogen werden müssen. Das Ergebnis ist dann die mittlere Ortszeit (MOZ).

Dass zum Beispiel eine historische Sonnenuhr an einem Rathaus bei einem direkten Vergleich mit unserer modernen Armbanduhr ganz offensichtlich „falsch geht", hat noch einen weiteren Grund. Die Frage nämlich, was denn überhaupt die „gültige" Zeit ist. Die erwähnte Rathausuhr aus dem Mittelalter wird sehr wahrscheinlich auf den Sonnenhöchststand vor Ort ausgerichtet worden sein. (Was auch Sinn macht, wenn sich die Bewohner des Ortes zum Beispiel drei Stunden vor Mittag treffen sollen.) Die wahre Ortszeit ist aber auch vom Längengrad (Meridian) abhängig. Orte östlich eines Standortes haben früher Mittag, westlich gelegene später. Für einen Grad Länge müssen 4 Minuten gerechnet werden.

Für die zunehmende Mobilität im 19. Jahrhundert war das ein großes Problem und so waren es die Fahrpläne der Eisenbahnen, die dazu führten, dass im Jahr 1893 Zeitzonen vereinbart wurden (weltweit gibt es 24). Die Ortszeit des Nullmeridians in Greenwich gilt als Weltzeit (GMT = Greenwich Mean Time). Deutschland liegt in der Zone östlich davon (Mitteleuropäische Zeit = MEZ. Hier sind die Uhren gegenüber der GMT um eine Stunde voraus.).

Die Bezugslinie der MEZ-Zone ist der 15. Meridian östlicher Länge, der zum Beispiel durch Görlitz verläuft. Man kann also sagen, dass unsere Armbanduhr auf die „mittlere Görlitzer Zeit“ geeicht wurde. Von hier aus bis nach Aachen (7° östlicher Länge) benötigt die Sonne aber immerhin 32 Minuten!

Zur Arbeit mit dem Schülerbuch

S. 46: Eine Uhrengeschichte
Diese Seite empfindet augenzwinkernd nach, wie es in Ägypten vor 5000 Jahre passiert sein könnte. Ein Mensch beobachtet, dass sich der Schatten seines Hirtenstabes im Laufe des Tages verändert. (Sicher wird es einige Zeit gedauert haben, bevor eine Regelmäßigkeit erkannt wurde, und vermutlich wurde die Beobachtung zuerst an unbeweglichen Dingen und dem Verhältnis ihrer Schatten gemacht: Wir treffen uns, wenn die Palme ihren Schatten auf die Hütte wirft.)
Nachdem die Kinder die Bilder angeschaut und sich eine Geschichte ausgedacht haben, können insbesondere die Kinder der ersten Klasse eine einfache Sonnenuhr dieser Art nachbauen. Dazu wird im Freien ein Stock in die Erde gesteckt. Stündlich wird die Position des Schattens zum Beispiel mit einem Stein auf dem Boden gekennzeichnet. Am folgenden (Sonnen-)Tag kann bereits die Uhrzeit abgelesen werden.
Die Abbildungen im Buch lassen auch weitere Fragestellungen zu. So können die Kinder nach anderen Möglichkeiten der Zeitbestimmung suchen (Länge des Schattens, Position des Pyramidenschattens ...) oder überlegen, wie spät es bei dem Schlussbild sein mag.

S. 47: Wir bauen eine Sonnenuhr
Hier wird gezeigt, wie eine vertikale Sonnenuhr gebaut werden kann. Solche Uhren finden sich an Hauswänden älterer oder öffentlicher Gebäude und sind oft reich geschmückt. Das Zifferblatt wird auf Karton geklebt. Ein biegbarer Trinkhalm wird durch das Aufschneiden mit einer Stand- und Klebefläche versehen und auf der Markierung angeklebt. Dazu muss die Lehrerin geeigneten Klebstoff bereithalten (Alleskleber, Heißkleber, Modellbaukleber). Der Trinkhalm wird umgebogen, damit immer ein Schatten erkennbar ist. Das können die Kinder jedoch auch selbst herausfinden. Die Sonnenuhr wird auf die Südseite gehängt, damit sie möglichst lange Zeit von der Sonne beschienen wird. Analog zum „Eichen“ der Stabsonnenuhr muss jetzt jede Stunde eine Markierung auf dem Zifferblatt angebracht werden.

Vernetzung und Fortführung

- Klasse 1/2: Wo geht's lang? Wir lesen Karten; Die Blätter an meinem Kalender; Sieben Tage hat die Woche; Die Zeit vergeht; Es tickt, blinkt und klingelt; Wie spät ist es; Licht und Schatten
- Klasse 3/4: einfache Geräte und Maschinen untersuchen, montieren und demontieren; Informationen über vergangene Ereignisse und geschichtliche Abläufe und Entwicklungen sammeln, ordnen und darstellen

Weiterführende Ideen

- Die Sonnenuhr misst nur lange Zeiträume. Für „Kurzzeitmessungen“ sind Sand- und Wasseruhren wesentlich besser geeignet.
  Sanduhr: Eine einfache Sanduhr kann von den Kindern selbst gebaut werden: Die Deckel zweier Schraubgläser werden übereinander geklebt und durchstoßen. In eins der Gläser wird trockener (!) Sand gefüllt. Dann werden die Gläser an die zusammengeklebten Deckel geschraubt.
  Wasseruhr: Auch das Auslaufen von Wasser aus einem durchbohrten Becher kann zur Zeitmessung genutzt werden. Versuchen Sie zum Beispiel mit einer (heißen) Nadel ein möglichst kleines Loch in einen Plastikbecher zu bohren. Dann läuft das Wasser recht langsam aus und die vergehende Zeit wird „spürbar“.
- Auf vielen Sonnenuhren befinden sich Sinnsprüche und Lebensweisheiten. Auch die selbst gebaute Sonnenuhr kann mit einem schönen Spruch verziert werden.

Zum Nachlesen

- Barwitzki, Bernhard: Wer hat an der Uhr gedreht? 1. und 2. Schuljahr. Bergmoser und Höller Verlag, Aachen (Bausteine Grundschule 4/2002)
- Döse, Ingrid; Weiß, Lorenz: Versuche im Sachunterricht der Grundschule. Auer Verlag, Donauwörth 2002 (Der Band enthält eine Sonnenuhr einfacherer Bauart, bei der aber aufwendigeres Material verwendet wird.)
- Kohrs, Karl-Walter u. a.: Kinder wie die Zeit vergeht. Bergmoser und Höller Verlag, Aachen (Bausteine Grundschule 3/1993; hier wird die Geschichte der Zeitmessung anhand zahlreicher Beispiele gezeigt und erklärt)
- Richter, Dieter: Geographie 1, kurz & klar. Auer Verlag, Donauwörth 2000
- Zenker, Arnold: Faszination Sonnenuhr. Wissenschaftlicher Verlag Harri Deutsch, Frankfurt 2002 (ein Klassiker: kulturgeschichtliche Entwicklung der Sonnenuhren und Anleitung zum Selbstbau)

- Vorlagen und Tipps zum Basteln von Sonnenuhren gibt es in vielen Experimentierbüchern für Kinder und im Internet.

- Im Internet sind auch zahlreiche Seiten mit Hintergrundinformationen zum Thema zu finden, dazu nur Beispiele:
  www.astronomie.de/astronav/sonnenuhr
  www.sundials.co.uk/deutsch.htm
  www.f-dietz.de

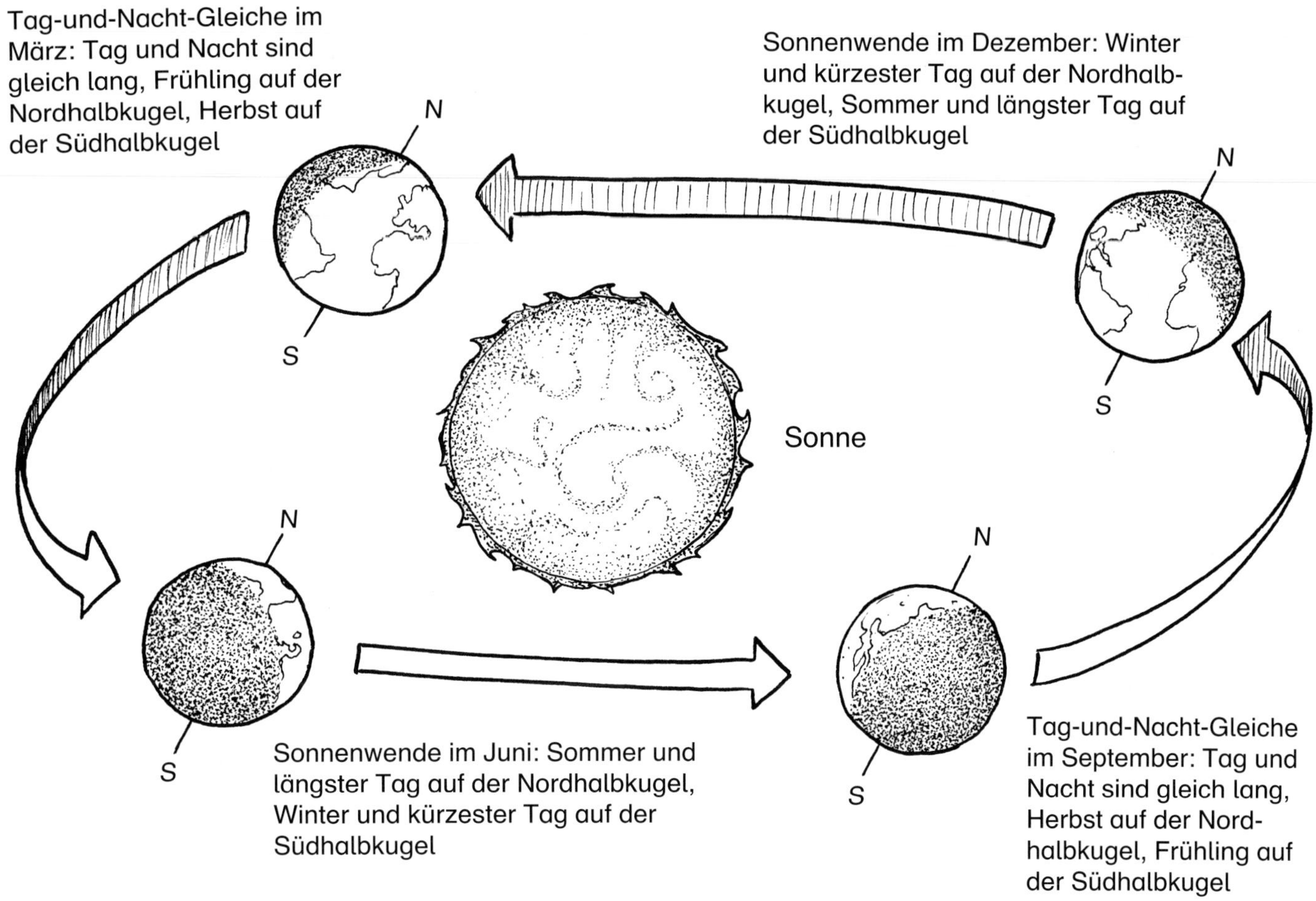

Wir bauen eine Sanduhr

Das wird gebraucht:
- 2 Joghurtgläser
- Alleskleber
- ein Hammer
- ein Nagel
- feiner, trockener Sand

① 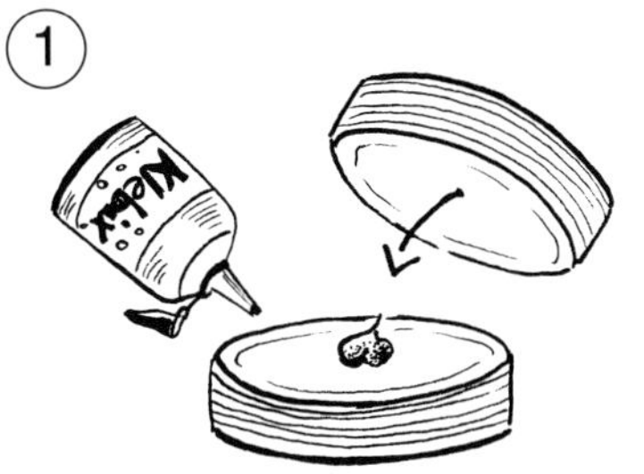

② 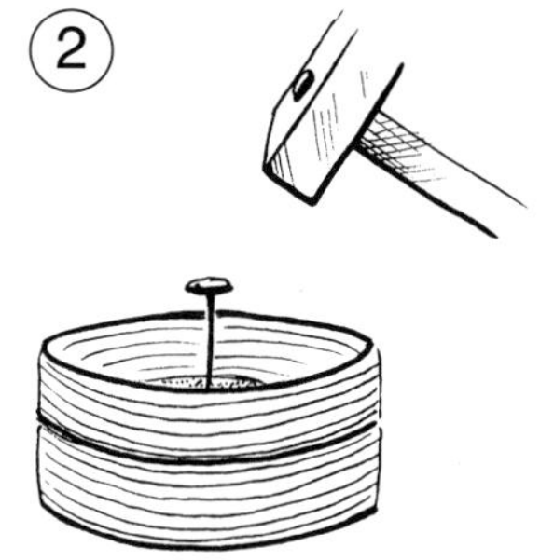

So wird's gemacht:
1. Klebt die Deckel der beiden Gläser an der Oberseite zusammen (Bild 1).
2. Schlagt mit Hammer und Nagel ein Loch durch die Deckel (Bild 2).
3. Füllt ein Glas mit feinem, trockenem Sand.
4. Verschraubt das Glas mit dem „Doppeldeckel".
5. Schraubt danach das leere Glas auf die Deckel.

③ 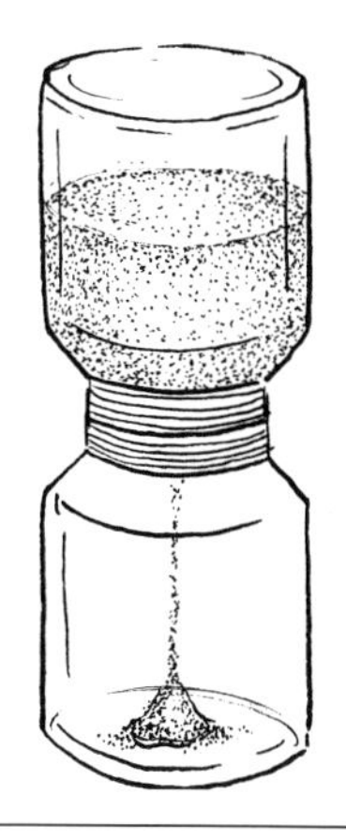

Eure Sanduhr ist fertig! Wenn ihr sie jetzt umdreht, beginnt der Sand zu rieseln: vom oberen Glas zum unteren (Bild 3).

Wie lange dauert es, bis das obere Glas leer ist?

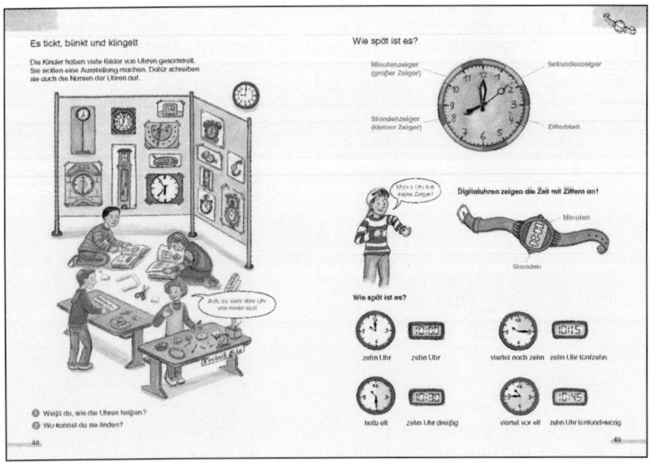

Zur Sache

Spätestens mit dem Eintritt in die Schule sind die Kinder gefordert, sich an bestimmte Zeitvorgaben bzw. an einen bestimmten Rhythmus zu halten (Schulbeginn, Stundenende, Pausenzeiten u. v. m.). Deshalb gehört es zu den besonderen Aufgaben des Anfangsunterrichts, den Kindern einen Einblick in die Zeitmessung zu vermitteln und eine Vorstellung von Zeit bei ihnen anzubahnen.
Die Zeit als abstraktes Phänomen ist für Kinder nur schwer zu begreifen. Mit den Sinnen wird sie nur vage und darüber hinaus nur subjektiv wahrgenommen. Die genaue Beobachtung und Erfassung kann nur indirekt über Messgeräte erfolgen.
Hier geht es zuerst darum, viele verschiedene Uhren kennen zu lernen bzw. wieder zu erkennen und sie zu benennen. Begriffe wie Zifferblatt, Stunden-, Minuten- und Sekundenzeiger sollen eingeführt bzw. gefestigt werden. Da Digitaluhren auch bei Kindern weit verbreitet sind, sollten einfache Ableseübungen sowohl an Analog- als auch an Digitaluhren vorgenommen werden.

Zur Arbeit mit dem Schülerbuch

S. 48: Es tickt, blinkt und klingelt
Um in die Thematik einzusteigen, sollten viele unterschiedliche Uhren in die Klasse mitgebracht, angeschaut und benannt werden.
Erweitert wird dies durch das Sammeln von Bildern (Uhren in Katalogen, Prospekten o. Ä.).
Die Abbildung im Schulbuch soll zu einer Uhren-Ausstellung anregen: Die Namen der Uhren werden aufgeschrieben und zu den entsprechenden Bildern gehängt.
Die Uhren können geordnet werden (mit Zeiger – ohne Zeiger / für draußen – für drinnen / klein – groß / mit Ziffern – ohne Ziffern ..., möglicherweise können die Kinder auch angeregt werden, eigene Ordnungskriterien zu entwickeln) und in einem gemeinsamen Gespräch wird überlegt, wo diese Uhren zu finden sind und wozu sie gebraucht werden.
Die „Technik-Ecke“ ist als Anregung gedacht: Hier können alte bzw. defekte Uhren auseinander genommen und untersucht werden, wobei die Kinder viele Bestandteile von Uhren entdecken können (u. a. Zahnräder).

S. 49: Wie spät ist es?
Hier geht es um die Unterscheidung der Uhrzeiger sowie um die Versprachlichung der Uhrzeiten. Auch die Begriffe Viertelstunde, halbe Stunde und Dreiviertelstunde werden unten dargestellt. Gegebenenfalls müssen regional verbreitete Wendungen wie „viertel zehn“ (9 Uhr 15) und „drei viertel zehn“ (9 Uhr 45) berücksichtigt werden.

Vernetzung und Fortführung

- Klasse 1/2: Die Blätter an meinem Kalender; Jede Woche hat sieben Tage; Die Zeit vergeht; Eine Uhrengeschichte; Wir bauen eine Sonnenuhr
- Klasse 3/4: einfache Geräte und Maschinen untersuchen, montieren und demontieren; bedeutsame Erfindungen und ihre Weiterentwicklung kennen lernen; Informationen über vergangene Ereignisse und geschichtliche Abläufe und Entwicklungen sammeln, ordnen und darstellen

Weiterführende Ideen

- Verschiedene Lieder zum Thema, zum Beispiel „Eine große Uhr“ (fächerübergreifend mit Musik)
- Wenn möglich Besuch eines außerschulischen Lernortes: beim Uhrmacher

Zum Nachlesen

- Übelacker, Erich: Die Zeit. Tessloff Verlag, Nürnberg 1990 (Was ist Was, Band 22)
- Llewellyn, Claire: Mein großes Buch von der Zeit. Tessloff Verlag, Nürnberg 1993

Wir basteln eine Uhr

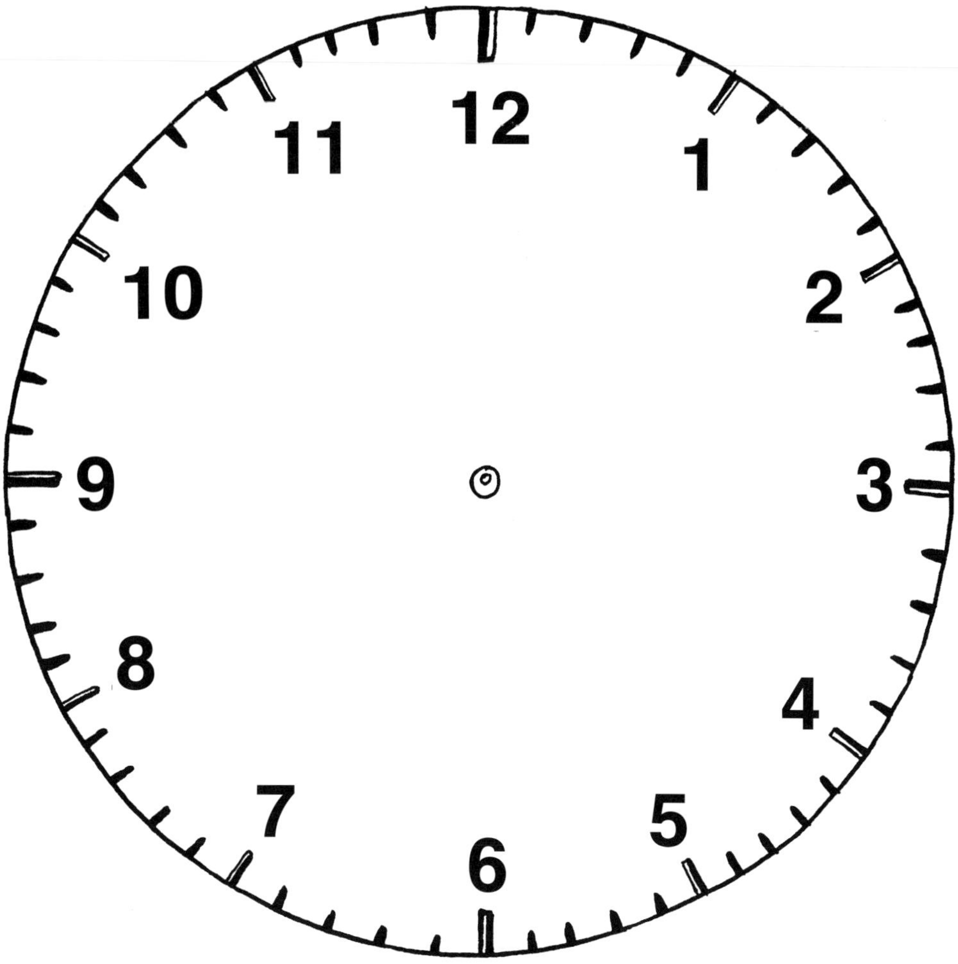

Das wird gebraucht:

Pappe 

Schere 

Kleber 

Musterklammer 

Nagel 

So wird's gemacht:

1. Das Zifferblatt und die Zeiger auf Pappe kleben.
2. Das Zifferblatt und die Zeiger ausschneiden.
3. Das Zifferblatt und die Zeiger mit dem Nagel lochen.
4. Die Zeiger mit der Klammer am Zifferblatt befestigen.
   Jetzt ist die Uhr fertig!

Domino: Uhren

Start		Turmuhr	
Sanduhr		Armbanduhr	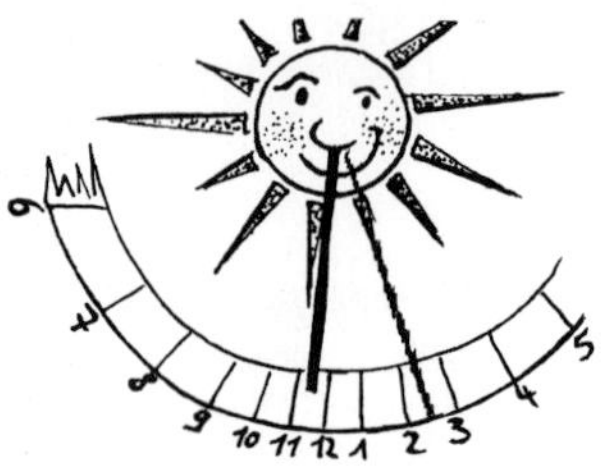
Sonnenuhr		Taschenuhr	
Kuckucksuhr		Stoppuhr	

Küchenuhr		Wecker	
Digital-armbanduhr		Wohnzimmer-uhr	
Kurzzeitmesser		Standuhr	
Bahnhofsuhr		Radiowecker	Ende

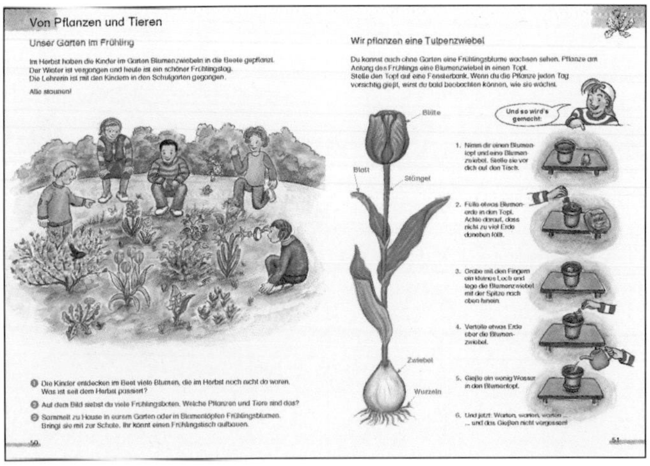
Von Pflanzen und Tieren

Unser Garten im Frühling

Im Herbst haben die Kinder im Garten Blumenzwiebeln in die Beete gepflanzt.
Der Winter ist vergangen und heute ist ein schöner Frühlingstag.
Die Lehrerin ist mit den Kindern in den Schulgarten gegangen.

Alle staunen!

1. Die Kinder entdecken im Beet viele Blumen, die im Herbst noch nicht da waren. Was ist seit dem Herbst passiert?
2. Auf dem Bild siehst du viele Frühlingsboten. Welche Pflanzen und Tiere sind das?
3. Sammelt zu Hause in eurem Garten oder in Blumentöpfen Frühlingsblumen. Bringt sie mit zur Schule. Ihr könnt einen Frühlingstisch aufbauen.

Wir pflanzen eine Tulpenzwiebel

Du kannst auch ohne Garten eine Frühlingsblume wachsen sehen. Pflanze am Anfang des Frühlings eine Blumenzwiebel in einen Topf.
Stelle den Topf auf eine Fensterbank. Wenn du die Pflanze jeden Tag vorsichtig gießt, wirst du bald beobachten können, wie sie wächst.

1. Nimm dir einen Blumentopf und eine Blumenzwiebel. Stelle sie vor dich auf den Tisch.
2. Fülle etwas Blumenerde in den Topf. Achte darauf, dass nicht zu viel Erde daneben fällt.
3. Grabe mit den Fingern ein kleines Loch und lege die Blumenzwiebel mit der Spitze nach oben hinein.
4. Verteile etwas Erde über die Blumenzwiebel.
5. Gieße ein wenig Wasser in den Blumentopf.
6. Und jetzt: Warten, warten, warten ... und das Gießen nicht vergessen!

50 51

Zur Sache

Das Leben und Wachsen in der Natur wird wesentlich durch die Jahreszeiten bestimmt. Mit dem Frühling wird oft das Erwachen neuen Lebens verknüpft. Im Frühling können die Kinder (gerade nach der langen Winterzeit) bewusst und anschaulich die Veränderungen in der Natur erleben. In dieser Unterrichtseinheit sollen sie einen erlebnis- und handlungsorientierten Zugang zur Natur erfahren. Der Frühling und die Tulpe als beispielhafter Frühlingsbote sollen mit vielen Sinnen und genau beobachtend wahrgenommen werden. Hierdurch werden die Freude an und die Liebe zur Natur geweckt bzw. vertieft, was wiederum die Grundlage für das verantwortliche Handeln in der Natur bildet.

Die Tulpe
Die Tulpe gehört zur Familie der Liliengewächse und sie ist – ebenso wie das Schneeglöckchen, die Hyazinthe, die Narzisse, der Märzenbecher und der Blaustern – eine Zwiebelpflanze. Tulpen sind Frühblüher, die von Natur aus im April und Mai blühen. Im Gartenbau können sie sogar schon ab November zur Blüte gebracht werden. Wegen ihrer starken Verbreitung, der vielen unterschiedlichen Sorten und ihrer charakteristischen Merkmale haben Tulpen für Kinder einen hohen Wiedererkennungswert, außerdem ist der Aufbau der Pflanze gut verständlich.
Auffällig ist schon allein die Zwiebel mit ihren Wurzeln. Über sie nimmt die Pflanze das Wasser auf und hier werden die Nährstoffe (Stärke) eingelagert, die die Tulpe zum Wachsen benötigt. Gräbt man die Tulpenzwiebel zum Ende des Frühjahrs aus, so ist sie zu einer trockenen, braunen Hülle geschrumpft. Die alte Zwiebel stirbt nämlich nach der Blüte ab, gleichzeitig hat sich aber eine neue, blühfähige Tochterzwiebel gebildet. Deshalb ist es wichtig, dass das Laub der Tulpe erst dann entfernt wird, wenn es vollständig eingetrocknet ist. (Recht häufig sind weder alte Zwiebeln noch Tochterzwiebel zu finden: Sie sind dann Opfer der Wühlmäuse geworden.)
Der Stängel der Pflanze ist lang und meist gerade gewachsen. An ihm befinden sich lange, breite und parallelnervige Blätter. Die Blüte kann aus einem einfachen oder zweifachen Kreis von Blütenblättern bestehen. In ihrer Mitte befinden sich der Stempel mit dem Fruchtknoten und die Staubblätter. Die Blüten können sehr unterschiedlich gefärbt sein.
Alle Pflanzenteile der Tulpe sind übrigens giftig. Deshalb sollten langer Hautkontakt und das Verschlucken von Pflanzenteilen (Verwechslung der Blumenzwiebel mit der Küchenzwiebel) vermieden werden.

Zur Arbeit mit dem Schülerbuch

S. 50: Unser Garten im Frühling
Auf dieser Seite besuchen die Kinder der Beispielklasse ihren Schulgarten und beobachten, wie sich der Garten seit dem Herbst verändert hat. Anhand des Bildes können viele Naturphänomene herausgearbeitet werden, die mit dem Frühling zusammenhängen: Es ist wärmer geworden, die Sträucher haben Knospen und Triebe bekommen. Zwiebelgewächse sind zu sehen, bei manchen nur die ersten Blattspitzen, andere blühen sogar schon. Insekten sind zu sehen und die Luft riecht nach frischem Grün.
Die ersten beiden Arbeitsaufträge fordern die Kinder auf, dies zu versprachlichen. Die Antworten auf die zweite Frage können auf einem Plakat gesammelt werden, um den Begriff Frühlingsbote und die Vielzahl der Hinweise auf den Frühling noch stärker zu verdeutlichen.
Um die Eindrücke weiter zu intensivieren ist es wichtig, einen Unterrichtsgang zum Schulgarten oder einem anderen Garten zu unternehmen. Gerade hier können die Kinder die Natur genau beobachten, Neues entdecken und erspüren. Im Rahmen eines Detektivspiels könnten sie dazu aufgefordert werden, zum Beispiel Knospen an Sträuchern, neue Blätter, Tulpen oder andere Pflanzen zu suchen und zu beschreiben. Hier kann das individuelle Vorwissen der Kinder aufgegriffen und eingebracht werden.
Aufgabe 3 fordert die Kinder auf, Frühlingsboten mit in die Schule zu bringen und eine Frühlingsaustellung selbst zu organisieren. Die mitgebrachten Pflanzen sollten mit ihren Namen beschriftet werden. Damit die Kinder sie auch draußen wiedererkennen können, sollten wichtige Merkmale dieser Pflanzen benannt und festgehalten werden. Werden Hyazinthen mit in den Unterricht gebracht, so ist zu beachten, dass sie sehr intensiv riechen. Einige Kinder reagieren auf diesen Duft mit Kopfschmerzen. Darüber hinaus sollte bei allen Pflanzen an das tägliche Gießen gedacht werden.

S. 51: Wir pflanzen eine Tulpenzwiebel
Die Tulpe wird als ein Frühlingsbote exemplarisch herausgegriffen. Links auf der Seite ist eine Zeichnung der Tulpe mit den Namen ihrer Bestandteile. Diese Bezeichnungen sind wichtig, damit die Kinder die Pflanze richtig beschreiben können. Eine entsprechende Zeichnung sollte vergrößert und im Klassenraum aufgehängt werden.

Ein handlungsorientierter Zugang zum Thema ist leicht umzusetzen, selbst wenn die Schule nicht über Beete oder einen Schulgarten verfügt. Denn auch für eine Schalen- oder Balkonkastenbepflanzung sind Tulpen gut geeignet. Pflanzzeit ist Oktober/November und dann sind die Zwiebeln recht günstig und in großen Mengen zu be-

kommen (einfache Plastikblumentöpfe bekommt man in den Gärtnereien oft geschenkt). Die Zwiebeln sollten dann nur etwas höher gepflanzt werden (ca. 2 cm mit Erde bedeckt; im Garten gilt die Faustformel Pflanztiefe = doppelte Höhe der Zwiebel).
Sogar im Klassenraum kann die Entwicklung der Tulpen beobachtet werden. Allerdings ist dabei zu beachten, dass die gepflanzten Zwiebeln eine Kühlphase benötigen. Etwa 14 Wochen lang müssen sie bei ca. 9 °C gelagert werden (zum Beispiel in einem Kellerraum).
Die Pflanzanleitung im rechten Bereich der Schulbuchseite ist sehr einfach gehalten und kann von den Kindern im Unterricht selbstständig durchgeführt werden. Wichtig ist, dass die Blumenzwiebel mit der Spitze nach oben eingepflanzt wird, um das Wachstum nicht negativ zu beeinflussen. Die blühenden Tulpen sind später ein willkommenes Geschenk für zu Hause. Mit einem Beobachtungsprotokoll können die Kinder das Wachstum der Pflanze dokumentieren.

... und zum Arbeitsheft
Im Arbeitsheft wird die sinnliche Wahrnehmung des Frühlings angesprochen bzw. versprachlicht (Seite 38). Diese Seite sollte also nach dem Besuch des (Schul)Gartens bearbeitet werden. Auf Seite 39 sollen Frühlingsboten entdeckt und markiert werden, die Kinder prägen sich so die jeweiligen Erkennungsmerkmale ein.
Auf Seite 40 wird das Wissen über die Tulpe gefestigt und vertieft. Dazu gehört auch das genaue Betrachten und Zeichnen einer Blüte. Dabei werden die Kinder sicherlich erkennen, dass die Darstellungen in den Büchern eher schematisch sind und von der Realität abweichen können. Flipp und Flo benennen im unteren Bereich der Seite weitere Bestandteile der Blüte (Stempel und Staubgefäße). Das Gespräch der beiden soll zum weiteren Erforschen der Tulpe (oder auch anderer Pflanzen) auffordern.

Vernetzung und Fortführung

- Klasse 1/2: Die Blätter an meinem Kalender; Eine Frühlingswiese; Wir bereiten eine Ausstellung vor; Der Löwenzahn, ein Frühlingsbote; Vom Keimen und Wachsen; Der Müllversuch; Wir schützen unsere Umwelt
- Klasse 3/4: Zusammenhänge zwischen Lebensräumen und Lebensbedingungen für Menschen, Tiere und Pflanzen erkennen; Pflanzen und Tiere in ihrer Entwicklung beobachten

Weiterführende Ideen

- Siehe auch „Einige Ideen für Ihren Unterricht: Frühling" auf den Seiten 76–78
- Sinnesparcours zum Riechen und Erfühlen von Frühlingsboten
- Suchbilder zum Identifizieren verschiedener Frühlingsboten
- Fächerübergreifend mit Deutsch: Die Tulpe von Josef Guggenmos. Dieses Gedicht kann auch gespielt und verklanglicht werden.

Zum Nachlesen

- Baumbusch, Harald; Maurach, Jutta: Frühling. 2.–4. Klasse. Kopiervorlagen und Materialien. Cornelsen Verlag, Berlin 1999
- Döring, Hans-Günther; Minte-König, Bianka: Komm mit, wir entdecken den Frühling. Thienemann Verlag, Stuttgart 2001
- Friebel, Claudia; Klein, Klaus: Pflanzen im Sachunterricht be-greifen. Schneider Verlag Hohengehren, Baltmannsweiler 2001
- Hahn, Manfred: Mit meinen warmen Sonnenstrahlen ... Dem Frühling auf der Spur. Stark Verlagsgesellschaft, Freising 2002
- Kohlwey, Elke; Moers, Edelgard; Ströhmann, Simone: Mit Kindern die Natur spüren. Modelle für einen fächerübergreifenden Unterricht in der Grundschule. Auer Verlag, Donauwörth 1998
- Rösgen, Anja; Willmeroth, Sabine: Die Frühlingswerkstatt. Verlag an der Ruhr, Mülheim 1999

1 Weide
2 Hyazinthe
3 Veilchen
4 Schlüsselblume
5 Küchenschelle
6 Osterglocke/Narzisse
7 Tulpe
8 Krokus
9 Löwenzahn
10 Schneeglöckchen

Ein Frühlingsbote

Datum	Das habe ich beobachtet/ das habe ich gemacht	So sieht es aus

Zur Sache

Wiesen gehören zu den so genannten Kulturlandschaften, die durch regelmäßiges Mähen (meist zweimal im Jahr) ihren Pflanzenbewuchs und ihr Aussehen bewahren. Ohne Mahd würden sich die „stärksten" Pflanzen auf den Wiesen ausbreiten und für einen einseitigen Bewuchs sorgen.
Weiden sind offene Graslandschaften, die keinen so großen Artenreichtum aufweisen: Aufgrund der ständigen Beweidung durch das Vieh werden die hochwüchsigen Pflanzenarten zurückgedrängt.
Je nach Standort, Bodenbeschaffenheit, klimatischen Bedingungen und anderen Faktoren werden verschiedene Wiesentypen unterschieden, so zum Beispiel Trockenwiesen, Feuchtwiesen und Fettwiesen. So genannte Zeigerpflanzen geben Aufschluss über den Typ der Wiese.
Trockenwiesen findet man auf trockenen, nährstoffarmen Böden. Hier wachsen zum Beispiel die Wiesenmargerite, das Nickende Leimkraut und der Wiesenbocksbart. Feuchtwiesen sind durch Staunässe gekennzeichnet, die durch einen hohen Grundwasserspiegel bedingt ist. Zeigerpflanzen sind zum Beispiel das Wiesenschaumkraut, der Sauerampfer und die Sumpfdotterblume. Fettwiesen gedeihen auf Böden, die reich an Pflanzennährstoffen (vor allem Stickstoff) sind. Erreicht wird dies vor allem durch (übermäßige) Düngung, die für ein kräftiges Wachstum der Gräser und Kräuter sorgt. Zu finden sind zum Beispiel Löwenzahn, Taubnessel und der Scharfe Hahnenfuß.
Wiesen bieten einer Vielzahl von Tieren Schutz und Nahrung: Für Schmetterlinge, Wildbienen, Hummeln und Samen fressende Vögel sind sie eine unverzichtbare Nahrungsquelle.

Eine Wiese (oder ein Wiesenstreifen am Hecken- oder Feldrand) ist besonders gut dazu geeignet, die Kinder die Natur mit allen Sinnen erleben zu lassen. Hier können sie beobachten, entdecken, untersuchen und eine intensive emotionale Beziehung zur Natur aufbauen – eine wichtige Voraussetzung, wenn die Kinder sich später für den Schutz der Umwelt einsetzen sollen.

Zur Arbeit mit dem Schülerbuch

S. 52: Eine Frühlingswiese

Die Schülerbuchseite zeigt eine Auswahl an Wiesenpflanzen und -tieren. Das Bild wird betrachtet und die Kinder erzählen von eigenen Erfahrungen. Dabei werden die Pflanzen und Tiere benannt.
Das Bild sollte als Anlass für einen Unterrichtsgang zu einer Wiese dienen.

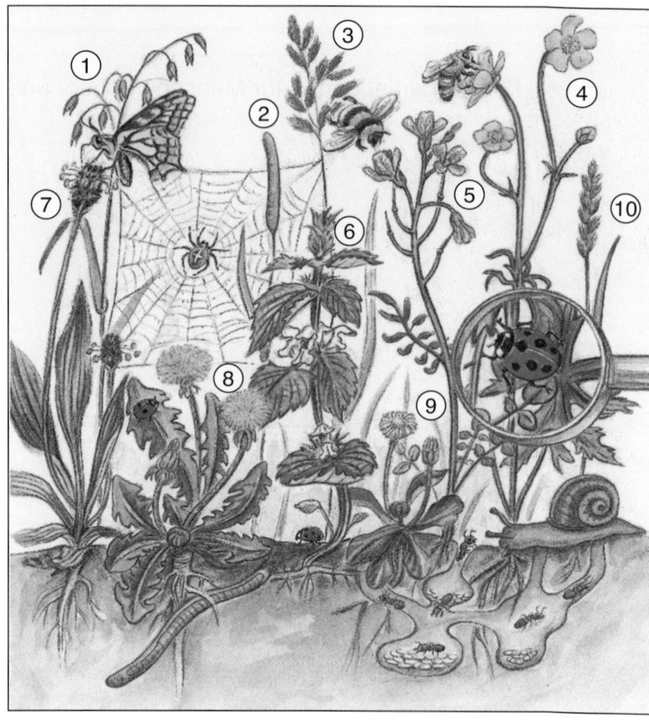

1 Flughafer	6 Taubnessel
2 Wiesenlieschgras	7 Wegerich
3 Rohrglanzgras	8 Löwenzahn
4 Hahnenfuß	9 Gänseblümchen
5 Wiesenschaumkraut	10 Weidelgras

S. 53: Wir bereiten eine Ausstellung vor!

Diese Seite dient als Anregung dafür, was mit den Funden, die auf der Wiese gemacht wurden (vgl. auch AH), getan werden kann.
In diesem Fall wird eine Ausstellung vorbereitet – eine Anregung, die die Schülerinnen und Schüler natürlich aufgreifen können! Auch projektorientiertes Arbeiten ist möglich.

… und zum Arbeitsheft

Für die „Wiesendetektive" (Seite 41) werden pro Kind eine Tüte (Beutel, Körbchen o. Ä.) und die Sammelliste benötigt.
Es ist aber wichtig, vorher ein paar Regeln zu besprechen:

- **Keine Tiere mitbringen!**
- **Pflanzen vorsichtig abpflücken, keine Wurzeln ausreißen!**
- **Auf geschützte Pflanzen achten! Stehen lassen!**

In der Klasse können die Funde gesichtet und geordnet werden (zum Beispiel Gräser, Blumen, Steine …).

Der letzte Punkt (Sonnenstrahl) kann zu einem Gesprächsanlass werden: Manche Dinge können nicht gesammelt werden, wir können sie nur direkt erleben (sinnliche Wahrnehmung der Natur). Wer findet weitere Beispiele dafür (Geräusche, Gerüche ...)?

Vernetzung und Fortführung

- Klasse 1/2: Unser Garten im Frühling; Wir planen gemeinsam; Unser Zooprojekt
- Klasse 3/4: Zusammenhänge zwischen Lebensräumen und Lebensbedingungen für Menschen, Tiere und Pflanzen erkennen; Pflanzen und Tiere in ihrer Entwicklung beobachten

Weiterführende Ideen

- Siehe auch „Einige Ideen für Ihren Unterricht: Frühling" auf den Seiten 76–78
- Erstellen eines Wiesenpflanzen-Buches als erste Annäherung an ein Bestimmungsbuch (vgl. KV „Die Wiese im Frühling")
- Bau einer Pflanzenpresse aus Sperrholzplatten und Flügelschrauben (vgl. Abbildung)
- Auf der Wiese einen Tautropfen, der in der Sonne glitzert, anschauen. Ein Bild davon malen (fächerübergreifend mit Kunst/Gestaltung).
- Einen Gräserstrauß für die Klasse zusammenstellen.
- Mit den getrockneten Gräsern und Blumen ein Wiesenbild für die Klasse herstellen (fächerübergreifend mit Kunst/Gestaltung).
- Das Bild „Das große Rasenstück" von Albrecht Dürer betrachten. Pflanzen wiedererkennen und benennen (fächerübergreifend mit Kunst/Gestaltung).
- Suchspiel auf der Wiese: Rote, blaue, lila, weiße Blüten suchen (nicht abreißen), runde und längliche Blattformen suchen. Zu welcher Pflanze gehören sie?
- Taubnesseln und Brennnesseln genauer untersuchen und unterscheiden (Blüten, Brennhaare).
- Was heißt hier eigentlich „Unkraut"? Jede Pflanze hat ihre Aufgabe.

Zum Nachlesen

- Burnie, David: Blumen. Dorling Kindersley, Starnberg 2003
- Bustarret, Nicole: Feld- und Wiesenblumen. Ensslin im Arena Verlag, Würzburg 2003
- Cornell, Joseph: Mit Kindern die Natur erleben. Verlag an der Ruhr, Mülheim 1999
- Cornell, Joseph: Mit Freude die Natur erleben, Verlag an der Ruhr, Mülheim 1991
- Natur- und Umweltschutz-Akademie des Landes NRW, Recklinghausen (www.nua.nrw.de): Die NUA bietet zahlreiche Informationen und Publikationen zu diesem Themenbereich an: Beratungsmappe Naturnahes Schulgelände, Natur rund um den Kinder-Garten, Natur-Werkstatt für Kinder u. v. a.

Bau einer Pflanzenpresse

Das wird gebraucht:
2 gleich große Holzplatten, etwas größer als DIN A4, etwa 1 cm dick; 6 lange Metallschrauben (Schloss-Schrauben) und 6 passende Flügelmuttern (passende Unterlegscheiben wären ebenfalls günstig); 6 Bogen Wellpappe (DIN A4 groß) und 10 Blatt Papier (DIN A4, am besten Löschpapier, auch Zeitungspapier ist geeignet); ein Bohrer (gleicher Durchmesser wie die Schrauben) und Schleifpapier

So wird's gemacht:
1. Die beiden Bretter werden übereinander gelegt. In jede Ecke und in die Mitte der langen Seiten werden Löcher gebohrt – das müssen Erwachsene machen! (Manchmal werden auch zusätzliche Löcher in die Bretter gebohrt, damit die Pflanzen besser belüftet werden.)
2. Die Kanten der Bretter und die Bohrlöcher werden glatt geschliffen.
3. Je nachdem, wie groß die Bretter sind, müssen die Pappen und Papierbogen zugeschnitten werden.
4. Die langen Schrauben werden von unten durch ein Brett gesteckt.
5. Auf dieses Brett werden die Pappe und das Papier geschichtet: Pappe, Papier, Papier, Pappe usw.
6. Die gesammelten Pflanzen werden jeweils zwischen zwei Blatt Papier gelegt, also: Pappe, Papier, Pflanze, Papier, Pappe usw.
7. Anschließend wird das zweite Brett auf die Schrauben gesteckt. Es dient als Deckel.
8. Zum Schluss werden die Flügelmuttern aufgesteckt und angezogen, sodass ein leichter Druck entsteht.

Die gefüllte Pflanzenpresse wird am besten an einem warmen, trockenen Ort aufgestellt. Je nach Feuchtigkeit und Wärme dauert das Trocknen zwei Tage bis eine Woche.

Die Wiese im Frühling

Ein Stück Wiese untersuchen

Spanne zwischen zwei Stöcke eine Schnur (1 m lang).
Nun krieche entlang der Schnur ganz langsam vorwärts und untersuche die Wiese mit der Lupe.
Was entdeckst du?
Kannst du auch etwas hören und riechen?

Gräser und Blumen pressen

Pflücke verschiedene Gräser und Wiesenblumen und nimm sie mit in die Klasse.
Presse sie in einem alten Telefonbuch oder in einer Pflanzenpresse.
Nach einer Woche sind die Pflanzen getrocknet.

Mein Wiesenpflanzen-Buch

Klebe die gepressten Pflanzen vorsichtig auf ein Blatt Papier und schreibe den Namen der Pflanze dazu.
Wie lang ist die Pflanze? Welche Farbe hat die Blüte? Schreibe alles auf, was für dich wichtig ist!
Lege für jede Pflanze eine neue Seite an.

Zum Schluss kannst du noch ein Deckblatt malen.
Loche alle Seiten und binde sie mit einem Wollfaden zusammen.
Jetzt hast du dein eigenes Wiesenpflanzenbuch!

Kleine Tiere beobachten

Setze dich ganz still auf die Wiese und beobachte: Schmetterlinge, Hummeln, Käfer, Spinnen und alle Tiere, die du sonst noch siehst.
Suche nun ein Tier aus und male es.
Kannst du auch entdecken, was es frisst?
Wie bewegt es sich? Hat es Geräusche gemacht?

Welche Tiere hast du auf deinem Wiesenstück entdeckt?

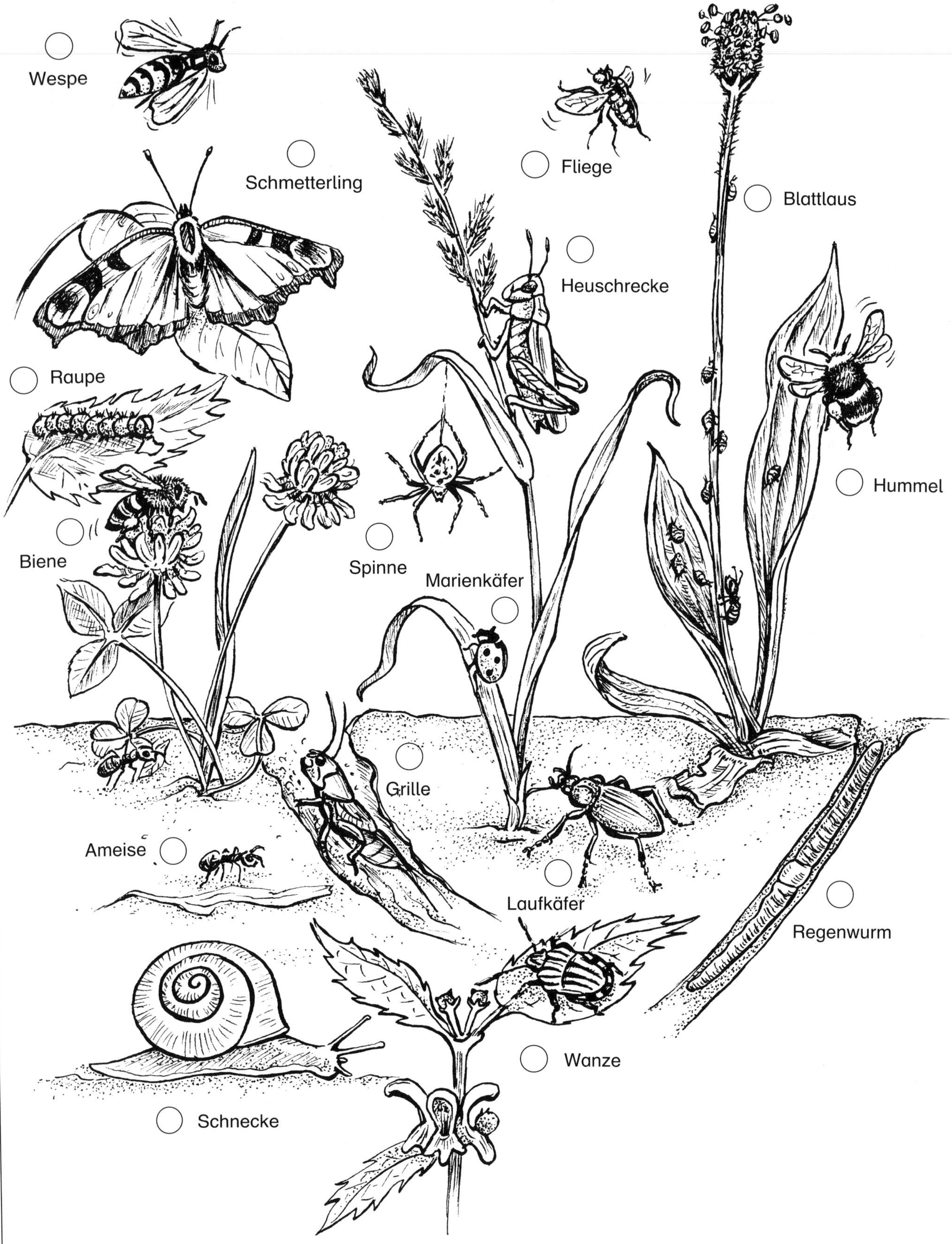

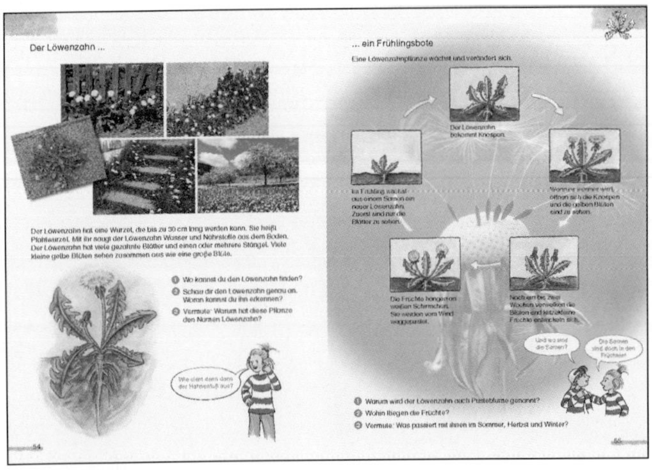

Zur Sache

Im Frühling spüren, sehen und riechen die Menschen, wie die Natur erwacht. Dabei nehmen die Kinder in den Gärten, Wohngebieten und in der „freien Natur" eine Vielzahl verschiedener Pflanzen wahr. Zunächst erst staunend, spielerisch und noch recht undifferenziert.
In diesem Kapitel wird eine Pflanze, die alle Kinder aus ihrem Alltag kennen, herausgegriffen und differenzierter betrachtet und untersucht. Die Kinder erfahren etwas über die Eigenarten und Erkennungsmerkmale des Löwenzahns und lernen dessen Entwicklungsstadien kennen.
Darüber hinaus wird mit der bewussteren Wahrnehmung der Natur eine Wertschätzung angestrebt, die als Grundlage der Umwelterziehung und des Naturschutzes dienen kann: Die Kinder nehmen wild wachsende Pflanzen nicht mehr als überflüssiges Unkraut, sondern als etwas Schönes und Schützenswertes wahr.

Der Löwenzahn ist in Europa sehr weit verbreitet. Es gibt kaum einen Ort, an dem er nicht wächst. Er gehört zur Familie der Korbblütler; mit rund 14000 Arten ist dies eine unserer artenreichsten Pflanzenfamilien. Und auch der Löwenzahn selbst kommt mit einem sehr großen Variantenreichtum vor.
Je nach Sorte und Standort blüht der Löwenzahn von März/April bis Juni/Juli, manche Sorten blühen im Herbst ein zweites Mal; die Blüteperiode ist also recht lang. Der Löwenzahn bildet eine so genannte Pfahlwurzel aus, die bis zu 30 cm lang werden kann und senkrecht in den Boden wächst. Durch diese Wurzel nimmt die Pflanze Wasser und Nährstoffe auf; darüber hinaus dient die Wurzel auch als Nährstoffspeicher. Stickstoffreiche, offene Standorte mag der Löwenzahn besonders gern.
Die Blätter der Pflanze sind rosettenförmig angeordnet, die Blattstellung ist grundständig. Bei vielen Pflanzen liegen die Blätter teilweise flach am Boden, bei anderen stehen sie in die Höhe. Den Namen verdankt der Löwenzahn natürlich seiner Blattform. Doch diese ist abhängig von der Jahreszeit: Im Frühjahr ist das Blatt zum Beispiel weniger gezähnt als zur Blüte.
Die langen Stängel sind hohl und enthalten einen weißlichen, klebrigen Milchsaft.

Der Blütenkorb des Löwenzahns öffnet sich an sonnigen Tagen. Betrachtet man ihn genauer, so stellt man fest, dass er aus vielen winzigen Blüten besteht. (Es ist also nicht richtig, den gelben Kopf der Pflanze als Blüte zu bezeichnen.) Jede einzelne dieser Blüten besteht aus fünf gelben Blütenblättern, die zusammengewachsen sind und wie eine Zunge aussehen. In jeder Blüte befindet sich etwas Nektar. Alle Blüten zusammen werden von grünen Hüllblättern umfasst.
Nach der Blüte der Pflanze reifen die Früchte heran, die so genannte Pusteblume ist zu sehen. Die Fruchtknoten bekommen eine stielartige Verlängerung und aus feinen Härchen wird ein Schirm gebildet. Bis zu 250 dieser Fallschirme befinden sich an einem Stängel! Wenn die Früchte reif sind, lösen sie sich im Ganzen vom Fruchtboden und der Wind kann sie davontragen. An den einzelnen Früchten befinden sich kleine Haken, durch die die Fallschirme nach einer Landung festgehalten werden.
Nicht nur aus den Früchten, sondern auch aus dem Rest des Stängels und der Wurzel können im nächsten Jahr neue Pflanzen wachsen. Dies ist auch der Grund, warum Gärtner unliebsame Pflanzen ausstechen müssen, das Ausreißen reicht nicht.

Löwenzahn ist als Grünfutter bzw. Futterzusatz für Kühe, Schweine und Geflügel gut geeignet und auch bei Menschen ist er als Nahrungsmittel bekannt (zum Beispiel als Salat und in Suppen). In der Heilkunde spielt die Pflanze u. a. wegen ihrer harn- und schweißtreibenden Wirkung eine wichtige Rolle. Der Milchsaft des Löwenzahns enthält Bitterstoffe, Harze und Triterpene und wird daher von der Informationszentrale gegen Vergiftungen in Bonn als gering giftig eingestuft. So können allergische Hautreaktionen vorkommen und der Verzehr größerer Mengen kann zu Magen-Darm-Beschwerden führen.
Der Löwenzahl hat es zu einer Vielzahl regional unterschiedlicher Volksnamen gebracht, über 500 sollen bekannt sein: Butterblume, Augenmilch, Kuhblume, Hahnenspeck …

Zur Arbeit mit dem Schülerbuch

Die Bilder im oberen Teil der linken Seite verdeutlichen die starke Verbreitung der Pflanze, die auch widrigen Verhältnissen (Mauerritzen etc.) trotzt. Die Bilder dienen als Einstieg in das Thema und als Gesprächsanlass. Die Kinder können von ihren Erfahrungen mit der Pflanze berichten, zum Beispiel, wo ihnen der Löwenzahn begegnet ist, was sie schon mit dieser Pflanze gemacht haben und was sie an ihr beobachtet haben. Erste typische Merkmale werden erarbeitet.
In der Seitenmitte befindet sich ein kurzer Sachtext zum Löwenzahn: Begriffe wie Nährstoffe, gezahnte Blätter und Formulierungen wie „Viele kleine gelbe Blüten sehen zusammen aus wie eine große Blüte" sollten geklärt und möglichst handlungsorientiert an einer oder mehreren Löwenzahnpflanzen erläutert werden.
Es ist günstig, wenn in einem großen Weckglas oder in einer Vase einige Pflanzen im Klassenraum beobachtet werden können. So wird auch die Länge der Wurzel deut-

lich. Außerdem kann in diesem Zusammenhang die Pflege des Löwenzahns (Gießen und richtiger Standort im Klassenzimmer) thematisiert werden.

Auf der rechten Seite werden die Entwicklungsstadien der Pflanze in Wort und Bild beschrieben, wobei ein Zyklus zu beobachten ist: Keimen, Wachsen, Blühen, Entwicklung der Früchte, Verbreitung der Früchte durch den Wind. Die Früchte gelangen in den Boden und ein neuer Zyklus beginnt.
Gleichzeitig schließt sich der Kreis zur linken Buchseite und ein Teilaspekt der Frage, warum der Löwenzahn so stark verbreitet ist, wird beantwortet: Der Wind trägt die Früchte überall hin.

... und zum Arbeitsheft
Im Arbeitsheft (Seite 43 bzw. 73) haben die Kinder Gelegenheit, ein Löwenzahn-Puzzle zusammenzusetzen, aufzukleben und zu beschriften. Auf Seite 44 untersuchen die Kinder die Löwenzahnblüten und -schirmchen selbstständig, das Zeichnen setzt ein genaues Beobachten voraus. Hierzu wird eine Lupe benötigt. Zum Untersuchen der Schirmchen empfehlen sich Watte als Unterlage und eine Sprühflasche mit Wasser zum Einsprühen. Die fünfte Frage auf dieser Seite fördert das schlussfolgernde Denken.
Das Wachsen und die Veränderungen des Löwenzahns im Jahreslauf werden auf Seite 45 noch einmal aufgegriffen. Die Kinder sollen vorbereitete Bilder richtig zuordnen, aufkleben und anschließend mit eigenen Worten beschreiben.

Vernetzung und Fortführung

- Klasse 1/2: Die Blätter an meinem Kalender; Unser Garten im Frühling; Wir pflanzen eine Tulpenzwiebel; Eine Frühlingswiese; Wir bereiten eine Ausstellung vor; Vom Keimen und Wachsen
- Klasse 3/4: Zusammenhänge zwischen Lebensräumen und Lebensbedingungen für Menschen, Tiere und Pflanzen erkennen; Pflanzen und Tiere in ihrer Entwicklung beobachten

Weiterführende Ideen

- Siehe auch „Einige Ideen für Ihren Unterricht: Frühling“ auf den Seiten 76–78
- Mit Löwenzahnpflanzen und Wasserfarbe drucken
- Löwenzahnpflanzen malen oder aus Pappe ein Fensterbild basteln
- Die Bestandteile des Löwenzahns ertasten
- Aus den Köpfen des Löwenzahns Ketten basteln
- Löwenzahnsuchbilder anfertigen: Wie viele Löwenzahnpflanzen sind auf diesem Bild versteckt?
- Verschiedene Namen für den Löwenzahn aufgreifen und begründen, warum die Pflanze so genannt wird
- Löwenzahntee zubereiten (gibt es auch schon im Fertigpack)
- Gedichte zum Löwenzahn lesen
- Fantasiegeschichten schreiben: Was erlebt ein Fallschirm auf seinem Flug?
- Fächerübergreifend zu Kunst: Albrecht Dürers „Rasenstück“

Zum Nachlesen

- Arndt, Ursula: Löwenzahn und Frühlingswiese. Eine Werkstatt. Verlag an der Ruhr, Mülheim 2000
- Kaiser, Astrid: Praxisbuch handelnder Sachunterricht. Band 1. Schneider Verlag Hohengehren, Baltmannsweiler 1996
- Knoll, Carla: Schau doch mal! Pflanzen auf der Wiese. Ernst Klett Grundschulverlag, Leipzig 1997
- www.bionet.schule.de/terradata/loewenzahn/ index.html
- www.onlinekunst.de/loewenzahn/index.html
- http://www.meb.uni-bonn.de/giftzentrale/index.html

Löwenzähne

Auf der Sommerwiese blüht
Kopf an Kopf der Löwenzahn.
Weißt du, wie die gelbe Blume
zu dem Löwen-Namen kam?

Auf dem Stiel das Blütenhaupt:
goldne Löwenmähne.
Grün die Blätter, scharf gezackt:
spitze Löwenzähne.

Barfuß durch die Wiese gehn
und durch Löwenzähne tappen.
Doch gib Acht, dass sie dir nicht
nach den Zehen schnappen!

Philipp Günther

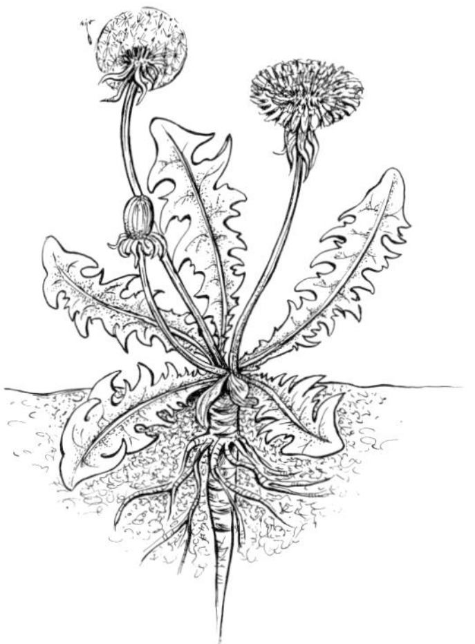

Einige Ideen für Ihren Unterricht: Frühling

Im Frühling gibt es für Kinder viel zu entdecken. Die Seiten 50 bis 59 greifen verschiedene Aspekte des Themas auf. Sie können jede für sich, aber auch gemeinsam im Rahmen einer **Frühlingswerkstatt** bearbeitet werden. Dazu müssen die benötigten Materialien (vgl. die einzelnen Kapitel), Bücher und Arbeitshefte bereitgestellt werden. Von Vorteil ist dabei, dass der Materialumfang begrenzt bleibt, da nicht alle Kinder an einem Thema arbeiten. Gemeinsame Reflexionsgespräche stellen sicher, dass wesentliche Informationen von allen Kindern erfasst werden.
Einige weiterführende Anregungen, die Ihnen hier an die Hand gegeben werden, runden die Frühlingswerkstatt für den Bereich Sachunterricht ab.

- **Frühlingstagebuch**: Die Kinder halten fest, wann und wo sie das erste grüne Blatt an einem Baum und andere Frühlingsboten entdeckt haben.
- **Beobachtungsbuch**: Auch Erstklässler können ein solches Buch mit Zeichnungen anlegen, zum Beispiel zu einem Frühblüher.
  Die Pflanze kann sowohl im Freien als auch im Klassenraum beobachtet werden. Im Zimmer laufen die Entwicklungsschritte jedoch wesentlich schneller ab, sodass Veränderungen von Tag zu Tag erkennbar sind. Die Kinder können gleichzeitig lernen, eine Pflanze verantwortlich zu pflegen. Nach dem Abblühen lassen sich die Pflanzen in den Garten setzen und kommen oft im folgenden Frühjahr wieder.
  Ein Papierstreifen, der wie eine Ziehharmonika gefaltet wird (Leporello), ist sehr gut geeignet, um die Beobachtungen festzuhalten. Er kann auch, je nach Dauer der Beobachtung, durch Ankleben eines weiteren Streifens verlängert werden. Auseinander gefaltet wird der Begriff der Beobachtungsreihe sehr anschaulich! Auf die Titelseite schreiben die Kinder den Namen ihres Frühblühers, dann wird jeden Tag genau beobachtet und aufgemalt, was sich verändert hat. Gerade kleine Kinder neigen dazu, sich die Pflanze nur als Gesamtbild anzusehen und deshalb brauchen sie manchmal einen Hinweis. Für Details sind Lupen eine Hilfe! Auch früh blühende Bäume und Sträucher sind für Beobachtungsreihen geeignet und auch die etwas spätere Kastanie ist sehr eindrucksvoll.
- **Domino, Memory, Puzzlespiel, Lotto:** Die Kinder kennen die meisten Frühblüher nicht namentlich. Mit einfachen Spielen können die Namen eingeübt werden. Die Spiele schulen auch das genaue Beobachten und bieten zum Teil Leseanreize.
  Beim Dominospiel werden die Bilder der Pflanzen an die passenden Namen gelegt, sodass eine Reihe entsteht.
  Zweimal kopiert, werden die Bilder zum Memory. Schreiben Sie die Namen der Pflanzen auf eine Karte, bietet das so „gezinkte" Memory gleichzeitig einen Leseanreiz. Fortgeschrittene können vielleicht sogar mit Bild- und Wortkarten spielen.
  Wenn Sie geeignete Abbildungen vergrößern und zerschneiden, entsteht ein Puzzlespiel, das die Kinder zu Detailbetrachtungen auffordert. Noch schwieriger wird es, wenn die Teile zweier Pflanzen vermischt werden.
  Auch verschiedene Lotto- und Bingovarianten sind möglich. Zum Beispiel hat jedes Kind drei Abbildungen vor sich und die Spielleiterin nennt oder zeigt den Namen einer Pflanze. Welches Kind hat die passende Karte? Sollen diese Spiele als Einzelübung gespielt werden, müssen auf den Rückseiten der Karten Möglichkeiten zur Selbstkontrolle angebracht werden!
- **Werkstattplan:** Der Werkstattunterricht bietet Ihnen viele Möglichkeiten zu differenzieren und die individuellen Lernfortschritte zu beobachten. Besonders hilfreich ist dabei ein so genannter Werkstattplan, der für jede Lerngruppe angepasst werden kann. Einen Vorschlag für einen solchen Plan finden Sie im Anhang.

So bastelst du ein Leporello

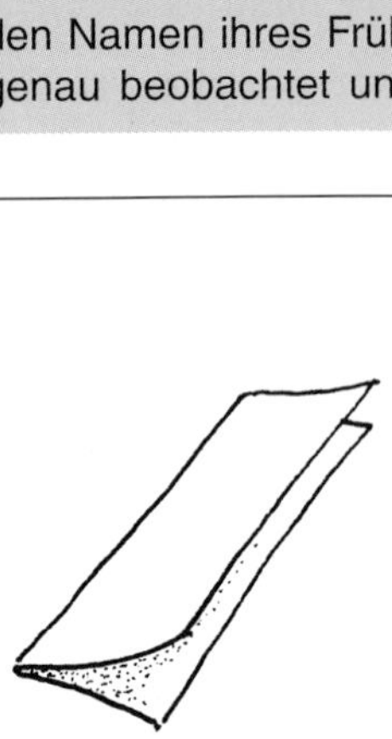

Knicke ein DIN-A4-Blatt längs in der Mitte.

Schneide das Blatt mit einer Schere in zwei Streifen.

Knicke den Streifen zweimal in der Mitte. Falte ihn wieder auseinander und knicke die vier Teile wie eine Ziehharmonika.

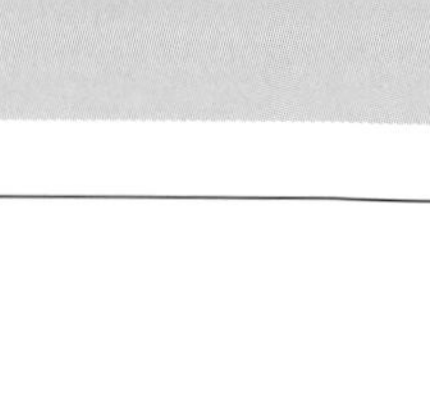

Wenn dein Leporello mehr Seiten haben soll, dann klebe einfach einen weiteren Papierstreifen daran.

Wir suchen den Frühling

Name:			vom: bis:
Das habe ich entdeckt:	Wann entdeckt?	Wo entdeckt?	Wer oder was ist es?
das erste grüne Blatt an einem Baum			
den ersten Frühlingsduft			
einen singenden Vogel am Morgen			
den ersten warmen Wind			
einen Frühblüher			
den ersten Marienkäfer			

Domino: Frühlingspflanzen

 Anfang 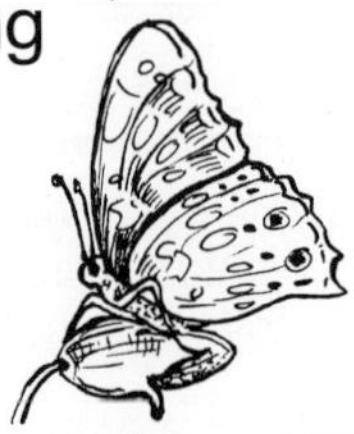		Krokus	
Schnee-glöckchen	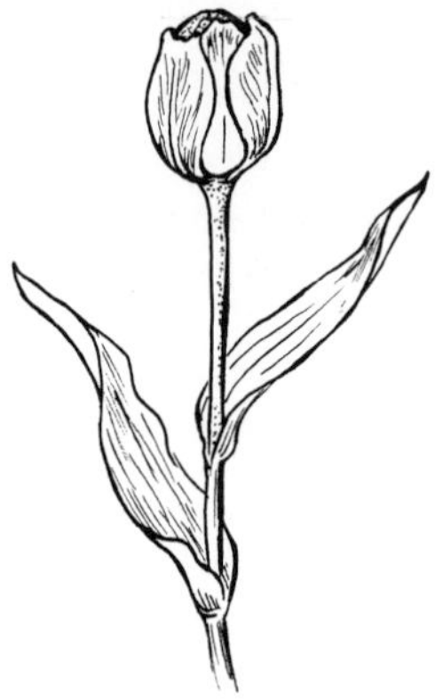	Tulpe	
Osterglocke/ Narzisse		Hyazinthe	
Maiglöckchen		Vergiss-meinnicht	 Ende 

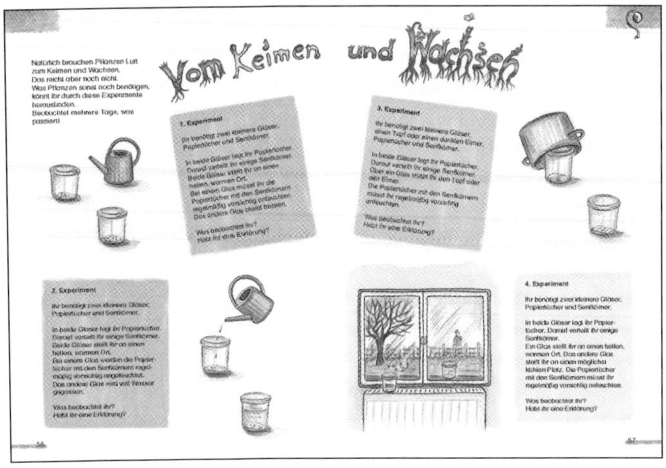

Zur Sache

Für jede Pflanze gibt es ein individuelles Optimum an Wärme, Feuchtigkeit und Kohlendioxid-Gehalt der Umgebungsluft, das ihr Wachstum ermöglicht.
Damit – in diesem Fall – ein Senfkorn mit dem Keimen beginnen kann und das Wachstum der Pflanze einsetzt, ist also ein Mindestmaß an Feuchtigkeit und Wärme notwendig. Diese Faktoren bedingen und begrenzen sich gegenseitig. So kann zum Beispiel die Wärme das Wachstum nur beschleunigen, wenn für ausreichende Wasserzufuhr gesorgt wird.
Wenn das Samenkorn in Kontakt mit Wasser kommt und eine ausreichend hohe Umgebungstemperatur vorliegt, quillt es zunächst auf. Dann schiebt sich ein Wurzelspross heraus, der langsam in Richtung Erdmittelpunkt wächst. Erst wenn die Wurzel eine gewisse Größe erreicht hat und die sich bildende Pflanze mit Wasser versorgen kann, beginnen die Keimblätter zu wachsen. Die im Samen und zum Teil in den Keimblättern enthaltenen Nährstoffe versorgen die Pflanze so lange, bis in den ergrünenden Keimblättern, den Primärblättern, die Photosynthese einsetzt.
Das Licht beeinflusst die Keimfähigkeit von Samen sehr unterschiedlich. Manche Pflanzen benötigen während der Keimphase Lichteinstrahlung (Lichtkeimer), andere keimen nur in der Dunkelheit (Dunkelkeimer). Die Entwicklung der Blätter ist aber an das Licht gebunden (Photosynthese).

Zur Arbeit mit dem Schülerbuch

Die Seiten bieten den Kindern einen Lernzuwachs auf unterschiedlichen Ebenen. Sie lernen zum einen, unter welchen Bedingungen Pflanzen keimen und wachsen. Andererseits werden sie zum genauen Beobachten und Protokollieren angehalten. Das Experiment bringt die Kinder dazu, sich verantwortungsvoll und zuverlässig zu zeigen, da es sonst schnell misslingt.
Die Experimente können in kleinen Gruppen durchgeführt werden. Dadurch hält sich der Material- und Platzbedarf in Grenzen und die Kinder können innerhalb ihrer Gruppe Beobachtungen und Deutungen diskutieren, bevor sie diese der Klasse vorstellen.
Die Experimente werden wie im Buch beschrieben durchgeführt. Es ist auch möglich, Samen von Getreide oder Gras zu verwenden. Mungobohnen, Kresse- oder Alfalfasamen aus dem Reformhaus können sogar verspeist werden. Wenn Sie dann auf den richtigen Zeitpunkt achten, sind die Sprossen nicht nur gesund, sondern auch sehr lecker (Informationen auf der Packung beachten)! Die Samengröße sollte natürlich auch von der motorischen Geschicklichkeit und genauen Beobachtungsgabe der Kinder abhängig gemacht werden.

1. Experiment: Trockene Samen können nicht quellen, was die erste Voraussetzung zum Keimen ist.
2. Experiment: Im gefüllten Glas beginnt die Keimung, aber wegen der fehlenden Luft bilden sich keine Keimblätter, die Wurzeln bleiben klein und faulen. Die Kinder deuten oft, dass zu viel Wasser schadet, was auch richtig ist.
3. Experiment: Die Samen keimen zwar, wachsen aber nicht oder nur sehr wenig und schwach.
4. Experiment: Die geringe Außentemperatur (Herbst, Winter, Frühjahr) macht die Keimung unmöglich.

Die Kinder füllen den Beobachtungsbogen im Arbeitsheft aus. Das Zeichnen der unterschiedlichen Entwicklungsstadien trainiert das genaue Beobachten. Diese Beobachtungen sollen verbalisiert und gedeutet werden. Die einzelnen Bögen können die Grundlage für das klasseneigene Experimente-Buch werden.

Die Abbildungen im Schülerbuch sollen zur eigenen Durchführung der Experimente anregen, ohne dabei die Ergebnisse vorwegzunehmen. Die Seiten sind aber auch dazu geeignet, mit den Kindern ein erstes strukturiertes Versuchsprotokoll zu erarbeiten, da zu jedem Experiment eine Materialliste, eine Versuchsskizze sowie Hinweise zur Versuchsdurchführung zu finden sind. Beobachtungen und Deutungen werden durch die weiterführenden Fragen vorstrukturiert.

Vernetzung und Fortführung

- Klasse 1/2: Unser Garten im Frühling; Wir pflanzen eine Tulpenzwiebel; Der Löwenzahn, ein Frühlingsbote; Überall ist Wasser; Licht und Schatten; Der Wärme auf der Spur
- Klasse 3/4: Zusammenhänge zwischen Lebensräumen und Lebensbedingungen für Menschen, Tiere und Pflanzen erkennen; Pflanzen und Tiere in ihrer Entwicklung beobachten; die Bedeutung von Ressourcen (Wasser, Energie, Boden, Luft) und ihre Nutzung erkunden

Weiterführende Ideen

- Siehe auch „Einige Ideen für Ihren Unterricht: Frühling“ auf den Seiten 76–78
- Bohnenlabyrinth: In einem Schuhkarton wachsen Bohnen durch ein Labyrinth zum Licht.
- Miniwelt: In ein großes Glas mit Deckel werden kleine Ableger gepflanzt. Einmal angefeuchtet, kann das Glas verschlossen werden, die Pflanzen leben weiter.
- Pflanzen durch Stecklinge vermehren (vgl. KV)

Zum Nachlesen

Es gibt zahlreiche Pflanzen- und Experimentierbücher für Kinder, die sich mit den unterschiedlichen Aspekten des Wachstums, der Vermehrung und den Besonderheiten einzelner Pflanzen beschäftigen. Sie werden ständig aktualisiert.

- Ardley, Neil: Mein erstes Buch vom Wachsen. Tessloff Verlag, Nürnberg 1991
- Burnie, David: 101 Spannende Experimente aus der Natur. Loewe Verlag, Bindlach 1998

Domino: Pflanzen durch Stecklinge vermehren

Start	
Wir schneiden von der Pflanze einen Trieb ab.	
Wir stellen den Steckling in ein Glas mit Wasser.	
Wir warten, bis der Steckling Wurzeln treibt.	
Wir füllen Erde in einen Blumentopf.	
Wir setzen den Steckling in die Erde.	
Die neue Pflanze wird größer.	Ende

SB S. 58 Der Marienkäfer – ein Raubtier **AH** S. 48
SB S. 59 Die Verwandlung des Marienkäfers

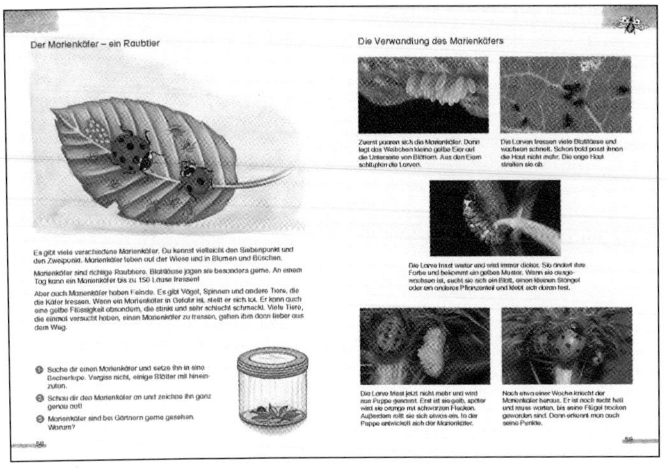

Zur Sache

Marienkäfer sind auch unter den Namen Glückskäfer, Sonnenkälbchen oder Herrgottskuh bekannt. Der Name Marienkäfer stammt aus dem Mittelalter, als der Käfer der Jungfrau Maria geweiht wurde.
In Mitteleuropa leben ca. 70 Marienkäferarten, die jedoch nicht alle gleich häufig auftreten. Der bekannteste und verbreitetste ist der rot-schwarze Siebenpunkt. Es gibt jedoch auch schwarz-rote oder gelb-schwarze Käfer. Die Anzahl der Punkte variiert zwischen den Arten. Sie sagen entgegen weit verbreiteter Meinung nichts über das Alter eines Käfers aus.
Marienkäfer und ihre Larven ernähren sich hauptsächlich von Blatt- oder Schildläusen. Daher sind sie als Nützlinge sehr beliebt und werden zur Schädlingsbekämpfung sogar gezüchtet. Ein Siebenpunkt frisst bis zu 150 Blattläuse am Tag. Die Larve ist ähnlich gefräßig.

Der Marienkäfer selbst hat auch Feinde. So gibt es verschiedene Raubinsekten, die die Larve angreifen. Ein erwachsener Käfer wird durch seine stabile Außenhülle geschützt. Bei Gefahr zieht er seine Beine eng an den Körper und stellt sich zunächst tot. Außerdem kann er eine gelbe, übel riechende und schmeckende Flüssigkeit aus den Kniegelenken absondern, die den meisten Tieren die Freude an einer Mahlzeit vergällt. Dennoch lassen sich insbesondere Amsel, Kuckuck, Frosch oder die Marienkäfer-Brackwespe nicht dauerhaft von der roten Signalfarbe des Käfers abschrecken.

Metamorphose des Marienkäfers

Marienkäfer werden ein Jahr alt. Sie können an geschützten Plätzen Winterruhe halten. Im Frühling paaren sich die Marienkäfer, die sich mithilfe von Duftstoffen finden. Das Weibchen legt 20–60 einzelne, gelbe Eier auf die Unterseite von mit Blattläusen befallenen Blättern. Nach 5–10 Tagen schlüpfen aus den bis dahin grünlich-weißen Eiern die Larven, die sofort zu fressen beginnen. Larven fressen an die 100 Blattläuse pro Tag. Sie wachsen schnell und müssen sich bis zur Verpuppung viermal häuten. Dabei streifen sie die alte Haut vom Kopf her nach hinten ab. Nach 2–3 Wochen hören die Larven auf zu fressen und heften sich auf der Unterseite geschützter Blätter fest. Die äußere Haut erstarrt. In der so genannten Puppe entwickelt sich aus der Larve der Marienkäfer. Nach etwa 10 Tagen schlüpft der Käfer aus der Puppenhülle. Er ist zunächst noch weich und gelb, doch nach wenigen Stunden sind seine Flügel getrocknet, ausgehärtet und zeigen die charakteristische rot-schwarze Zeichnung. Die jungen Käfer überwintern, die Elterngeneration stirbt im Sommer ab.
Die Zeitangaben bei der Beschreibung der Käferentwicklung sind immer etwas ungenau, da diese stark von der Temperatur, der Luftfeuchtigkeit und dem Nahrungsangebot der Umgebung abhängt.

Käfer in der Klasse

In der Literatur finden sich Anleitungen zur Zucht von Marienkäfern. Sie ist jedoch sehr aufwendig, was schnell deutlich wird, wenn man sich den Nahrungsbedarf vergegenwärtigt. Von einer Marienkäferzucht im Klassenraum ist daher dringend abzuraten. Problemlos können die Käfer zum Beispiel in Becherlupen für kurze Zeit in die Klasse geholt werden. Um sie zu schonen, sollte das häufige Berühren der Tiere jedoch vermieden werden. Selbstverständlich werden die Käfer wieder in die Freiheit entlassen!
Marienkäferpuppen können bis zum Schlüpfen der Käfer in der Klasse bleiben, müssen dann aber sofort ins Freie.

Zur Arbeit mit dem Schülerbuch

S. 58: Der Marienkäfer – ein Raubtier

Der Marienkäfer wird als Raubtier, d. h. als Fleischfresser vorgestellt. Die Kinder bringen das zunächst nicht mit dem häufig verniedlicht dargestellten Tier in Verbindung. Die Definition eines Raubtieres lässt sich hier anfügen und durch Beispiele erweitern. Die wesentlichen Sachinformationen lassen sich sowohl aus der Darstellung ableiten, als auch im Text erlesen. Die Arbeitsaufgaben der ersten Seite fordern die Kinder insbesondere zum genauen Beobachten und Darstellen auf. Die dritte Frage greift einen Schwerpunkt des Sachtextes auf. Durch die geforderte Transferleistung wird deutlich, inwieweit die Kinder dem Text Informationen entnehmen konnten.
Die detailgenaue Zeichnung bietet den Kindern die Möglichkeit, den Marienkäfer zu betrachten und genau zu beschreiben. Allgemeine Merkmale der Käfer (Anzahl der Beine, Panzerung, Fühler ...) und Besonderheiten der Marienkäfer (Farbe, Punkte ...) werden benannt und stehen als Fachbegriffe für die weitere Arbeit zur Verfügung.

S. 59: Die Verwandlung des Marienkäfers

Die Metamorphose des Marienkäfers wird durch Fotos dokumentiert. Auch hier ermöglicht das Schülerbuch zunächst eine sehr detailgenaue Betrachtung, denn es sind Dinge zu sehen, die bei der Betrachtung mit bloßem Auge schwerlich zu erkennen sind. Dazu werden die Veränderungen beschrieben und Fachbegriffe (Ei, Larve, Puppe ...) genannt. Die Fotos erleichtern den Kindern das Wiedererkennen der Larven in der Natur. Es bietet sich an, die Larven und Puppen im Freien zu suchen und ihre Veränderungen zu beobachten. Marienkäferlarven finden

sich im späten Frühjahr oder Frühsommer besonders zahlreich auf stark mit Läusen befallenen Büschen und Bäumen. Für die Kinder ist die Verwandlung eines Lebewesens, das als unschön empfunden wird, zum niedlichen Marienkäfer sehr faszinierend. Genaues Beobachten und detailgetreues Zeichnen helfen auch auf lange Sicht, sich an ein Tier zu erinnern und es von anderen zu unterscheiden. Eine Beobachtungsreihe bietet viele Gelegenheiten zum genauen Betrachten und macht eine Diskussion um die angemessene Dokumentation der Beobachtungen sinnvoll.
Die Präsentation der einzelnen Beobachtungen in einer Abfolge – zum Beispiel auf der Wäscheleine – gibt dem Begriff Beobachtungsreihe eine anschauliche Bedeutung.

... und zum Arbeitsheft
Die Kinder haben die Gelegenheit, ihre Beobachtungen wiederzugeben. Die vorgegebene Körperform erleichtert die proportionierte Darstellung und lenkt die Aufmerksamkeit auf ein Detail, das in der Regel nicht bemerkt wird: das zweite Flügelpaar.

Vernetzung und Fortführung

- Klasse 1/2: Eine Frühlingswiese
- Klasse 3/4: Zusammenhänge zwischen Lebensräumen und Lebensbedingungen für Menschen, Tiere und Pflanzen erkennen; Pflanzen und Tiere in ihrer Entwicklung beobachten

Weiterführende Ideen

- Siehe auch „Einige Ideen für Ihren Unterricht: Frühling" auf den Seiten 76–78
- Marienkäfer auf Ast oder Blatt als Collage mit Wasserfarbe
- Marienkäfer falten (s. KV) oder auf Steine malen
- Marienkäfer als Pompon-Tier
- Winterplätze für Marienkäfer bauen (Informationen dazu beim Naturschutzbund, s. u.)

Zum Nachlesen

- Bourgoing, Pascale de (Hrsg.): Der Marienkäfer. Bibliographisches Institut & F. A. Brockhaus, Mannheim 1991 (Mayers kleine Kinderbibliothek)
- Duval, Cécile: Der Marienkäfer. Erzfeind der Blattläuse. Tessloff Verlag, Nürnberg 1990

- Zahlreiche Informationen und Tipps zur Pflege beim Naturschutzbund Deutschland e.V., www.nabu.de
- Unter www.arthropods.de finden Sie viele Informationen und tolle Fotos zur Welt der Krabbeltiere (nicht nur Marienkäfer).
- Die Schweizer Biocontrol AG bietet ein so genanntes Adalia-Aufzuchtkit an, bestehend aus Marienkäfer- und Mehlmotteneiern: www.biocontrol.ch/

Marienkäfer mit zwei Flügelpaaren

Material pro Käfer: zweifarbiges Faltpapier (rot-weiß) ca. 12,5 x 12,5 cm, Stift, Schere, Kleber

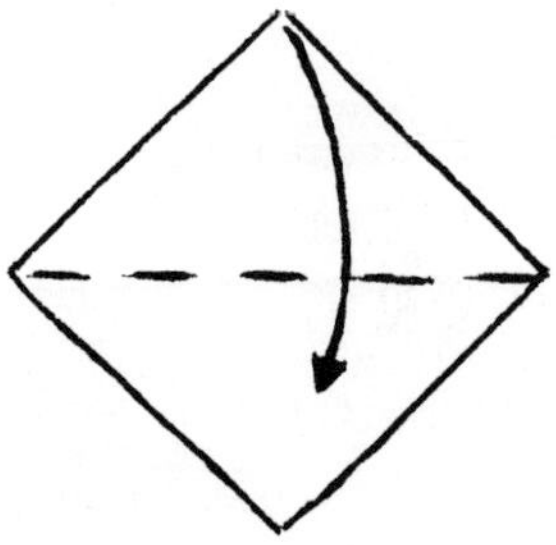

Farbige Seite nach unten legen, einmal über die Diagonale falten.

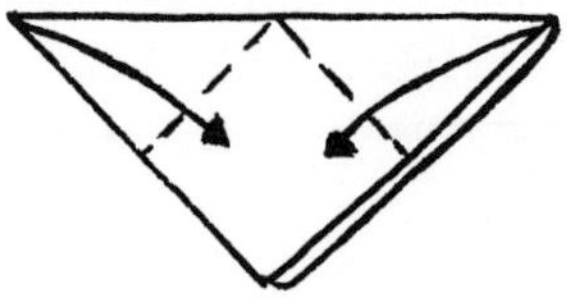

Deckflügel falten.

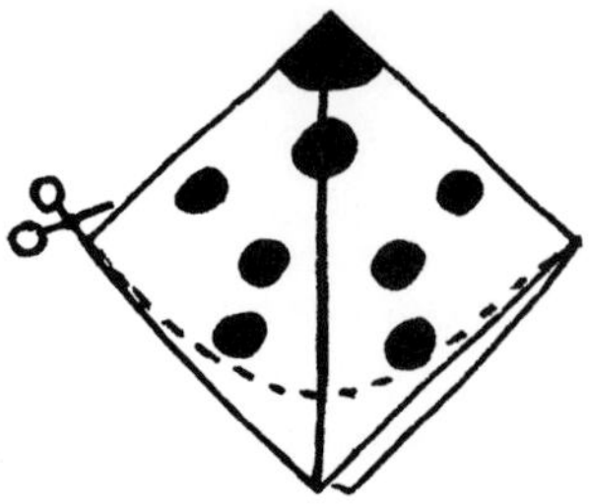

Unteren Teil mit der Schere abrunden. Kopf und sieben Punkte malen.

Käfer einmal aufklappen und gestrichelte Linien bis zum Kopfbereich einschneiden.

Käfer ganz aufklappen, gestrichelte Linien einschneiden, markierte Fläche mit Kleber bestreichen, Käfer einmal zusammenlegen.

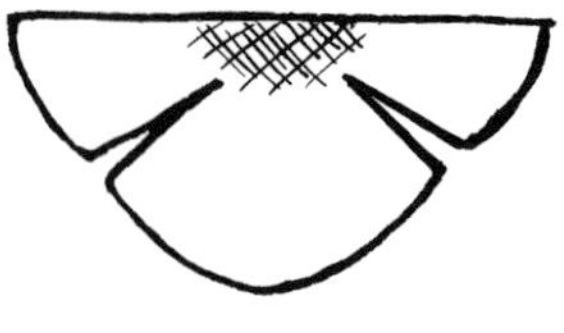

Gekennzeichneten Kopfbereich mit Kleber bestreichen, Käfer zusammenlegen, fertig.

Werden nun die Deckflügel hochgeklappt, kommt das zweite, weiße Flügelpaar zum Vorschein!

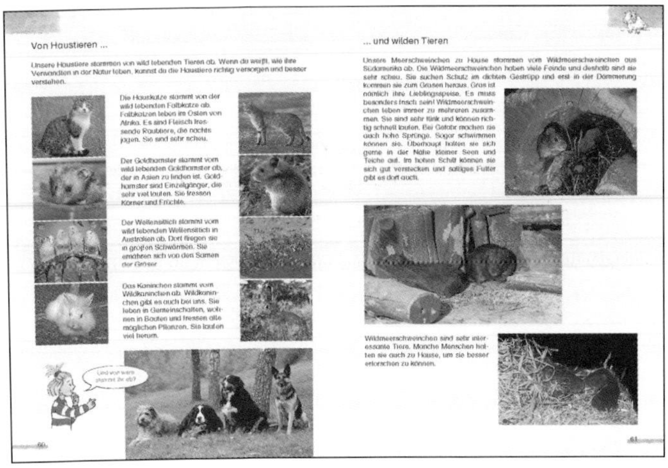
Von Haustieren ...
... und wilden Tieren

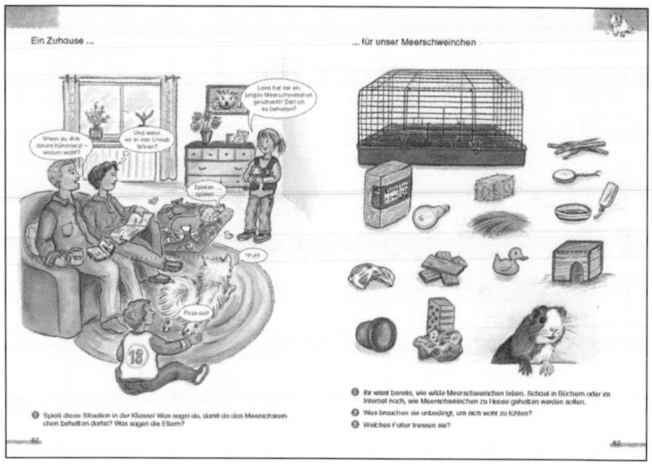
Ein Zuhause ...
... für unser Meerschweinchen

Zur Sache

Kinder haben meistens einen spontanen und emotionalen Bezug zu Tieren. Auf diesen Seiten stehen Haustiere im Vordergrund, denn schließlich werden sie oft angeschafft, um in den Familien als Streichel- und Schmusetiere zu dienen. Vor der Anschaffung sollten sich Eltern und Kinder aber unbedingt und gründlich überlegen, ob ein Haustier überhaupt in die Familie passt und von allen willkommen geheißen wird. Außerdem sollten sich alle über die artgerechte Haltung und die Bedürfnisse des Tieres kundig machen. Die Kinder sollen auch erkennen, dass sie mit der Anschaffung eines Haustieres Verantwortung für dessen Pflege und Haltung übernehmen.
Hilfreich sind dabei Informationen über die angeborenen Verhaltensweisen und ursprünglichen Lebensweisen der wild lebenden Tiere, von denen unsere Haustiere abstammen.

Meerschweinchen scheinen geradezu als Kuscheltiere erfunden worden zu sein und tatsächlich haben die spanischen Eroberer sie im 16. Jahrhundert als Spielgefährten für ihre Kinder nach Europa gebracht. Leider ergibt sich daraus häufig eine überaus leidvolle Mensch-Tier-Beziehung: Streichelstress, falsche Ernährung und qualvolle Enge sorgen dafür, dass die Hausmeerschweinchen selten älter als 3 bis 6 Jahre werden. Bei artgerechter Haltung können sie jedoch ein Alter von bis zu 10 Jahren erreichen!

Das als Haustier gehaltene Meerschweinchen (Cavia aperea f. porcellus) stammt aus Südamerika und wurde dort seit mindestens 3000 Jahren domestiziert und diente der Fleischerzeugung. Es hat eine ganze Reihe wild lebender Verwandter, die häufig wissenschaftlich noch nicht genau untersucht worden sind, bei einigen Arten gibt es noch nicht einmal gebräuchliche deutsche Namen. Die Stammform unseres Hausmeerschweinchens ist das Tschudii-Wildmeerschweinchen, eine Unterart der Cavia aperea, auch Aperea-Wildmeerschweinchen oder – noch kürzer – Wildmeerschweinchen genannt.
Das Wildmeerschweinchen kommt ursprünglich aus Zentral-Ecuador, ist aber auch im Osten und Süden Brasiliens zu finden, ebenso in Paraguay, Uruguay und in Nordargentinien. Die weite Verbreitung zeigt, dass sie sich an das Leben in verschiedenen Biotopen anpassen konnten, in Grassavannen, Waldrändern und felsigen Gebieten.
Die Tiere haben eine Größe von 20 bis 27 cm und ein Gewicht von ca. 450 bis 600 g. Wildmeerschweinchen sind damit zwar ähnlich groß wie ihre häuslichen Verwandten, aber deutlich schmaler. Das Fell ist unauffällig, dunkelbraun bis grau, der Bauch ist hellgrau. Die Aperea-Weibchen können pro Wurf 4 Junge bekommen, der Nachwuchs kann schon am ersten Tag sehen, laufen und feste Nahrung zu sich nehmen.
Wildmeerschweinchen leben in Gruppen, die häufig aus einem Männchen, einem bis vier Weibchen und den Jungtieren bestehen. Die Tiere halten immer etwas Abstand zueinander und sitzen nicht so eng zusammen, wie wir es von den Hausmeerschweinchen kennen. Sie nehmen aber oft Kontakt auf, indem sie sich kurz beschnuppern. Männliche Wildmeerschweinchen sind untereinander sehr unverträglich, bei den Weibchen ist eine altersabhängige Hierarchie zu beobachten.
Die Wildmeerschweinchen leben in Höhlen, die sie von anderen Tieren übernehmen, eigene Bauten graben sie nicht. Oft suchen sie sich aber auch nur Mulden, die von dicht wachsender Vegetation geschützt werden.
Wildmeerschweinchen haben zahllose Fressfeinde: Füchse, Schlangen, Greifvögel ... Daher sind sie äußerst scheu, überaus wachsam und nervös, aber auch erstaunlich flink. Sie können schwimmen, schnell laufen und sogar bis zu 90 cm hoch springen! Außerdem brauchen sie immer ein Versteck in ihrer Nähe.
In der Natur ernähren sich die Tiere von Kräutern, Gräsern, Blüten, Blättern, Rinden und Samen. Wegen des hohen Vitamin-C-Gehalts sind frisches Gras und Sprossen besonders wichtig. Als dämmerungsaktive Tiere gehen sie besonders gerne bei Sonnenaufgang und -untergang auf Nahrungssuche.

Durch die lange Domestikation der Tiere und den gezielten Eingriffen des Menschen durch Zucht gibt es natürlich auch Unterschiede zwischen den Hausmeerschweinchen und den Wildformen. Besonders deutlich wird dies zum Beispiel bei der Fellfarbe. Aber auch das Verhalten hat sich geändert: Hausmeerschweinchen sind untereinander verträglicher, sie sind weniger nervös und „störanfäl-

lig“. Intensiveres Streicheln ist bei den wilden Verwandten nicht möglich (selbst Hausmeerschweinchen quieken vor Angst, wenn sich Menschen von oben über sie beugen – diese Bewegung ähnelt einem Angriff aus der Luft). Andererseits verfügen Haustier und Wildform über ein ähnliches Lautrepertoire und so können sie problemlos miteinander kommunizieren. Auch eine Paarung ist möglich.

Zur Arbeit mit dem Schülerbuch

S. 60: Von Haustieren …
Die Seite gibt erste Informationen über die Abstammung einiger unserer Haustiere. Die Texte werden gelesen und schwierige (neue) Wörter wie Falbkatze oder Einzelgänger erklärt.
Mithilfe der Texte kann gemeinsam überlegt werden, wie die Tiere gehalten werden müssen, damit sie sich wohl fühlen.
Die Abstammung des Hundes wird im Buch offen gelassen, sie kann von den Kindern selbst herausgefunden werden (Bücherkiste, Kindersuchmaschinen im Internet wie www.blinde-kuh.de oder www.kidsweb.at/hund).
Natürlich können die Kinder von ihren Haustieren oder ihren Haustierwünschen erzählen.

S. 61: … und wilden Tieren
Exemplarisch wird hier das Wildmeerschweinchen (Cavia aperea) vorgestellt. Der Text beschreibt die natürlichen Lebensbedingungen und Verhaltensweisen der Tiere, die Bilder zeigen eine kleine Gruppe mit einem Jungtier. Die gezeigten Wildmeerschweinchen leben zwar in Gefangenschaft, sie werden aber artgerecht gehalten.
Die Kinder sollen den Text lesen und zu den Bildern erzählen. In Gemeinschaftsarbeit können die Kinder mithilfe der erworbenen Kenntnisse über die Lebensbedingungen der Wildmeerschweinchen ein passendes Zuhause für ein Hausmeerschweinchen planen. Bei der Vorstellung der Ergebnisse sollten sie ihre Vorschläge begründen (Analogiebildung).

S. 62: Ein Zuhause …
Die Frage nach dem angemessenen Zuhause wird hier noch einmal aufgegriffen und problematisiert. Was muss alles bedacht werden, bevor man sich ein Haustier anschafft? Welche „Rolle“ soll dem Meerschweinchen (vor dem Hintergrund des erworbenen Wissens) zugewiesen werden? Die Meinungen der Familienmitglieder können besprochen werden, die Kinder sammeln Argumente, die für oder gegen die Anschaffung eines Meerschweinchens sprechen. Sie überlegen sich, welche Voraussetzungen erfüllt werden müssen etc.
In einem Rollenspiel wird die Situation nachgespielt. Dabei sollen die Kinder überzeugend darstellen, dass und wie sie die Verantwortung für Pflege und Haltung des Meerschweinchens übernehmen können.

S. 63: … für unser Meerschweinchen
Nun geht es zur konkreten Planung für ein „Meerschweinchen-Heim“. Meerschweinchen sind u. a. Fluchttiere, Bewegungstiere, Nagetiere und Gruppentiere: Was wird also benötigt, wenn sie möglichst artgerecht gehalten werden sollen? Dieser Frage kann in Partner- oder Gruppenarbeit nachgegangen werden, die Ergebnisse werden aufgeschrieben oder gemalt und anschließend gemeinsam besprochen.

Besonders wichtig: Meerschweinchen dürfen nicht alleine gehalten werden. Welche Tiere kommen als Partner in Frage? Sollen die Tiere überhaupt in einem Käfig untergebracht werden oder gibt es andere Möglichkeiten? Wenn es doch ein Käfig sein muss: Wie groß muss er mindestens sein?
Wie muss das Zuhause ausgestattet werden? Nicht alles, was auf dieser Seite (und in den Prospekten der Tierhandlungen!) gezeigt wird, ist tatsächlich erforderlich (zum Beispiel der Spiegel und anderes „Spielzeug“). Dennoch sollte die Umgebung abwechslungsreich gestaltet werden. Wie ist das zu bewerkstelligen? (Oft reichen auch einfache Dinge: Schon mit Blumentöpfen, Röhren, Ziegeln und Brettern lassen sich ganze Landschaften errichten.)
Anderes fehlt möglicherweise: Haben die Tiere ausreichende Möglichkeiten, sich die Nagezähne (Funktion und Begriff klären) zu schleifen? Womit sollen sie gefüttert werden? (Ist eine ausreichende Versorgung mit Vitamin C gesichert? Körnerfutter ist dagegen nicht unbedingt erforderlich und führt häufig zur Verfettung.)

Vernetzung und Fortführung

- Klasse 1/2: Der Marienkäfer – ein Raubtier; Die Verwandlung des Marienkäfers
- Klasse 3/4: Zusammenhänge zwischen Lebensräumen und Lebensbedingungen für Menschen, Tiere und Pflanzen erkennen; Pflanzen und Tiere in ihrer Entwicklung beobachten

Weiterführende Ideen

- Bilder von verschiedenen Meerschweinchenrassen suchen und ausstellen
- Steckbriefe erstellen (fächerübergreifend mit Sprache)
- Meerschweinchen aus Wolle basteln (fächerübergreifend mit Kunst/Gestaltung)

Zum Nachlesen

- ADAC Naturführer: Säugetiere. Gräfe & Unzer, München 2000
- Burnie, David: Säugetiere. Dorling Kindersley, Starnberg 2003
- Morgenegg, Ruth: Artgerechte Haltung, ein Grundrecht auch für Meerschweinchen. KIK-Verlag, Berg am Irchel 2003
- Rodentia, Kleinsäuger-Fachmagazin: Wilde Meerschweinchen. Natur und Tier-Verlag, Münster 2001

- … und viele Seiten im Internet, zum Beispiel
  www.das-tierlexikon.de
  www.meerschweinchen.ch
  www.zoo-berlin.de/tiere/lexikon/w.html

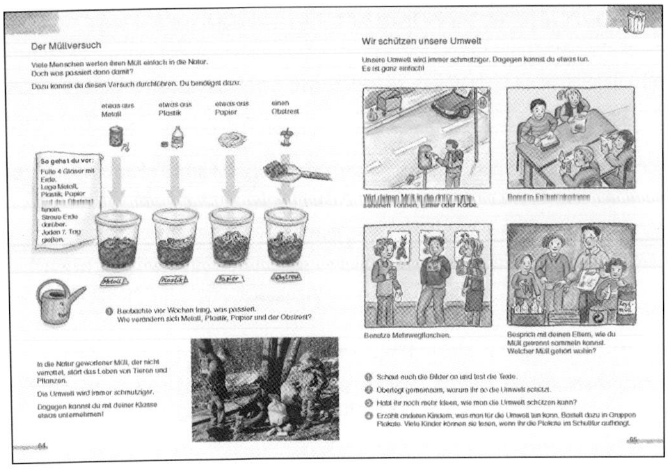

Zur Sache

„Wie sie wahrscheinlich aus eigener Erfahrung wissen, haben wir Erwachsenen heute so große Schwierigkeiten, unsere schlechten Angewohnheiten zu überwinden, dass uns die einfachsten Sachen schon schwer fallen. Recycling, Wassersparen, Energiesparen, das Trennen des Hausmülls und Fahrgemeinschaften sind nur kleine Opfer, aber sicher gut für die Umwelt. Aber sie sind unbequem und deshalb sträuben wir uns meist noch dagegen." (The Earth Works Group, 1998). Leider könnten wir uns eigentlich diese Haltung schon längst nicht mehr leisten. Natürliche Energiequellen versiegen, Müllberge wachsen etc. Die Verantwortung liegt bei uns und in unserem Unterricht. Nur wenn Kinder lernen,

- die Natur zu erleben, zu fühlen, zu entdecken und zu bestaunen,
- sie also wertschätzend wahrzunehmen, zu achten und zu beschützen und
- Bereiche für die Natur (zum Beispiel Biotope) zu schaffen und umweltbewusst zu handeln,

werden sie eine Umweltethik und ein tiefer gehendes Verständnis entwickeln (vgl. H. Wilkens 2002). Dazu bedarf es für Kinder überschaubare Handlungsfelder. Sie ermöglichen es, dass Schülerinnen und Schüler Zusammenhänge zwischen Handlung und Auswirkung erfahren, ihre Lebenswirklichkeit durchschauen und hinterfragen und sie ein Stück weit verändern können. Denn es ist ihnen nicht bewusst, dass ein weggeworfenes Trinkpäckchen oder eine Plastiktüte über Jahre die Natur belasten.
Da Umweltbildung ein fortlaufender, fächerübergreifender Prozess ist, muss er in allen vier Schuljahren aufgegriffen und vertieft werden.

Zur Arbeit mit dem Schülerbuch

S. 64: Der Müllversuch

Diese Seite verdeutlicht den Kindern anhand eines Langzeitversuchs (ca. 4 Wochen), dass nur organische Stoffe wie Obstreste oder Papier verrotten. Dabei lässt sich das „Laborergebnis" durchaus auf die Natur übertragen. Gegenstände, die weggeworfen werden, verschwinden also nicht einfach, selbst wenn man sie nicht mehr sieht. Der Versuch kann in Gruppen oder mit der gesamten Klasse durchgeführt werden. Da die Kinder evtl. kein Maß dafür haben, mit wie viel Wasser gegossen werden muss – es wird nur so viel Wasser wie beim Blumengießen benötigt – ist hierbei die Hilfe der Lehrerin sinnvoll.
Aufgabe 1: Die Kinder müssen genau beobachten, um die Veränderungen wahrzunehmen. Die Lehrerin sollte die Kinder zu möglichst genauen Beschreibungen auffordern, um sachgerechtes Sprechen zu fördern.
Aufgabe 2: Die Kinder sollen eine Transferleistung von dem Beobachteten zum eigenen Verhalten erbringen.

Hier schließt sich der untere Teil der Seite an. Die Kinder sollen überlegen, wie sie Müll vermeiden und zum anderen die Umwelt sauber halten können. Dazu können sie auf eigene Erfahrungen zurückgreifen oder ganz neue Ideen entwickeln. Die Vorschläge der Kinder können an der Tafel gesammelt und auf ihre Umsetzbarkeit hin überprüft werden.

S. 65: Wir schützen unsere Umwelt

Für Kinder ist Müllsammlung und -trennung meist ein Bereich an dem sie kaum oder gar nicht beteiligt sind. Mülltrennung ist für Kinder nur zu leisten, wenn Erwachsene mitarbeiten. Sie ist unsinnig und nicht zu vermitteln, wenn sie nicht konsequent erfolgt (wenn zum Beispiel zuvor getrennter Müll wieder zusammengekippt wird).
Auf den vier Bildern finden die Kinder Handlungsfelder, die sie alleine oder mit etwas Unterstützung jeden Tag gut bewältigen können:

- Müll nicht einfach in die Natur werfen (auch der Straßenraum gehört dazu).
- Mehrwegflaschen und Frühstücksboxen verwenden.
- Das Thema Müll und Mülltrennung zu Hause ansprechen. Bei diesem Bild ist es wichtig, dass die Lehrerin mit den Kindern klärt, warum Mülltrennung wichtig ist und wie sie funktioniert.

Natürlich muss der Müll auch in der Schule getrennt werden. Durch das tägliche praktische Üben gewinnen die Kinder bei der Frage, welcher Müll in welche Tonne gehört, langsam Sicherheit. Im Arbeitsheft befindet sich auf Seite 52 ebenfalls eine Zuordnungsaufgabe hierzu.

Bei der Arbeit mit dem Schülerbuch sprechen die Kinder über die Bilder und Texte. Eigene Erfahrungen können eingebracht werden (Aufgabe 1).
Dann werden die Texte kritisch hinterfragt. Die Kinder sollen Begründungen für die gezeigten Handlungsvorschläge entwickeln. Unterschiedliche Vorerfahrungen werden deutlich (Aufgabe 2).
In einem nächsten Schritt werden an der Tafel weitere Vorschläge gesammelt.
Einzelne Vorschläge setzen die Schülerinnen und Schüler evtl. schon zu Hause oder in der Schule um und so können Erfahrungen ausgetauscht werden. Schließlich sollen die Kinder in Gruppen einen Vorschlag herausgreifen, um diesen auf Plakaten darzustellen und evtl. mit der konkreten Umsetzung zu beginnen. Dabei gilt es als Leh-

rerin zu entscheiden, wie umfangreich und langfristig die Aktion werden soll. Wichtig ist aber, dass die Ergebnisse nachhaltig festgehalten werden, um eine Bewusstseinsveränderung bei den Kindern zu erwirken. Durch die Präsentation nach außen wird es auch möglich, mehr Menschen anzusprechen und das Thema für andere zu öffnen.
Vor allem aber wird die Arbeit der Kinder auf diese Weise transparent gemacht und ernst genommen.

Vernetzung und Fortführung

- Klasse 1/2: Sachensucher; Wir planen gemeinsam
- Klasse 3/4: Mischungen und Lösungen herstellen und trennen; Stoffumwandlung beobachten und herbeiführen; Energiequellen und -formen sowie Möglichkeiten der Energieeinsparung kennen lernen; die Bedeutung von Ressourcen (Wasser, Energie, Boden, Luft) und ihre Nutzung erkunden; Wege eines sparsamen Umgangs mit Ressourcen erproben und reflektieren; Zusammenhänge zwischen Konsumverhalten und Umweltproblemen untersuchen

Weiterführende Ideen

- Unterrichtsgang im Schulbezirk (beobachten, besprechen, erarbeiten): Wo liegt Müll? Wie viel? Was kann man tun?
- Sammlung auf dem Schulhof durchführen: Welche Müllmenge fällt an? (Achtung Scherben!)
- Anlegen und Beobachten eines Komposthaufens
- Wie viel Müll produzieren wir bei einem Schulfrühstück? Müll sammeln, „zählen“ und Möglichkeiten der Reduzierung erarbeiten und überprüfen.
- Natur erleben mit allen Sinnen
- Schreiben zu Naturerfahrungen
- Mit Verpackungen basteln und dadurch wieder verwenden.

Zum Nachlesen

- Schrömges, Anita: Lernwerkstatt Umweltdetektive. Buch Verlag Kempen, Kempen 2000
- The Earth Works Group: Kinder machen 50 starke Sachen, damit die Umwelt nicht umfällt. Deutscher Taschenbuchverlag, München 1998
- Wilken, Hedwig: Kinder werden Umwelfreunde. Don Bosco Verlag, München 2002

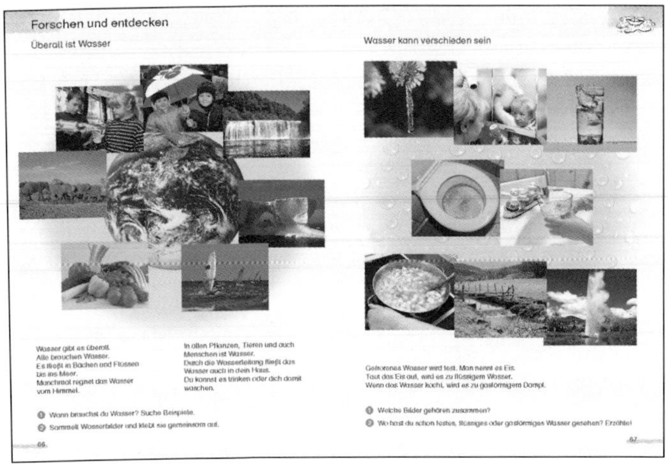

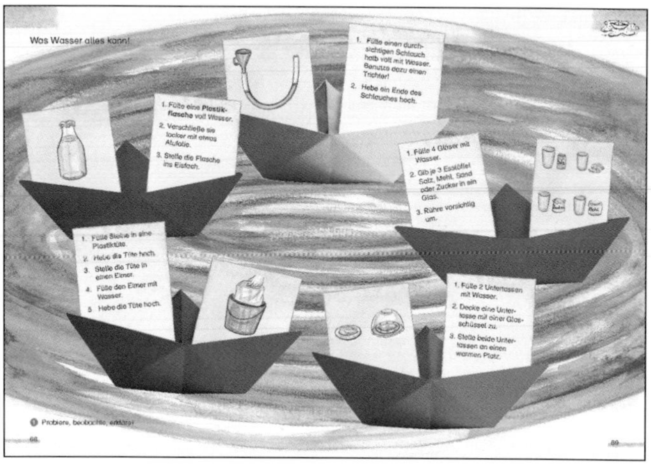

Zur Sache

Wasser ist im besten Fall eine durchsichtige, geruch- und geschmacklose Flüssigkeit.
Wasser ist im Regenwasserkreislauf eingebunden. Drei Viertel der Erdoberfläche werden von Meeren, Flüssen oder Seen bedeckt. Wasser existiert als Eis an den Polen und auf hohen Bergen, als Grundwasser im Erdreich oder ist als so genanntes Kristallwasser in Mineralien eingeschlossen. Menschen bestehen zu etwa 60–70 % aus Wasser, bei Pflanzen kann dieser Anteil bis zu 90 % betragen.
Wasser kommt in der Natur in drei Aggregatzuständen vor: fest (Eis), flüssig (Wasser) und gasförmig (Wasserdampf). Wird Energie (zum Beispiel in Form von Wärme) abgegeben oder zugeführt, kann eine Änderung des Aggregatzustandes erfolgen: Schmelzen, Erstarren (Gefrieren), Verdampfen (hier wird noch einmal zwischen Sieden und Verdunsten unterschieden) und Kondensieren. Jeder Übergang zu einem höheren Aggregatzustand ist mit einer Energiezufuhr verbunden (Schmelzwärme, Verdampfungswärme). Eis hat zum Beispiel eine vergleichsweise hohe spezifische Schmelzwärme, weshalb es sich so gut zum Kühlen von Getränken eignet. Auch beim Verdunsten wird der Umgebung und der Flüssigkeit Energie entzogen und so kann verdunstender Schweiß zu einer Abkühlung der Haut führen. Ein niedrigerer Aggregatzustand wird dagegen mit einer Energieabgabe erreicht (Kondensationswärme, Erstarrungswärme).
Die Schmelztemperatur des Wassers beträgt 0 °C, der Siedepunkt liegt bei 100 °C (diese Temperaturangaben setzen einen Luftdruck von 1013 mbar voraus, ein Wert, der im Mittel auf Meereshöhe gemessen wird).

Zur Arbeit mit dem Schülerbuch

S. 66/67: Überall ist Wasser/Wasser kann verschieden sein

Die Kinder werden zunächst durch das Betrachten der Bilder dazu aufgefordert, sich mit dem Thema Wasser auseinander zu setzen. Hilfreich sind Fragen, besonders wenn der Einstieg bereits im ersten Schuljahr erfolgt (Wo findest du das Wasser? Wo ist das Wasser auf den Bildern? etc.). Insbesondere durch die Beispiele mit den Lebewesen kann Diskussionsbedarf entstehen, doch durch das Auspressen von Obst und Gemüse und dem Benennen menschlicher und tierischer Flüssigkeiten ist auch das skeptischste Kind zu überzeugen. Die Kinder erweitern mit eigenen Beispielen die Sammlung und stellen so aktiv den Bezug zu ihrer Lebenswirklichkeit her.
Vielen Kindern ist im ersten und zweiten Schuljahr noch nicht klar, dass es sich bei Eis, Wasser und Wasserdampf jeweils um den gleichen Stoff handelt. Durch die folgende Seite soll dies verdeutlicht werden. Die Kinder werden durch den Text in die Begrifflichkeiten eingeführt. Die Verbindungen zwischen den Erscheinungsformen des Wassers in der Natur und im Alltag der Kinder festigen die Begriffsbildung. Auch eine einfache Demonstration, die Eis, Wasser und Dampf in Bezug setzt, ist hier sehr nützlich. Eiswürfel, die langsam bis zum Siedepunkt erhitzt werden, veranschaulichen, dass der zugrunde liegende Stoff das Wasser ist. (Die Eiswürfel können problemlos in einer Thermosflasche mit in die Klasse gebracht werden.) Eine weitere Vertiefung des Themas Aggregatzustände ist jedoch nicht sinnvoll, da sie das Abstraktionsniveau der Erst- und Zweitklässler übersteigt.

S. 68/69: Was Wasser alles kann

Auf den Seiten 56/57 im Schülerbuch haben die Kinder bereits Experimentieranleitungen kennen gelernt. Die hier abgebildeten Wasserexperimente führen den Aufbau weiter. Wieder sind Versuchsdurchführung und Aufbauskizzen direkt zu erkennen, die Ergebnisse werden nicht vorweggenommen. Diesmal müssen die Kinder aber die Materialliste selbst erstellen und aus der (vorbereiteten) Sammlung heraussuchen, wozu differenzierend die Abbildung oder der Text genutzt werden kann. Die Beobachtungen der Kinder sollen ebenso wie die Erklärungsversuche in Protokollen dokumentiert werden.

Zu den Experimenten

Die meisten Stoffe dehnen sich beim Schmelzen aus und ziehen sich beim Erstarren zusammen. Wasser bildet hier die große Ausnahme: Beim Erstarren vergrößert sich sein Volumen um 10 %! Gefriert Wasser in Flaschen oder Rohren, so können diese platzen. Deshalb darf dieses Experiment auch nicht mit einer Glasflasche durchgeführt werden! Wegen der Vergrößerung des Volumens können so große Kräfte auftreten, dass selbst Steine auseinander platzen (Frostsprengung). Ein anderer Aspekt: Wegen des größeren Volumens hat Eis auch eine kleinere Dichte als Wasser, weshalb es auf dem Wasser schwimmt.

In verbundenen Gefäßen (zum Beispiel unterschiedliche Gefäße, die durch Schläuche miteinander verbunden sind) liegen die Oberflächen einer Flüssigkeit (hier Wasser) auf gleicher Höhe. Zurückzuführen ist dies auf den Schweredruck des Wassers, der auf beiden Seiten gleich ist.
Die Form des Gefäßes spielt dabei keine Rolle, wie man etwa bei einer Gießkanne sehr schön beobachten kann. Erst wenn sich die Druckverhältnisse einseitig verändern, verändert sich der Stand des Wassers an der anderen Seite (vgl. hierzu auch die KV). Die Kinder werden dies sicherlich sehr schnell beweisen wollen, indem sie in das eine Schlauchende hineinpusten!

Wasser „trägt“: Beim Eintauchen in eine Flüssigkeit erfährt jeder Körper eine aufwärts gerichtete Kraft, die der Gewichtskraft entgegenwirkt. Diese Auftriebskraft hat den gleichen Betrag wie die Flüssigkeit, die vom Körper verdrängt wird (Archimedisches Prinzip). In der Badewanne oder im Schwimmbad haben die Kinder vielleicht selbst schon die Erfahrung gemacht, dass dieses Gesetz tatsächlich für jeden Körper gilt.

Die Moleküle des Wassers können, da sie über eine elektrisch positive bzw. negative Seite verfügen, Stoffe lösen. Die Anziehungskraft der elektrischen Pole trennt die Verbindungen der Stoffmoleküle auf und die Stoffmoleküle verteilen sich zwischen den Wassermolekülen. Ein Stoff einfacher Struktur wie zum Beispiel Zucker wird auf diesem Weg im Wasser gelöst. Sand lässt sich so nicht lösen.

Beim Verdunsten geht Wasser vom flüssigen in den gasförmigen Zustand über, bleibt dabei aber unterhalb der Siedetemperatur. Das Verdunsten geschieht an der Wasseroberfläche, aus der sich einzelne Wassermoleküle lösen. Eine große Oberfläche und eine hohe Temperatur begünstigen den Vorgang. Der Abkühlungseffekt, der mit der Verdunstung verbunden ist, wurde bereits oben beschrieben.

Vernetzung und Fortführung

- Klasse 1/2: Vom Keimen und Wachsen; Wir messen Temperaturen
- 3./4. Schuljahr: Aggregatzustände des Wassers und ihre Übergänge in Natur und Experiment untersuchen; Mischungen und Lösungen herstellen und trennen; Versuche mit Wasser, Luft und Schall durchführen und deuten; Wettererscheinungen beobachten und erklären; die Bedeutung von Ressourcen (Wasser, Energie, Boden, Luft) und ihre Nutzung erkunden

Weiterführende Ideen

- Den eigenen Wasserverbrauch feststellen.
- Mit Wasser Muster auf den Schulhof malen und beobachten, wie sie verschwinden.
- Warmes Wasser (mit Tinte gefärbt) steigt im kalten Wasser auf.
- Ein Wasserbuffet einrichten mit Leitungswasser, Mineralwasser, Salz- und Zuckerwasser …

Zum Nachlesen

- Ardley, Neil: Mein erstes Buch vom Wasser. Tessloff Verlag, Nürnberg 1991
- Lassert, Ursula: Natur um uns herum. Das Wasser. Auer Verlag, Donauwörth 1999
- Schriftenreihe „Umweltstunde“ des ALS-Verlages, Dietzenbach
- Vereinigung Deutscher Gewässerschutz e.V. Hier gibt es kostengünstiges Informations- und Anschauungsmaterial: Königswinterer Straße 829, 53227 Bonn bzw. www.vdg-online.de

Faltanleitung für ein Papierschiff

1. Über die Mitte falten.
2. Zum Seitenrand falten.
3. Wieder einmal aufklappen.
4. Obere Ecken zur Faltlinie falten.

5. Überstehenden Rand nach oben falten.
6. Umdrehen, Ecken umklappen.
7. Überstehenden Rand nach oben falten.
8. Umdrehen, Ecken umklappen.

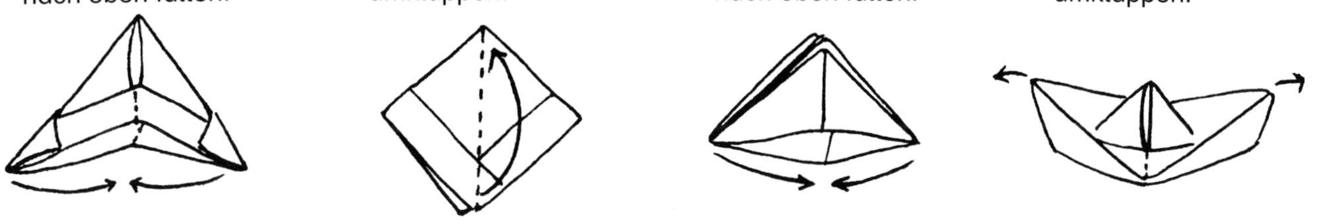

9. Äußere Spitzen aufeinander legen, falten.
10. Untere Ecken vorne und hinten nach oben falten.
11. Äußere Spitzen zusammendrücken.
12. Spitzen oben auseinander ziehen.

Welches Bild ist richtig?

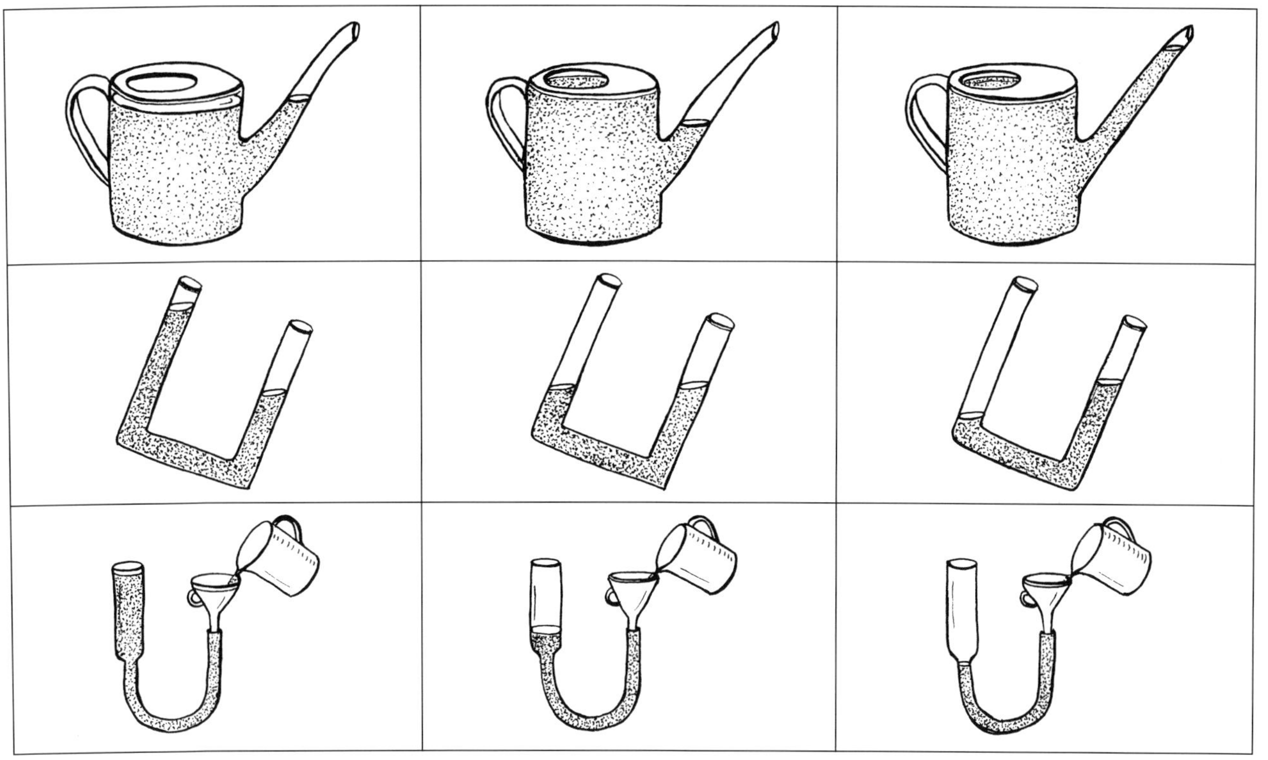

SB S. 70, 71 Luftexperimente **AH** S. 55, 56
SB S. 72, 73 Luft hat viele Eigenschaften

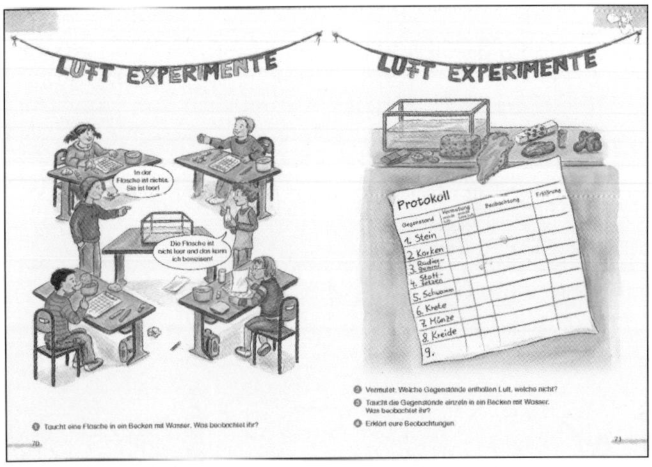

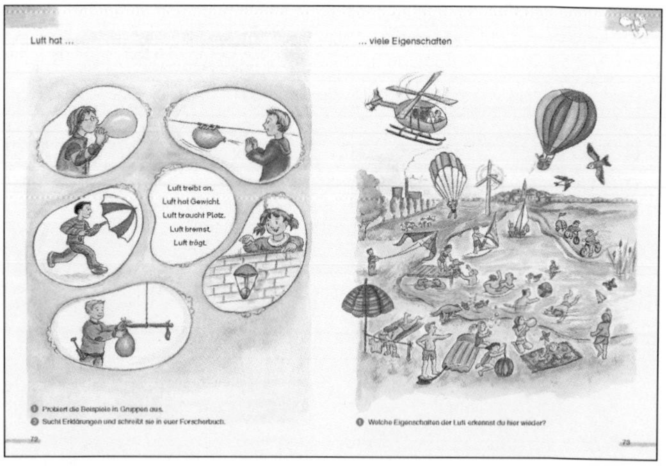

Zur Sache

Luft ist ein Gasgemenge, das sich zu etwa 78 % aus Stickstoff (N), 21 % Sauerstoff (O) und 1 % Edelgasen wie Argon und Neon zusammensetzt. Außerdem enthält Luft verschieden große Mengen Wasserdampf, Abgase, Staub und andere „Schwebstoffe“. Die Erde wird von einer etwa 100 km dicken Lufthülle umschlossen. Das Gewicht dieser Luft bewirkt den Luftdruck. Am Erdboden ist die Dichte der Luft am größten. 1 l trockene Luft wiegt bei 0 °C und einem Luftdruck von 1013 mbar ungefähr 1,3 g.
Luft ist unsichtbar und gehört doch in ihren vielfältigen Auswirkungen zu den alltäglichen Wahrnehmungen der Kinder. Dennoch sind sich viele Kinder selten der Luft bewusst, die von ihnen und anderen Lebewesen eingeatmet wird und die in ihrer Umwelt allgegenwärtig ist. So bezeichnen beispielsweise einige Kinder mit Luft gefüllte Räume oder Gefäße als „leer“ oder sie setzen Luft mit „nichts“ gleich. Zudem wird die in vielen Materialien eingeschlossene Luft kaum wirklich wahrgenommen.
Auf den Schulbuchseiten können die Kinder sich altersgerecht und aktiv entdeckend mit dem Phänomen Luft auseinander setzen und physikalische Grundeigenschaften kennen lernen.

Zur Arbeit mit dem Schülerbuch

S. 70/71: Luftexperimente

Auf diesen Seiten erfahren die Kinder, dass Luft überall ist. Ein mit Luft gefülltes Gefäß ist also nicht leer! Außerdem ist Luft in vielen Gegenständen enthalten. Die Kinder sollen das durch ein einfaches Experiment herausfinden. Sie tauchen dazu verschiedene Gegenstände – sie sind exemplarisch in der Tabelle angegeben – in ein Gefäß mit Wasser. Das Vorhandensein von Luft lässt sich dann durch die Bläschenbildung beobachten. Die Tabelle (s. auch AH) bietet die Möglichkeit Vermutungen anzustellen, die Beobachtungen festzuhalten und anschließend Erklärungen zu finden. (Es geht hier also nicht um das Thema Schwimmen und Sinken!)

S. 72/73: Luft hat viele Eigenschaften

Auf der linken Seite finden die Kinder Anregungen mit Luft zu experimentieren. Mithilfe dieser Experimente können die Kinder Eigenschaften der Luft entdecken, erklären und zu folgenden physikalischen Grundkenntnissen gelangen: Luft braucht Platz, Luft treibt an, Luft bremst, Luft trägt und Luft hat ein Gewicht.
Das Wimmelbild auf der rechten Seite lenkt den Blick der Kinder nochmals auf vielfältige Situationen, die sie aus ihrer Lebenswirklichkeit kennen.

Vernetzung und Fortführung

- Klasse 1/2: Der Wärme auf der Spur; Wir messen Temperaturen
- Klasse 3/4: Versuche mit Wasser, Luft und Schall durchführen und deuten; Wettererscheinungen beobachten und erklären; die Bedeutung von Ressourcen (Wasser, Energie, Boden, Luft) und ihre Nutzung erkunden

Weiterführende Ideen

- Die Erfindung des luftgefüllten Reifens (John Boyd Dunlop) recherchieren
- Bau einer Luftballonrakete: Bindfaden durch einen Strohhalm ziehen und zum Beispiel zwischen einer Stuhllehne und einer Türklinke spannen (möglichst aufwärts gerichtet), Luftballon mit einem Klebestreifen am Strohhalm befestigen (mit der „Düse“ nach hinten) und loslassen. Etwas aufwendiger ist ein Raketenauto.

Zum Nachlesen

- Groß-Ernst, Birgit; Strelau, Marion: Lernwerkstatt Luft. Buch Verlag Kempen, Kempen 2001
- Schlesiger, Gabriela: Die Luft. Kopiervorlagen für einen handlungsorientierten und fächerverbindenden Sachunterricht in der Grundschule. Auer Verlag, Donauwörth 1999
- Schroeder-Riecke, Edda: Das Entdeckerbuch zum Thema Luft und Wetter. Ernst Klett Grundschulverlag, Leipzig 1996
- Strucks, Carolin; Wittkowske, Steffen: Experimente im Sachunterricht. Luft. Volk und Wissen Verlag, Berlin 2000

SB S. 74 Licht und Schatten
SB S. 75 Der Wärme auf der Spur **AH** S. 57–59

Zur Sache

Die Phänomene Licht und Schattenbildung sind sicherlich allen Kindern bekannt.
Vorhandene Erfahrungen sollen aufgegriffen, bewusst gemacht und systematisch erweitert werden.
Hier geht es darum, verschiedene natürliche und künstliche Lichtquellen zu erkennen, zu benennen und konkret handelnde Erfahrungen mit der Schattenbildung zu machen.
Lichtquellen sind Körper oder Gegenstände, die Licht aussenden. Die wichtigste natürliche Lichtquelle ist die Sonne.
Licht besteht aus elektromagnetischen Wellen, die mit dem Auge wahrnehmbar sind. Es breitet sich gradlinig aus. Trifft das Licht auf einen undurchsichtigen Körper, so entsteht hinter diesem Körper ein Raum, in den kein Licht gelangt: der Schattenraum.

Auch mit Wärme als Naturphänomen haben alle Kinder bereits Erfahrungen gemacht. Allerdings wird sie kaum bewusst wahrgenommen oder gar als physikalisches Phänomen, das bestimmten Gesetzmäßigkeiten folgt: Warme Luft steigt auf, nicht nur Luft, auch andere Stoffe und Materialien dehnen sich bei Erwärmung aus, Wärme wird unterschiedlich geleitet u. a. m. Darüber hinaus ist das Wärmeempfinden individuell sehr unterschiedlich. Insgesamt ist Wärme für Kinder also nur schwer fassbar (vgl. hierzu auch das folgende Kapitel: Wir messen Temperaturen).
Neben der Sonne als Wärmespenderin sowie anderen „natürlichen" Wärmequellen (Feuer, Kerze …) sollen die Kinder hier Wärme erzeugende Energieträger (Kohle, Gas, Öl) kennen lernen und in einfachster Weise das Wirkprinzip einer Zentralheizung erfahren.
Zunächst steht das unmittelbar Erfahrbare im Vordergrund: Die Sonne vermag viele Dinge zu wärmen bzw. aufzuheizen. Ebenso können die Kinder beobachten, wie zum Beispiel Holz in einem Kaminfeuer oder Kohle in einem Grillfeuer verbrennen und die Umgebung wärmen. Auch bei Kerzen besteht ein unmittelbarer Zusammenhang zwischen Feuer und Wärme. Bei den modernen Zentralheizungen ist dieser Zusammenhang nicht so klar. Ein Gang zum Heizkessel kann zeigen, dass auch hier Feuer eine Rolle spielt: Erdgas bzw. Öl werden verbrannt (die Zündflamme dürfte immer sichtbar sein), Wasser wird erwärmt und durch Rohre zum Heizkörper geführt, der dann die Wärme abgibt.
Feuer bzw. Wärme erhitzt die Luft. Diese dehnt sich dadurch aus, wird leichter und steigt nach oben. Trifft sie gegen eine Papierspirale, so wird sie zur Seite hin abgelenkt, die Spiralarme werden in die entgegengesetzte Richtung gedrückt: Die Spirale dreht sich.

Zur Arbeit mit dem Schülerbuch

S. 74: Licht und Schatten
In einem ersten Schritt werden viele verschiedene Lichtquellen vorgestellt, die benannt werden sollen. Evtl. könnte hier schon eine Einteilung in natürliche und künstliche Lichtquellen erfolgen.
Spiele mit dem Licht schließen sich an. Das Buch stellt nur eine kleine Auswahl vor: Schattenfangen, Schattenspiele und Ablenkung des Lichts mit einem Spiegel.
Wenn möglich, sollten die Spiele auf dem Schulhof durchgeführt werden.

… und zum Arbeitsheft
Während die Zuordnung bei dem Schattenspiel mit dem Overhead-Projektor eindeutig ist, gibt es bei den Aufgaben unten jeweils 2 richtige Lösungen. Es kommt nämlich darauf an, wie der jeweilige Gegenstand auf dem Projektor liegt bzw. wie er angestrahlt wird.

S. 75: Der Wärme auf der Spur
Ein Gespräch über Erfahrungen im Sommer kann mithilfe des Bildes im oberen Teil der Seite geführt werden. Hierbei wird klar, dass die Sonnenwärme als angenehm empfunden werden kann, dass sie aber manchmal so sehr wärmt, dass sie Dinge schmelzen kann (zum Beispiel Eis). Manchmal werden Gegenstände sogar so stark erhitzt, dass es schmerzhaft wird, wenn man sie berührt (Metall, heißer Sand …).
Im zweiten Teil werden verschiedene Öfen als Wärmequellen vorgestellt und benannt. Hier sollte gemeinsam überlegt werden, wodurch die Wärme erzeugt und wie sie weitergeleitet wird. Wenn möglich sollte ein Gang in den Heizungskeller zum Heizkessel eingebunden werden. Auch eine Kerze kann als Wärmequelle erfahren werden: Sie erhitzt Wasser (mit oder ohne Duftöl) und das Keramikgefäß. Dabei ist die Wärme, die nach oben hin abgegeben wird, größer.

… und zum Arbeitsheft
Hier werden drei kleine Versuche vorgestellt, die die Erkenntnis anbahnen, dass Wärme nach oben steigt. **Vorsicht bei Versuch 1**: Die Hand darf nur kurz über die Flamme gehalten werden, die Lehrerin sollte die Kinder dabei beaufsichtigen.

Vernetzung und Fortführung

- Klasse 1/2: Eine Uhrengeschichte; Wir bauen eine Sonnenuhr; Sachensucher; Vom Keimen und Wachsen; Wir messen Temperaturen
- Klasse 3/4: Verbrennungsprozesse beobachten und beeinflussen sowie sich über Brandschutz informieren; Wettererscheinungen beobachten und erklären; Zusammenhänge zwischen Lebensräumen und Lebensbedingungen für Menschen, Tiere und Pflanzen erkunden; Energiequellen und -formen sowie Möglichkeiten der Energieeinsparung kennen lernen; die Bedeutung von Ressourcen (Wasser, Energie, Boden, Luft) und ihre Nutzung erkunden; Wege eines sparsamen Umgangs mit Ressourcen erproben und reflektieren

Weiterführende Ideen

- Schattentheater mit Figuren oder Personen aufführen (fächerübergreifend mit Sprache und Kunst/Gestaltung)
- Untersuchung: Werfen durchsichtige Gegenstände einen Schatten?
- Schattenspiele auf dem Schulhof erfinden
- Laternen basteln (fächerübergreifend mit Kunst/Gestaltung)
- Ein geschütztes „Mini"-Lagerfeuer auf dem Schulhof machen, Grillkohle beobachten, grillen oder aus großen Steinen einen „Herd" bauen.
- Viele weitere Möglichkeiten werden bei Kaiser und Walter beschrieben.

Zum Nachlesen

- Becker, Rainer; Klein, Klaus: Sachunterricht be-greifen. Band 1. Schneider Verlag Hohengehren, Baltmannsweiler 2001
- Grundschulzeitschrift: Wärme. 16. Jg. (2002), Heft 154
- Höfling, Oskar; Mirow, Bernd: Physik. Band 1. Ferd. Dümmlers Verlag, Bonn 1994
- Kaiser, Astrid: Praxisbuch handelnder Sachunterricht. Bde. 1 und 3. Schneider Verlag Hohengehren, Baltmannsweiler 1999 und 2000
- Spreckelsen, Kai: Wie Grundschulkinder physikalische Phänomene verstehen. In: Grundschule 10/1997, S. 18 f.
- Walter, Gisela: Feuer. Die Elemente im Kindergartenalltag. Herder Verlag, Freiburg 2002

Einige Ideen für Ihren Unterricht

Um das Phänomen Wärme und die Vorgänge beim Erwärmen und Erkalten von Materialien zu verdeutlichen, können die Kinder im Unterricht kleine Experimente durchführen. Sie werden die Kinder zunächst in Staunen versetzen, können aber durchaus von ihnen gedeutet werden. Also sollte gerade auf das Vermuten, genaue Beobachten und Finden von Erklärungen geachtet werden. Dazu gehören auch das schlussfolgernde Denken und der sachgerechte Ausdruck. Die Versuche können in Gruppen von 2 bis 4 Kindern durchgeführt werden. Diese Arbeitsform unterstützt die Entwicklung von sozialen Fähigkeiten, wie einander zuhören, gemeinsam Lösungen finden, arbeitsteiliges Vorgehen organisieren etc.
Um einigen Kindern ggf. die Erklärung der Versuche etwas zu erleichtern, sollten Tippkarten mit differenzierten Hinweisen bereitgehalten werden. Allerdings sollte den Kindern nichts vorweggenommen werden. Der grau unterlegte Hinweis ist als Denkanstoß gedacht, die weiteren Tipps führen die Kinder schrittweise zum Ergebnis.

- **Perlenrennen**: Die Kinder haben einen Holz-, einen Plastik- und einen Silberlöffel. An jeden Löffelstiel drücken sie ein kleines Stück Butter. Auf jedes Butterstück wird wiederum eine Perle gesetzt. In einen Thermobecher wird heißes Wasser eingefüllt und dann sollen die Löffel möglichst gleichzeitig hineingestellt werden. Die Kinder können beobachten, dass die Materialien unterschiedlich gut Wärme leiten: Die Butter rinnt zuerst am Silberlöffel herunter.
- **Sonnenbank**: Auf eine Fensterbank, die von der Sonne erwärmt wird, legen die Kinder drei Thermometer. Die Thermometer werden mit verschiedenen Stoffen zugedeckt oder eingewickelt: dunkel, hell, mittel. Nach wenigen Minuten werden die Thermometer wieder abgedeckt und die Temperaturen verglichen: Dunkle Stoffe erwärmen sich leichter als helle. Hinweis: Die Zeitangaben müssen natürlich an die Gegebenheit vor Ort angepasst werden (Intensität der Sonne, Material und Temperatur der Fensterbank ...).
- **Marmeladenglas mit Schal**: Die Kinder füllen heißes Wasser in zwei gleiche Marmeladengläser und verschließen sie. Anschließend wird eins der Gläser in einen dicken Winterschal gehüllt. (Auch mit einer Decke, Jacke oder einem Pullover kann der Versuch durchgeführt werden.) Nach einer halben Stunde wird das Glas wieder ausgewickelt und die Temperaturen werden verglichen (messen oder fühlen). Das eine Glas hat mehr Wärme abgegeben als das andere. Der Schal hält warm, er hat das Abkühlen verlangsamt.
- **Verpackte Kühlakkus**: Die Kinder verpacken drei Kühlakkus in verschiedene Materialien (Plastiktüte, Stofftasche, Wollschal) und verschließen die Pakete mit Klebestreifen. Anschließend fühlen die Kinder, welcher Kühlakku sich am kältesten anfühlt (alternativ kann auch mit einem Thermometer gemessen werden). Das Paket mit dem Wollschal ist am wärmsten: Es gibt also Materialien, die Wärme bzw. Kälte isolieren.

Perlenrennen

Ihr braucht:
- einen Holzlöffel
- einen Plastiklöffel
- einen Silberlöffel
- etwas Butter
- 3 Perlen
- einen Thermobecher
- heißes Wasser

So wird's gemacht:
1. Klebt oben an die Löffelstiele ein kleines Stück Butter (ungefähr so groß wie eine Erbse).
2. Steckt auf jede Butterflocke eine Perle.
3. Holt euch heißes Wasser und füllt es in den Becher.
4. Stellt die Löffel mit den Stielen nach oben in den Becher.

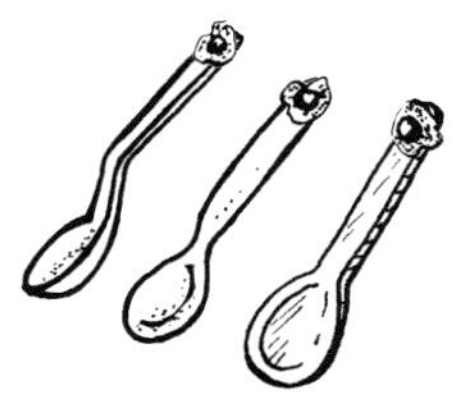

- Was wird wohl passieren? Schreibt eure Vermutung auf!
- Was könnt ihr beobachten?
- Könnt ihr eure Beobachtungen erklären? Schreibt auf!

Sonnenbank

Ihr braucht:
- ein weißes Stück Stoff
- ein schwarzes Stück Stoff
- ein farbiges Stück Stoff
- 3 Thermometer
- eine Fensterbank, auf die die Sonne scheint

So wird's gemacht:
1. Sucht euch eine Fensterbank, auf die die Sonne scheint.
2. Legt die drei Thermometer nebeneinander auf die Fensterbank.
3. Legt über jedes Thermometer ein Stück Stoff.
4. Wartet 3 Minuten und deckt dann die Thermometer wieder ab.
5. Lest die Temperaturen ab.

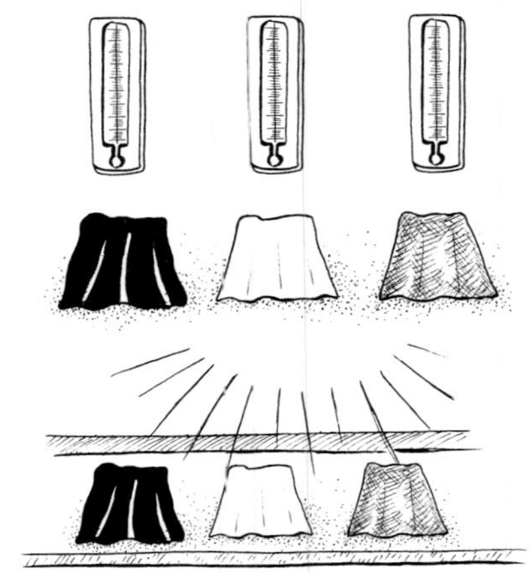

- Was meint ihr: Zeigen alle Thermometer die gleiche Temperatur an?
- Welche Temperaturen habt ihr gemessen?
- Bei welchem Stück Stoff habt ihr die Temperaturen gemessen?
- Könnt ihr eure Beobachtungen erklären? Schreibt auf!

Marmeladenglas mit Schal

Ihr braucht:
- 2 gleiche Marmeladengläser mit Deckel
- einen dicken Winterschal (es geht auch mit einem Pullover, einer Jacke oder einer Decke)
- heißes Wasser
- ein Thermometer

So wird's gemacht:
1. Holt euch heißes Wasser und füllt es in beide Marmeladengläser. Anschließend werden sie mit den Deckeln verschlossen.
2. Jetzt wird ein Marmeladenglas möglichst vollständig mit dem Schal eingehüllt.
3. Nach einer halben Stunde wird der Schal abgenommen.
4. Vergleicht nun mit dem Thermometer oder der Hand die Temperaturen.

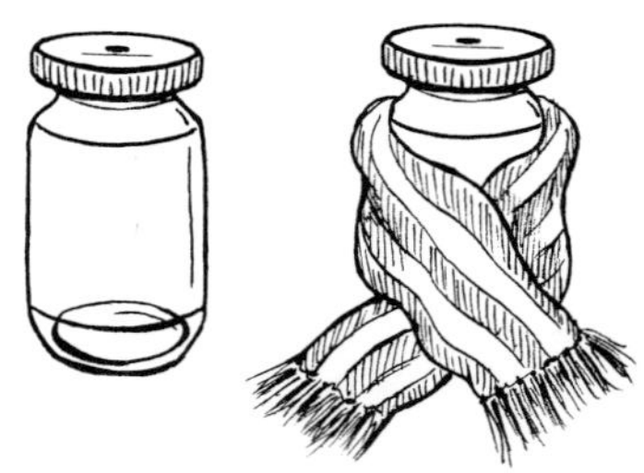

- Was meint ihr: Sind die beiden Gläser gleich warm?
- Schreibt eure Vermutung auf!
- Was könnt ihr beobachten oder messen?
- Könnt ihr das Ergebnis erklären? Schreibt auf!

Verpackte Kühlakkus

Ihr braucht:
- 3 kalte Kühlakkus
- eine Plastiktüte
- eine Stofftasche
- einen Wollschal
- Klebeband
- ein Thermometer

So wird's gemacht:
1. Wickelt einen Kühlakku in die Plastiktüte und klebt einen Klebestreifen darum.
2. Wickelt den nächsten Kühlakku in die Stofftasche und klebt einen Klebestreifen darum.
3. Wickelt den dritten Kühlakku in den Wollschal ein und befestigt ihn mit etwas Klebestreifen.
4. Fühlt mit der Hand oder messt mit dem Thermometer.

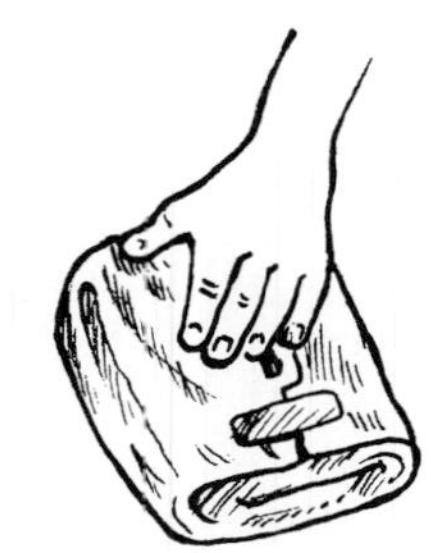

- Was meint ihr: Sind alle drei Pakete gleich warm? Schreibt eure Vermutung auf!
- Was könnt ihr beobachten oder messen?
- Könnt ihr das Ergebnis erklären? Schreibt auf!

Tipps zum Perlenrennen

- Wann schmilzt Butter?
- Fühlt an den Stielen.

- Das Wasser ist warm.
- Die Löffel stehen im Wasser.
- Die Löffel werden unten warm.
- Die Wärme wandert zum Stiel und weiter nach oben.
- Beim Holzlöffel und beim Plastiklöffel wandert die Wärme langsam nach oben.
- Beim Silberlöffel wandert die Wärme schneller nach oben.
- Die Butter wird beim Silberlöffel schneller erwärmt, sie beginnt zu schmelzen.
- Die Perle rennt beim Silberlöffel zuerst hinunter.

Tipps zur Sonnenbank

- Was wird bei euch erwärmt?
- Wird alles gleich gut erwärmt?

- Welche Temperaturen zeigen die Thermometer, bevor ihr sie abdeckt?
- Die Fensterbank ist gleich warm.
- Nach einiger Zeit zeigen die Thermometer unterschiedliche Temperaturen …
- Welche Farbe hat der Stoff mit der höchsten Temperatur? Welche Farbe hat der Stoff mit der niedrigsten Temperatur?
- Dunkle Stoffe erwärmen sich leichter als helle.

Tipps zum Marmeladenglas

- Was passiert, wenn etwas wärmer ist als seine Umgebung?
- Haltet eure Hände vor das Marmeladenglas ohne Schal. Berührt es aber dabei nicht!

- Die beiden Marmeladengläser sind gleich warm.
- Die beiden Marmeladengläser sind wärmer als ihre Umgebung.
- Das Marmeladenglas ohne Schal gibt Wärme ab. Es wird kälter.
- Das Marmeladenglas mit Schal kann die Wärme nicht so gut abgeben.
- Der Schal hält das Glas warm.

Tipps zu den verpackten Kühlakkus

- Ihr habt unterschiedliche Materialien. Welches Material hält warm?

- Die Kühlakkus sind alle gleich kalt.
- Halten die Plastiktüte, die Stofftasche und der Wollschal gleich gut warm?
- Halten die Plastiktüte, die Stofftasche und der Wollschal gleich gut kalt?
- Der Wollschal hält am wärmsten, also hält er auch besonders gut kalt.
- Der Wollschal gibt die Kälte nicht ab.
- Der Wollschal fühlt sich nicht kalt an.

Das Feuer

Hörst du, wie die Flammen flüstern,
Knicken, knacken, krachen, knistern,
Wie das Feuer rauscht und saust,
Brodelt, brutzelt, brennt und braust?

Siehst du, wie die Flammen lecken,
Züngeln und die Zunge blecken,
Wie das Feuer tanzt und zuckt,
Trockne Hölzer schlingt und schluckt?

Riechst du, wie die Flammen rauchen,
Brenzlig, brutzlig, brandig schmauchen,
Wie das Feuer, rot und schwarz,
Duftet, schmeckt nach Pech und Harz?

Fühlst du, wie die Flammen schwärmen,
Glut aushauchen, wohlig wärmen,
Wie das Feuer, flackrig-wild,
Dich in warme Wellen hüllt?
Hörst du, wie es leiser knackt?
Siehst du, wie es matter flackt?
Riechst du, wie der Rauch verzieht?
Fühlst du, wie die Wärme flieht?
Kleiner wird der Feuersbraus:
Ein letztes Knistern,
Ein feines Flüstern,
Ein schwaches Züngeln,
Ein dünnes Ringeln –
Aus.

James Krüss

Eine Wärmeschlange

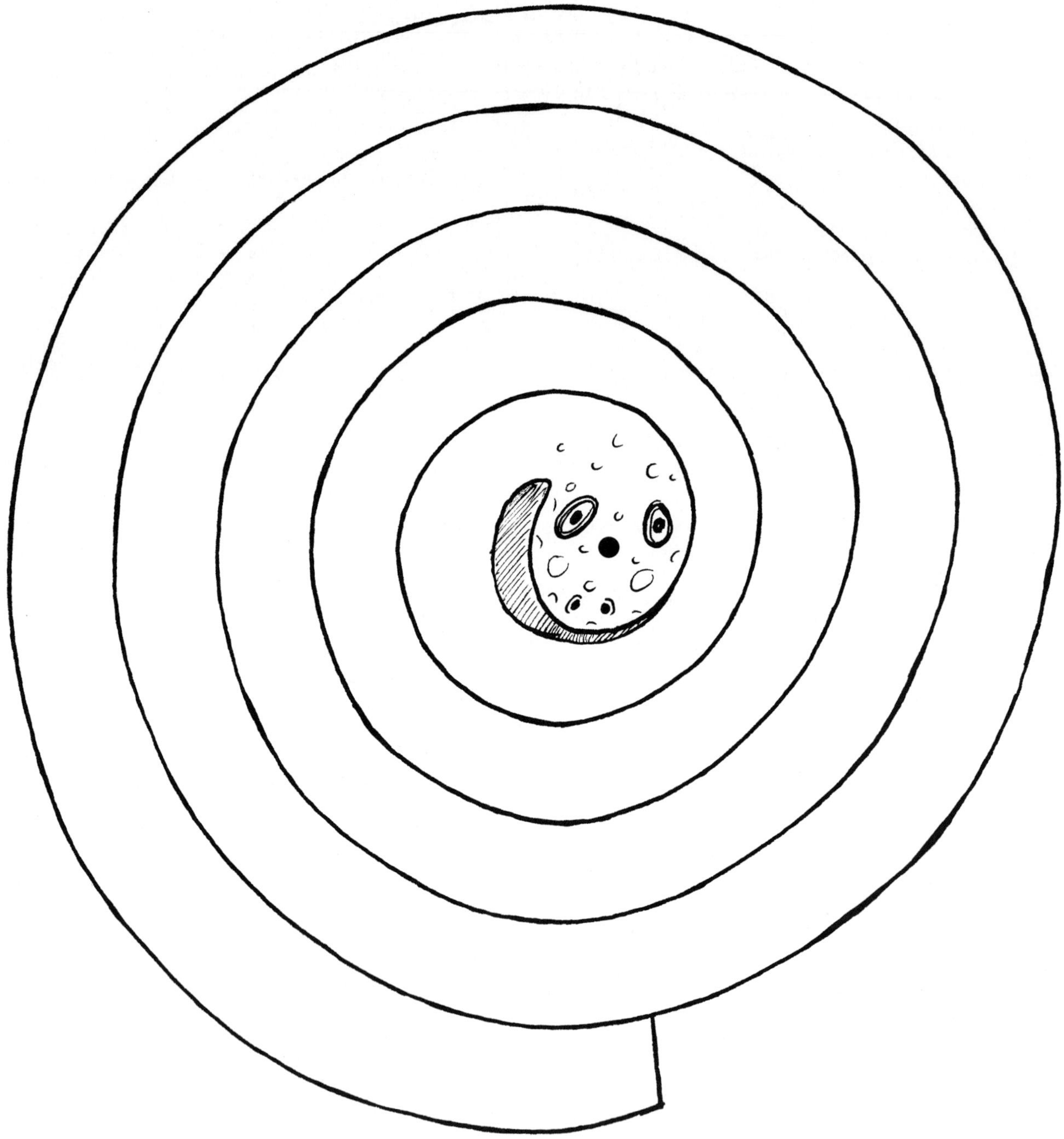

Schneide die Schlange sorgfältig entlang der Linie aus. Fädele durch das Loch zwischen den Augen der Schlange einen dünnen Faden und sichere ihn mit einem Knoten. Halte die Schlange am Faden über einen Heizkörper. Was stellst du fest?

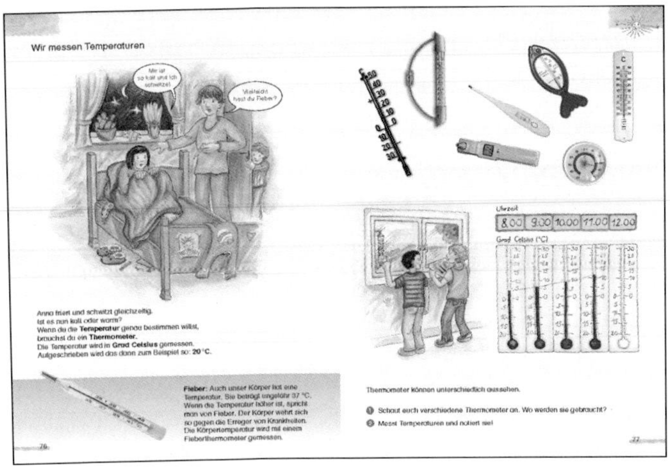

Zur Sache

Die Sonne wärmt uns im Sommer und im Winter sind wir froh, dass wir uns dank Heizung, Ofen und Kamin drinnen aufwärmen können. Aber spätestens bei der nächsten Pause zeigt sich, dass Temperaturen unterschiedlich wahrgenommen werden: Während die einen in T-Shirts nach draußen stürmen, ziehen sich die anderen erst noch eine Jacke über den Pullover.
Noch komplizierter wird es, wenn unser Körper unterschiedliche Signale gleichzeitig aussendet. Auf dem Bild im Schülerbuch ist Anna zu sehen, die schwitzt und fröstelt. Vielleicht hat sie Fieber? Bei dieser Frage wird deutlich, dass objektivierbare Messgrößen wichtig sein können.
In der Physik geht man davon aus, dass sich ein Körper aus kleinsten Bausteinen zusammensetzt. Die **Temperatur** wird als Maß für die mittlere Bewegungsenergie dieser Teilchen gedeutet. Eine Zunahme der Temperatur ist gleichbedeutend mit einer Vergrößerung der mittleren Bewegungsenergie, Temperaturabnahme mit einer Verringerung. Ist die Bewegungsenergie so klein geworden, dass die Teilchen zur Ruhe gekommen sind, ist der absolute Nullpunkt (0 Kelvin bzw. –273 °C) erreicht. Noch tiefere Temperaturen kann es nicht geben.
Bei der **Wärme** handelt es sich physikalisch gesehen um die Energie, die infolge eines Temperaturunterschieds von einem heißeren auf einen kälteren Körper übertragen wird. Wärme wird, wie Arbeit und Energie, in Joule angegeben.
Zur Temperaturmessung werden **Thermometer** benutzt. Ein Flüssigkeitsthermometer besteht aus einem kleinen Behälter (Messfühler), der mit der Thermometerflüssigkeit (zum Beispiel Quecksilber oder Alkohol) gefüllt ist. Das dünne Steigrohr, dass sich über dem Behälter befindet, ist zum Teil ebenfalls mit der Flüssigkeit gefüllt. Über der Flüssigkeit wurde die Luft abgepumpt und das Rohr luftdicht verschlossen.
Bei einem solchen Thermometer wird ausgenutzt, dass sich die Flüssigkeit beim Erwärmen ausdehnt (im Rohr steigt) und beim Abkühlen zusammenzieht (im Rohr fällt).
Die Skala des Thermometers geht auf den schwedischen Physiker Anders Celsius zurück. Er legte bei einem Quecksilberthermometer zwei Fixpunkte fest: schmelzendes Eis (Eispunkt) und siedendes Wasser (Siedepunkt). Die Strecke, die er so erhielt, teilte er in 100 Teile. (Er gab dem Siedepunkt jedoch die Temperatur 0° und dem Gefrierpunkt 100°, später wurde die Skala dann gedreht.)
Die heute gebräuchlichen digitalen Fieberthermometer basieren auf dem Prinzip von Widerstandsthermometern: Die meisten Metalle vergrößern nämlich ihren elektrischen Widerstand mit wachsender Temperatur, was sich für die Messung nutzen lässt. Thermometer dieser Bauart sind robust, genau und verfügen über einen großen Messbereich, weshalb sie vielfältig verwendet werden (zum Beispiel auch in Spülmaschinen).

Zur Arbeit mit dem Schülerbuch

Zunächst wird das subjektive Wärmeempfinden angesprochen. Sicher können die Kinder von Erfahrungen berichten, bei denen es Uneinigkeit gab, zum Beispiel ob die Heizung angestellt oder welche Kleidung angezogen werden sollte. Auch mit einem Experiment können den Kindern verschiedene Temperaturempfindungen erfahrbar gemacht werden. Es werden dazu 3 (oder 4) Schüsseln bereitgestellt, in die sehr warmes, lauwarmes und kaltes (ggf. sehr kaltes) Wasser gefüllt wird. Die Kinder können nun mit verbundenen Augen das Wasser fühlen und ihre Wahrnehmungen differenziert beschreiben. Eine Variante hierzu: Eine Hand wird in kaltes, die andere in verhältnismäßig warmes Wasser gehalten. Nach einiger Zeit treffen sich beide Hände in einer mittleren Schüssel mit lauwarmem Wasser. Nun signalisiert die eine Hand relative Wärme, die andere relative Kälte.
Natürlich muss darauf geachtet werden, dass das warme Wasser nicht zu heiß ist. Und so kann hier zu der Frage übergeleitet werden, warum es wichtig sein kann, die (genaue) Temperatur zu kennen: Verbrennungen, Verbrühungen und Unterkühlungen sind gefährlich, das Zubereiten vieler Speisen gelingt nur bei bestimmten Temperaturen etc. Zu klären wäre auch, ab wann Hitzefrei gegeben werden kann, die Frage, ob Anna Fieber hat oder nicht, wurde bereits genannt.
Hierzu wird ein Fieberthermometer abgebildet, bei dem die Bestandteile Messfühler, Thermometerflüssigkeit, Steigrohr und Skala gut zu erkennen sind. Sicherlich kennen die Kinder aus ihrer Umgebung auch andere Thermometer und können von den unterschiedlichen Anwendungsbereichen berichten (Garten, Badewanne, Kühlschrank ...).
Nun kann das Messen gezeigt und geübt werden: Der Messfühler muss zum Beispiel mit dem Wasser Kontakt haben; warten, bis der Messfühler die Temperatur des Wassers angenommen hat; beim Ablesen der Skala auf einen senkrechten Blickwinkel achten. (Im Zusammenhang mit der Skala können auch die Eckwerte der Temperatur genannt werden: Eispunkt bzw. Gefrierpunkt und Siedepunkt.)
Bei den weiteren Übungen messen die Kinder an verschiedenen Stellen des Schulgebäudes und auf dem Gelände in regelmäßigen Abständen (zum Beispiel stündlich oder halbstündlich). Dies sollte in Gruppenarbeit geschehen, die Kinder sind für ihre Mess-Stationen selbst verantwortlich.

Bei einem abschließenden Vergleich der Protokolle können zum Beispiel folgende Aspekte besprochen werden:

- Tagesverlauf der Temperatur,
- unterschiedliche Ergebnisse an verschiedenen Messorten,
- Gründe für Temperaturschwankungen.

Vernetzung und Fortführung

- Klasse 1/2: Wasser kann verschieden sein; Der Wärme auf der Spur; Licht und Schatten
- Klasse 3/4: Verbrennungsprozesse beobachten und beeinflussen sowie sich über Brandschutz informieren; Wettererscheinungen beobachten und erklären; einfache Geräte und Maschinen untersuchen, montieren und demontieren; Energiequellen und -formen sowie Möglichkeiten der Energieeinsparung kennen lernen; die Bedeutung von Ressourcen (Wasser, Energie, Boden, Luft) und ihre Nutzung erkunden; Wege eines sparsamen Umgangs mit Ressourcen erproben und reflektieren

Weiterführende Ideen

- Recherche im Lexikon oder Internet: Woher stammt die Bezeichnung „Celsius"?
- Eine **kindgerechte** Temperaturskala entwerfen: Dazu in Vorarbeit ein größeres Thermometer auf oder vor einem neutralen Hintergrund befestigen, den die Kinder dann bekleben und gestalten können. Aus dem Temperaturpunkt X wird dann die „Kniestrümpfe-Temperatur", Y wird zu „Vanille-Eis-schmilzt-Wetter" usw.
- Auch feste Körper dehnen sich bei steigenden Temperaturen aus: Eine Metallkugel passt durch einen Ring, wird sie erhitzt, bleibt sie auf dem Ring liegen; Telefondrähte und Hochspannungsleitungen hängen im Sommer stärker durch als im Winter.

Zum Nachlesen

- Lassert, Ursula: Natur um uns herum – Das Wetter. Kopiervorlagen zur Freiarbeit im Sachunterricht. Auer Verlag, Donauwörth 1999
- Szallies, Bernhard: Physik 1, kurz & klar. Auer Verlag, Donauwörth 2000
- Suter, Beat; Rohrer, Christian: Wetter. Bausteine für das Werken. Verlag des Schweizerischen Vereins für Handarbeit und Schulreform, Liestal und Verlag der Zürcher Kantonalen Mittelstufenkonferenz, Winterthur, 1982

Blanko-Skalen für eigene Messreihen

Uhrzeit:

Diese Temperaturen haben wir gemessen:

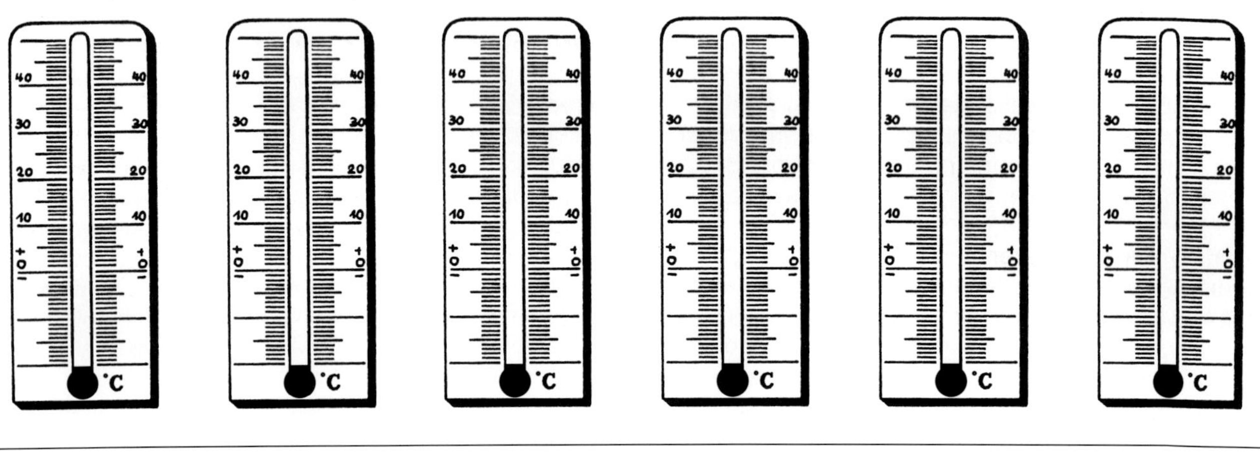

SB S. 78 Was Magnete alles können **AH** S. 62, 63
SB S. 79 Sachensucher

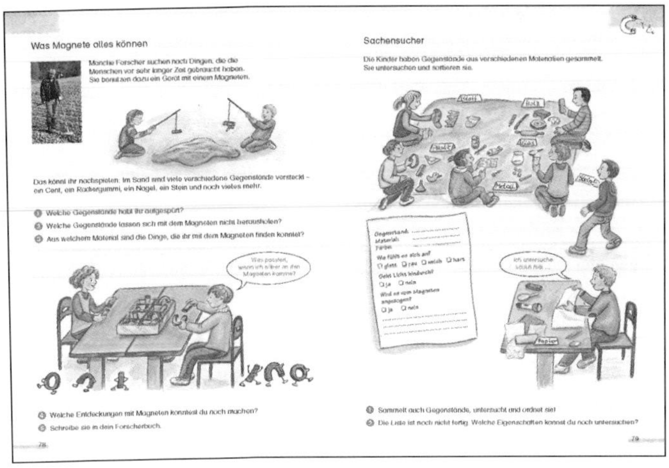

Zur Sache

Man kann davon ausgehen, dass die Kinder in ihrem Alltag vielfältige Erfahrungen mit Magneten und ihren Eigenschaften gemacht haben: zum Beispiel bei Magnetspielzeug, Tafelmagneten, Schrankverschlüssen, Seifenhaltern u.v.m. Diese noch unbewussten Erfahrungen sollen aufgegriffen, erforscht und systematisiert werden.
Spielerische Versuche fördern das entdeckende Lernen und können den Kindern einen ersten motivierenden Zugang zu naturwissenschaftlichen Denkweisen geben.
Magnete können Gegenstände aus Eisen, Nickel und Kobalt anziehen. Sie bestehen aus Molekülen mit einem magnetischen Nord- und Südpol, die in einer Richtung ausgerichtet sind.
Jeder Magnet hat zwei Pole, dort ist die Magnetkraft am stärksten. Die Pole liegen an den Enden des Magneten und sind meist rot (Nordpol) und grün (Südpol) gekennzeichnet. Gleiche Pole stoßen sich ab, ungleiche Pole ziehen sich an.
Die magnetische Kraft wirkt durch nicht magnetische Stoffe wie Papier, Holz und Kunststoff hindurch und hat eine begrenzte Fernwirkung (hierzu gibt es eine Aufgabe im AH). Das beruht auf der Tatsache, dass sich um jeden Magneten herum ein magnetisches Kraftfeld bildet, das man zum Beispiel mithilfe von Eisenfeilspänen als „Kraftlinien“ sichtbar machen kann.
Es gibt viele unterschiedliche Magnetformen, die bekanntesten sind die Stabmagnete, die Hufeisenmagnete und die Ringmagnete.

Als „Sachensucher“ betätigen sich Kinder oft und gern: Sie bringen ihre gefundenen Schätze mit in die Klasse und stellen sie vor. Das kann im Unterricht Gewinn bringend aufgegriffen und vertieft werden, indem in die Fülle der gefundenen Sachen eine erste Ordnung gebracht wird.
Dabei werden die Kinder sicherlich nicht gleich auf das Ordnungsmerkmal „Material“ kommen, wobei erschwerend hinzukommt, dass Gegenstände und Material in der Umgangssprache oft die gleiche Bezeichnung haben: Das Glas (= Trinkglas) besteht aus Glas (= Material). Hier sollte sprachlich genau differenziert werden!
Die nach dem Material geordneten Gegenstände werden dann auf ihre Eigenschaften hin untersucht. Dabei können sowohl die Sinne (Wie fühlt es sich an? Wie sieht es aus?) als auch die Kenntnisse aus den vorhergehenden Themen eingesetzt werden (Ist es magnetisch? Geht Licht hindurch?).

Zur Arbeit mit dem Schülerbuch

S. 78: Was Magnete alles können
Das Bild zeigt einen Mann mit Metalldetektor, der nach metallischen Gegenständen sucht: Ein Vorgang, der gelegentlich im Urlaub am Strand beobachtet werden kann oder zum Beispiel wie hier bei archäologischen Ausgrabungen Anwendung findet.
Die Kinder können diese Situation nachspielen: Dazu wird Sand auf eine Unterlage geschüttet, dann werden darin verschiedene magnetische und nicht magnetische Gegenstände versteckt (Münzen, Büroklammern, Nägel, Plastikstücke, Holz u. Ä.). Die Beantwortung der Fragen 1 bis 3 führt zu einer ersten Ordnung: Die „gefundenen“ Gegenstände sind alle aus Metall. Stehen hier verschiedene Metallgegenstände zur Auswahl, kann die Einteilung ausdifferenziert werden: Magnete ziehen eisenhaltige Dinge an. Auf die Anziehung von nickel- und kobalthaltigen Gegenstände wird hier noch verzichtet.
Im unteren Teil der Seite werden die Kinder zum spielerischen Forschen und Entdecken aufgefordert.
Das Eintragen der eigenen Entdeckungen in das Forscherbuch bietet sich schon im 1. Schuljahr an, hier kann gezeichnet werden. Im 2. Schuljahr können die Kinder mit einfachen Sätzen ihre Beobachtungen beschreiben. Dies ist eine wichtige Vorbereitung auf das spätere Protokollieren eigener Versuche.

S. 79: Sachensucher
Die Seite soll dazu anregen, verschiedene Alltagsgegenstände zu suchen und anschließend zu ordnen. Dabei können die Kinder zunächst eigene Ordnungskriterien finden (alles, was krumm ist, ..., braun ist, ..., glänzt ...). Später werden die Gegenstände – evtl. mithilfe der Lehrerin – nach dem Kriterium „Material“ geordnet (alle Dinge, die aus Glas, Holz ... bestehen). Dabei lernen die Kinder auch die verschiedenen charakteristischen Eigenschaften der Materialien kennen, die abgebildete Liste regt zu genaueren Untersuchungen an.

Vernetzung und Fortführung

- Klasse 1/2: Licht und Schatten; Der Wärme auf der Spur
- Klasse 3/4: Mischungen und Lösungen herstellen und trennen; Stoffumwandlung beobachten und herbeiführen; Verbrennungsprozesse beobachten und beeinflussen sowie sich über den Brandschutz informieren; Stromkreise herstellen und dabei Sicherheitsaspekte beachten

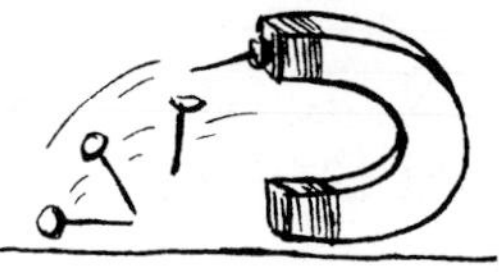

Weiterführende Ideen

- Ein Magnetspiel ausdenken und herstellen (zum Beispiel das Angelspiel)
- Die Büroklammerkette: Wie viele Büroklammern kann man untereinander an einen Magneten hängen, ohne dass sie abfallen?
- Selbst erdachte Zauberkunststücke mit Magneten
- Überlegen, warum Gegenstände aus bestimmten Materialien hergestellt werden: Warum ist die Kneifzange zum Beispiel aus Metall? Der Nagel nicht aus Papier?
- Auch hier kommen Sachensucher vor: Astrid Lindgren: Pippi Langstrumpf. Oetinger Verlag, Hamburg 1987

Zum Nachlesen

- Ardley, Neil: Mein erstes Buch vom Magnetismus. Tessloff Verlag, Nürnberg 1991
- Becker, Rainer; Klein, Klaus: Sachunterricht be-greifen. Band 1. Schneider Verlag Hohengehren, Baltmannsweiler 2001
- Jung, Silke: Magnet und Kompass. Auer Verlag, Donauwörth 2001
- Kaiser, Astrid: Praxisbuch handelnder Sachunterricht. Band 1. Schneider Verlag Hohengehren, Baltmannsweiler 1999
- Praxis Grundschule: Magnetismus – Lernkartei, Heft 5/1991

(Anleitung vgl. AH Seite 63)

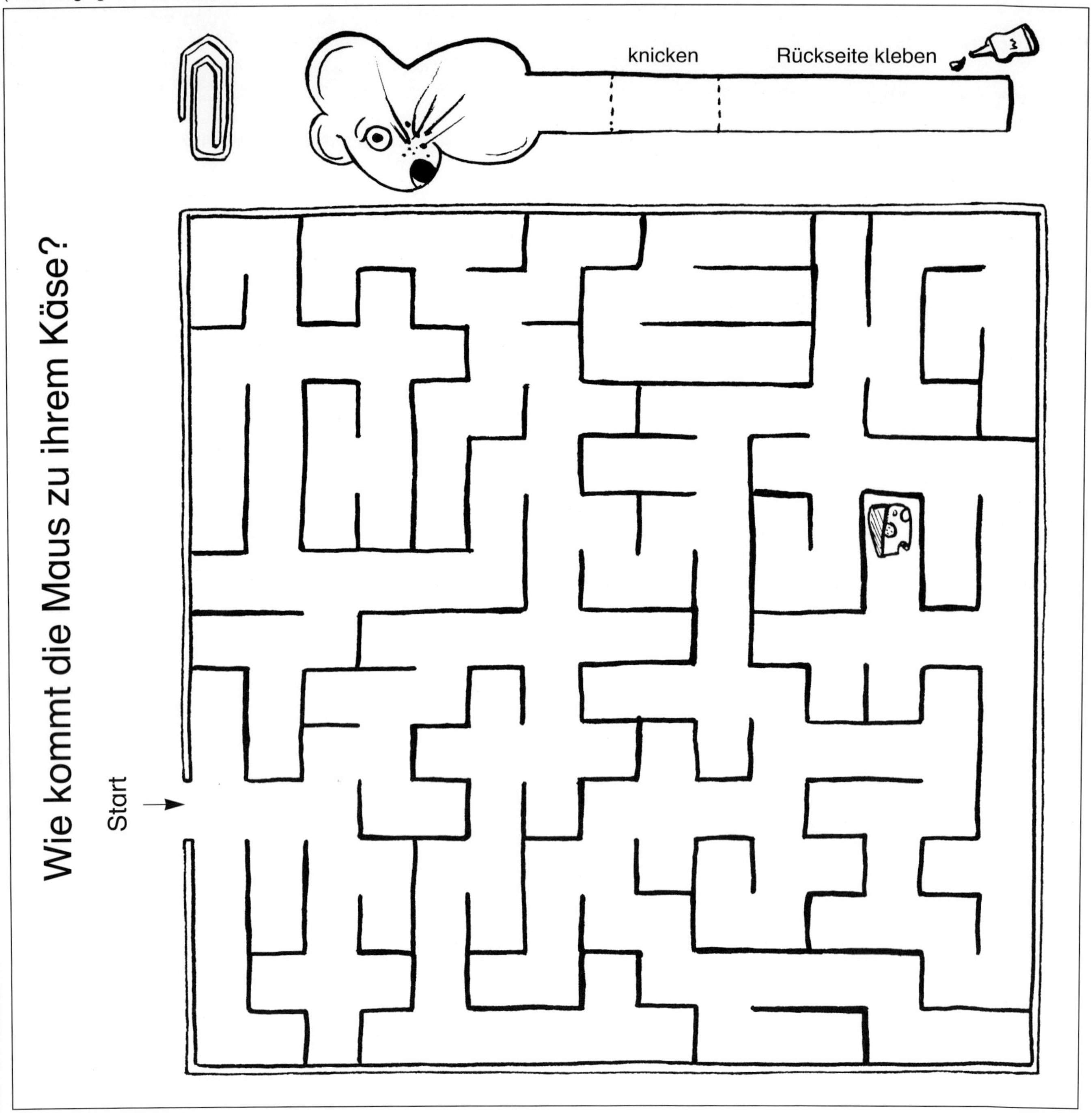

Sachensucher

Diesen Gegenstand habe ich untersucht:

Material:

Farbe:

Wie fühlt sich das Material an? ☐ glatt ☐ rau ☐ weich ☐ hart

Geht Licht hindurch? ☐ ja ☐ nein

Wird es von Magneten angezogen? ☐ ja ☐ nein

Das habe ich außerdem herausgefunden:

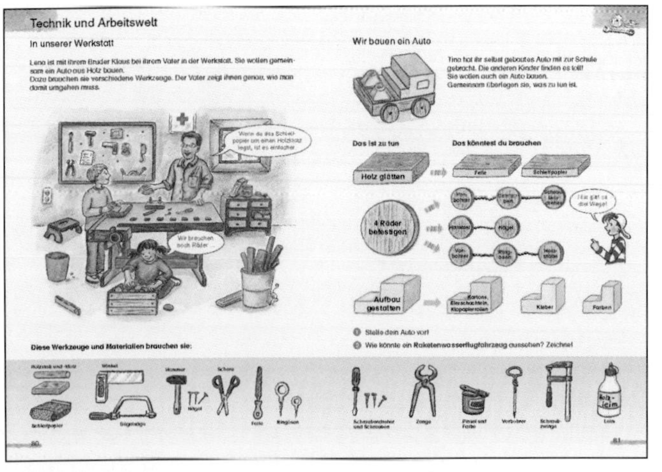

Zur Sache

Kinder begegnen Technik und technischen Geräten in ihrer Lebensumwelt in vielfältiger Weise. Sie müssen u. a. lernen, angemessen mit technischen Einrichtungen und Geräten umzugehen. Dazu gehört zum Beispiel die Benutzung von Spielzeug, Haushaltsgeräten und elektronischen Geräten.
Ein weiterer wichtiger Bereich des technischen Lernens im Sachunterricht ist der sachgerechte Umgang mit Werkzeugen und Materialien.
Mithilfe einiger Beispiele können den Kindern einfache Funktionszusammenhänge begreifbar gemacht werden, wobei das handlungsorientierte Arbeiten im Vordergrund stehen sollte. So wird den Kindern konkretes Ausprobieren und anschließendes Überprüfen ermöglicht.
Holz und Pappe sind relativ leicht zu bearbeitende Werkstoffe, weshalb sie zusammen mit den entsprechenden Werkzeugen ausgewählt wurden.
Die Lehrerin sollte die richtige Handhabung der Werkzeuge einüben und auf eventuelle Verletzungsgefahren eingehen.
Beim Bau einfacher Autos werden die erworbenen Kenntnisse angewandt und durch weitere Werkzeuge und Materialien ausgebaut. Mehrere mögliche Lösungswege fordern zum Problemlösen und Planen heraus.

Zur Arbeit mit dem Schülerbuch

S. 80: In unserer Werkstatt

Viele Kinder kennen einfache Werkzeuge aus der häuslichen Umgebung, evtl. können sie von gemeinsamen Bastel- und Bauarbeiten berichten.
Die Schülerbuchseite kann als Anregung für ein Bauvorhaben dienen und führt unten (auf den Seiten 80 und 81) die Namen wichtiger Werkzeuge und Materialien ein, die für die Arbeit mit Holz und Pappe benötigt werden.
Bei genauerem Hinschauen lassen sich auf dem Werkstattbild noch weitere Dinge entdecken, die in der Leiste unten nicht benannt werden. Kinder mit Vorerfahrungen können sie vielleicht finden und benennen: Klebeband, Wasserwaage, Zollstock, Werkbank, Erste-Hilfe-Kasten.
Mit den Werkzeugen gilt es, fach- und sachgerecht umzugehen. Ein „Vorlauf“ über den richtigen Gebrauch wäre sinnvoll (vgl. auch Altenburg u. a., Seite 54 ff.).

Eine kleine Werkzeugkunde

Bügelsäge: Die Säge dient u. a. zum Trennen von Werkstücken. Neben dem Spannbogen besteht die Säge aus einem Sägeblatt mit vielen einzelnen Zähnen. Das Aussehen der Zähne und ihre Abstände zueinander hängen vom Werkstück ab (bei weichem Holz stehen sie relativ weit auseinander, bei hartem Stahl sehr eng zusammen) bzw. vom gewünschten Schnitt (quer oder längs zur Faser, rauer oder feiner Schnitt). Vom Sägeblatt hängt es auch ab, ob die Säge sowohl gezogen als auch gestoßen oder nur gestoßen werden kann. Gesägt wird in langen, gleichmäßigen Zügen, möglichst unter Ausnutzung der gesamten Blattlänge, und mit möglichst wenig Druck: Die Säge soll arbeiten und nicht die Sägerin oder der Säger.
Damit ein Werkstück nicht wegrutschen kann, muss es zum Bespiel mit einer Schraubzwinge festgespannt werden. Wenn die nichtsägende Hand zum Festhalten genutzt wird, darf sie nicht zu nah am Sägeblatt sein, die Finger sollten eingezogen werden.

Erste-Hilfe-Kasten: Er gehört in jede Werkstatt. Im Bild weist er auf mögliche Gefahren beim unsachgemäßen Hantieren mit Werkzeugen hin.

Feile (bzw. Raspel): Feilen und Raspeln dienen zur Nachbearbeitung von Holzstücken. Sie beseitigen Unebenheiten, tragen Späne vom Holz ab und geben ihm die endgültige Form. Wie die Holzraspel gibt es auch die Feile in verschiedenen Feinheitsgraden (feine, mittlere und grobe Hiebe). Das zu bearbeitende Holzstück sollte immer möglichst kurz und fest eingespannt werden. Man arbeitet immer vom Körper weg, wobei der Druck nicht zu groß sein darf. Die Feile wird so gehalten, dass das Griffende gegen den Handballen stößt. Die andere Hand liegt mit dem Ballen auf dem Feilenblatt und drückt es beim Vorwärtsschieben herunter. Beim Zurückziehen der Feile darf kein Druck ausgeübt werden.

Hammer: Hämmer gehören zu den Stoß- und Schlagwerkzeugen. Es gibt sie für die unterschiedlichsten Zwecke und deshalb sind sie unterschiedlich geformt: Gummihammer, Holzhammer, Vorschlaghammer, Schieferdeckerhammer, Maurerhammer ... Der Kopf eines Schlosserhammers besteht aus der Finne (das ist die schmale Seite) und der Breitbahn (die größere Schlagfläche). Sollen die Kinder mit einem Hammer arbeiten, ist natürlich auch auf das richtige Gewicht zu achten. Da das Zusammenspiel von Schlaghand, Nagel und Hammer oft Schwierigkeiten birgt, ist es sinnvoll, einen Nagelhalter aus Karton zu bauen. Dann können sich die Kinder auf das Einschlagen des Nagels konzentrieren, ihr Blick sollte dabei auf den Nagelkopf gerichtet sein.

Holzleim: Holzleim stellt eine unlösbare Verbindung zwischen zwei Holzstücken her. Die Klebeflächen müssen sauber sein und der Leim wird auf nur einer Seite dünn aufgetragen. Anschließend werden die Werkstücke für einige Zeit fest zusammengepresst (zum Beispiel mit einer Schraubzwinge). Auf alle Fälle müssen

natürlich die Anweisungen des Herstellers beachtet werden.

Schleifpapier: Schleifpapier (auch Sandpapier genannt) dient dem Glätten von Oberflächen (zum Beispiel Holz). Schleifpapier besteht aus einem Trägermaterial wie Papier und einer einseitigen Beschichtung mit Sand, Quarz oder synthetischen Stoffen. Schleifpapier bekommt man in verschiedenen Körnungen von sehr grob (50) bis sehr fein (500 und feiner), je nachdem, welcher Glättegrad erreicht werden soll. Holz sollte in Faserrichtung geschliffen werden, weil es sonst zu feinen Rissen kommt oder es splittert. Vor allem bei größeren Flächen wird das Ergebnis besser, wenn man das Schleifpapier um einen Schleifklotz aus Holz oder Kork legt.

Schraubendreher: Schraubendreher müssen in Größe und Form den Kopfformen der Schrauben entsprechen, sonst besteht Abrutschgefahr. Je nach Form unterscheidet man beispielsweise Schlitzschraubendreher, Kreuzschlitzschraubendreher, Außen-Sechskantschraubendreher u. a. Mit dem Vorbohrer kann ein kleines Loch gemacht werden, damit die Spitze der Schraube einen Ansatzpunkt hat. Man sollte möglichst gerade ansetzen und mit gleichmäßigem Druck arbeiten.

Wasserwaage: Mit einer Wasserwaage lässt sich prüfen, ob sich etwas in der Waagerechten oder Senkrechten befindet (zum Beispiel Regalböden, Bilderrahmen oder Türrahmen). Auch lässt sich feststellen, ob sich verschiedene Gegenstände auf gleicher Höhe befinden (zum Beispiel Ziegel). Dazu hat die Wasserwaage eine Röhre, die bis auf eine Gasblase mit Alkohol gefüllt ist. Liegt die Waage genau horizontal, befindet sich die Blase in der Mitte der Röhre.

Werkbank: Eine stabile Werkbank mit großer und massiver Arbeitsplatte aus Holz ist das A und O für Holz- und Schlosserarbeiten. Hier lassen sich Werkstücke aller Formen fest einspannen und bearbeiten. Schubläden bieten Platz für das Handwerkszeug und die Prüfgeräte.

Zange: Zangen werden zum Greifen, Durchtrennen und Halten verwendet. Auch hier gibt es viele verschiedene Varianten: Flachzangen, Kneifzangen, Kombizangen, Seitenschneider, Abisolierzangen, Wasserpumpenzangen … Bei den ersten Versuchen der Kinder mit Hammer und Nagel ist die Kneifzange sicherlich unentbehrlich.

Zollstock: Das Längenmaß Zoll (2,54 cm; engl. inch) taucht auch bei uns noch gelegentlich auf (Monitore, Gewinde, Felgendurchmesser …), aber eben nicht mehr bei diesem zusammenklappbaren Universalwerkzeug zum Ausmessen von Werkstücken oder Räumen.

S. 81: Wir bauen ein Auto

Die erworbenen Kenntnisse und Techniken werden beim Bau eines Autos angewandt.

Zuerst wird der „Körper“ des Autos mit Feile und Schleifpapier geglättet und gerundet.
Als Räder eignen sich am besten einfache Holzscheiben, sie sind auch von den Kosten her am günstigsten. Zur Befestigung der Räder gibt es verschiedene Möglichkeiten, die Wege werden im Schülerbuch dargestellt:
Räder einschrauben, nageln oder eine Achse konstruieren. Dazu wird zunächst ein Holzstab mithilfe von Ringösen am Autokörper befestigt, dann werden die Räder an diese Achse montiert (mit Schrauben oder Nägeln).
Unabhängig vom Verfahren können entsprechend große Schablonen mit eingezeichnetem Mittelpunkt den Kindern beim Vorbohren der Holzscheiben helfen.
Der „Aufbau“ wird schließlich aus Schachteln, Eierkartons, Pappröhren etc. gestaltet, dann angeklebt und bemalt.
Zum Schluss sollten die Autos getestet werden: Welche Autos rollen besonders gut? Woran liegt es, dass einige Autos nicht so gut rollen? Gibt es Verbesserungsvorschläge? Auch die Vollständigkeit der Autos und die solide Ausführung sollten in einer Reflexion besprochen werden.

… und zum Arbeitsheft

Mithilfe des „TÜV“-Protokollblattes können die gebauten Autos getestet werden. Nach bestandener Prüfung gibt es einen Fahrzeugschein. Die Lehrerin sollte hierfür auch eine „TÜV-Plakette“ bereithalten.

Vernetzung und Fortführung

- Klasse 1/2: Wir bauen unseren Stadtteil nach; Wir bauen eine Sonnenuhr; Räder und Rollen; Heben und bewegen; Wer baut den höchsten Turm
- Klasse 3/4: Planung, Herstellung und Vertrieb eines Produkts nachvollziehen und erleben; einfache Geräte und Maschinen untersuchen, montieren und demontieren; Wirkungen und Wandlungen von Kräften untersuchen

Weiterführende Ideen

- Im Rahmen der Wortschatzerweiterung und vor dem Hintergrund, dass viele Kinder mit Werkzeugen noch nicht in Berührung gekommen sind, ist es sinnvoll und interessant, mit mitgebrachten Werkzeugen eine Ausstellung zu organisieren.

Zum Nachlesen

- Altenburg, Erika; Arnold, Gisela; Anja Schüürmann: Stationenlernen im fächerübergreifenden Sachunterricht. Auer Verlag, Donauwörth 2000
- Bamert, Jürg; Inderbitzin, Walter: Werkunterricht 1./2. Klasse. sabe, Aarau 1980
- Biester, Wolfgang (Hrsg): Denken über Natur und Technik. Zum Sachunterricht in der Grundschule. Julius Klinkhardt, Bad Heilbrunn 1991
- Die Grundschulzeitschrift: Kind und Technik. Heft 108/ 1997
- Möller, Kornelia: Technisches Lernen in der Grundschule. In: Grundschule 2/2002

So baust du dir einen Nagelhalter

Das wird gebraucht:
- ein Stück Karton
- eine Schere
- eine Schablone
- ein Bleistift
- ein Nagel

So wird's gemacht:
- Lege die Schablone auf den Karton. Zeichne mit dem Bleistift den Umriss auf. Schneide den Nagelhalter aus.
- Schiebe den Nagel in den Schlitz. Der Nagel darf nicht wackeln!
- Jetzt kannst du den Nagel einschlagen. Mit dem Nagelhalter schlägst du dir dabei nicht so schnell auf die Finger.

So wird ein Nagel eingeschlagen

Das wird gebraucht:
- verschiedene Hämmer
- ein Nagel
- ein Holzklotz
- eine Kneifzange
- ein Nagelhalter

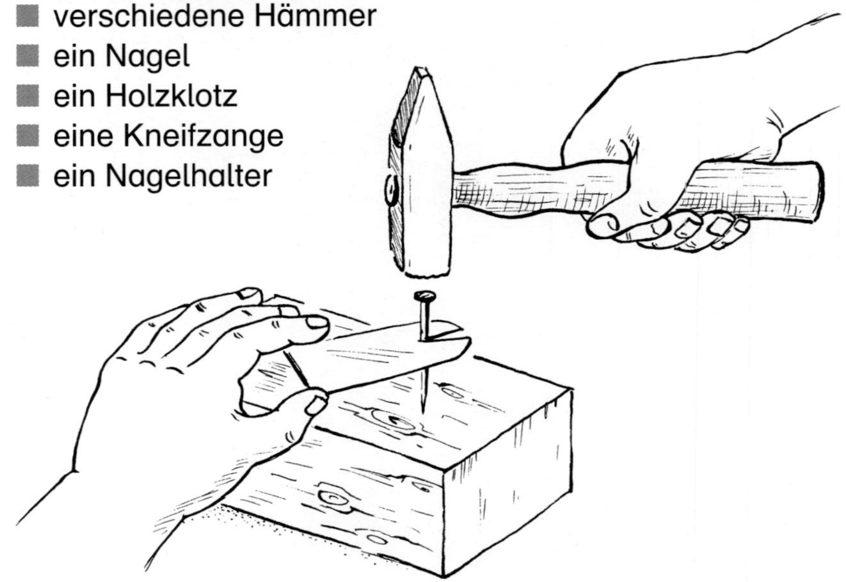

So wird's gemacht:
- Wähle einen Hammer aus. Welcher liegt gut in der Hand? Es ist wichtig, dass dein Handgelenk immer schön locker bleibt.
- Fasse den Hammer am Stiel an. Probiere dabei verschiedene Stellen aus. Hast du die dickere Stelle am Stiel entdeckt? Hier musst du den Hammer halten.
- Schlage den Nagel leicht und gleichmäßig ins Holz. Schau dabei auf den Nagel, nicht auf den Hammer!
- Jetzt kannst du den Nagel mit der Kneifzange wieder herausziehen.

Die Kneifzange

Das wird gebraucht:
- eine Kneifzange
- ein Holzklotz mit Nagel
- eine dünne, aber feste Unterlage (am besten aus Holz)

①
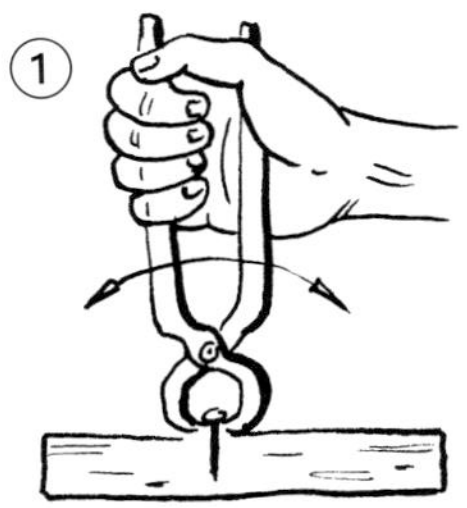

②
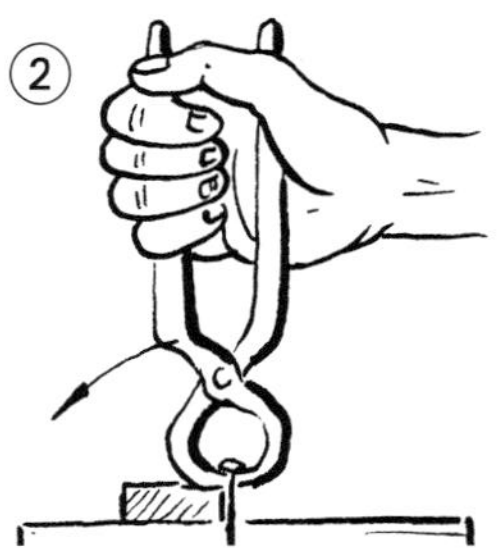

③

So wird's gemacht:
- Die Kneifzange wird immer gebraucht, wenn ein Nagel mal krumm geworden ist oder sich an der falschen Stelle befindet. Mit der Zange wird der Nagel herausgezogen.
- Versuche zunächst, mit dem „Zangenmaul" unter den Kopf des Nagels zu kommen und drücke dann die Griffe der Zange zu. Rolle mit dem Kopf der Zange hin und her, damit sich der Nagel lockert (Bild 1).
- Wenn der Nagel ein Stück herausguckt, klappt das Rollen nicht mehr. Klemme dann eine Unterlage (am besten ein dünnes Stück Holz) zwischen das Brett und den Kopf der Zange (Bild 2).
- Jetzt kannst du den Nagel um die Unterlage biegen und dabei herausziehen (Bild 3).

Bohren mit dem Handbohrer

Das wird gebraucht:
- ein Bleistift und Messinstrumente, wie Lineal, Zollstock oder Winkel …
- eine Handbohrmaschine mit Bohrer
- ein Holzklotz

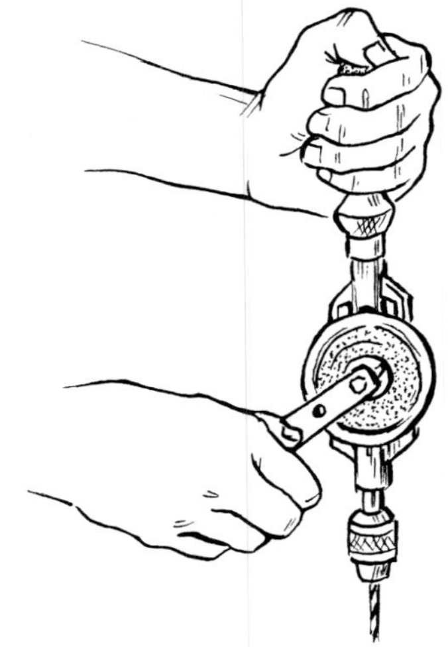

So wird's gemacht:
- Eine Handbohrmaschine ist ein praktisches Werkzeug: Ohne elektrischen Strom kann man mit ihr leicht Löcher bohren.
- Spanne den Holzklotz in die Werkbank ein, damit er nicht verrutschen kann.
- Markiere mit dem Bleistift die Stelle, an der gebohrt werden soll.
- Setze die Spitze des Bohrers genau auf die Markierung. Halte die Bohrmaschine dabei möglichst gerade.
- Drehe die Kurbel langsam vor und zurück, bis du merkst, dass der Bohrer in das Holz eindringt.
- Dann drehe zügig an der Kurbel weiter, bis das Loch die gewünschte Tiefe hat.
- Wahrscheinlich wirst du merken, dass du gar nicht fest von oben auf die Handbohrmaschine drücken musst.

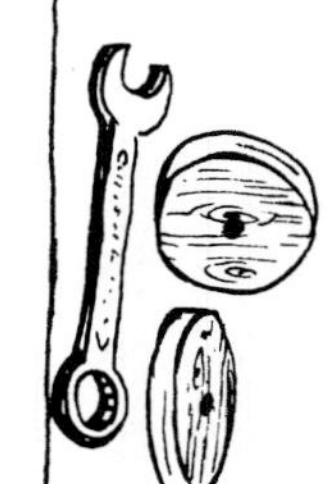

Schleifen mit der Raspel

Das wird gebraucht:
- ein gesägtes Werkstück (zum Beispiel das Brettchen, das später der Unterbau für dein Auto wird)
- eine Raspel

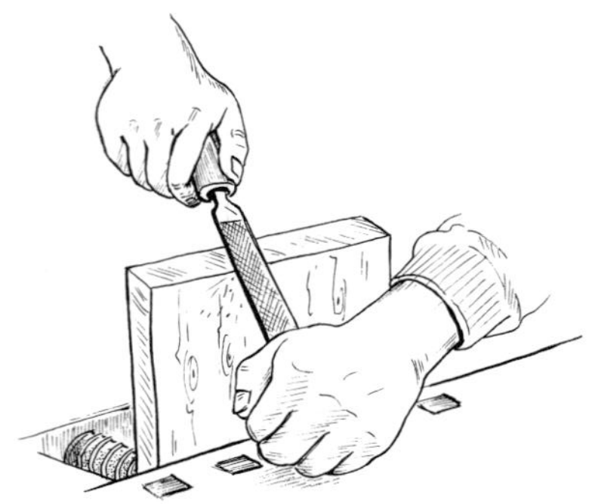

So wird's gemacht:
- Frisch gesägtes Holz ist nicht glatt und an den Kanten stehen oft Späne ab, die richtig wehtun können, wenn sie zum Beispiel in einen Finger dringen. Mit der Raspel wird das Holz grob geschliffen, die Späne werden beseitigt.
- Spanne das Werkstück in die Werkbank ein, damit es nicht verrutschen kann.
- Die Raspel wird so gehalten, dass das Griffende gegen den Handballen stößt. Die andere Hand liegt mit dem Ballen auf dem vorderen Ende der Raspel auf.
- Die Hand am Griff schiebt die Raspel, die andere Hand drückt die Raspel dabei etwas herunter.
- Arbeite immer vom Körper weg, der Druck darf dabei nicht zu groß sein.
- Nutze möglichst die ganze Länge der Raspel aus.
- Beim Zurückziehen der Raspel darf kein Druck ausgeübt werden.

Schleifen mit dem Schleifklotz

Das wird gebraucht:
- Schleifpapier (zum Beispiel mit einer Körnung von 120 bis 180)
- ein Schleifklotz (zum Beispiel aus Kork)
- ein Werkstück (zum Beispiel das Brettchen, das später der Unterbau für dein Auto wird)

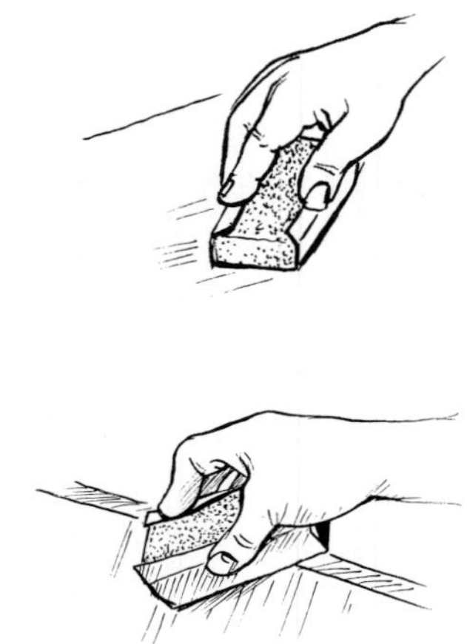

So wird's gemacht:
- Damit ein Werkstück aus Holz schön glatt wird, musst du es schleifen.
- Spanne das Werkstück in die Werkbank ein, damit es nicht verrutschen kann.
- Jetzt musst du das Schleifpapier um den Schleifklotz wickeln.
- Siehst du das Linienmuster im Holz? Es wird Maserung genannt.
- Ganz wichtig: Immer in Richtung der Maserung schleifen! Sonst zerkratzt du das Holz und es können sich kleine Holzspäne aufrichten.
- Jetzt kannst du also den Schleifklotz mit dem Schleifpapier umfassen und mit kräftigem Druck schleifen. Vielleicht ist es sogar nötig, dass du mit beiden Händen arbeitest.
- Auch Holzteile dürfen keine scharfen Kanten haben. Deshalb werden zum Schluss noch einmal alle Kanten mit einem feinen Schleifpapier (Körnung 240 bis 400) bearbeitet.

SB S. 82 Räder und Rollen …
SB S. 83 … heben und bewegen

AH S. 67, 68

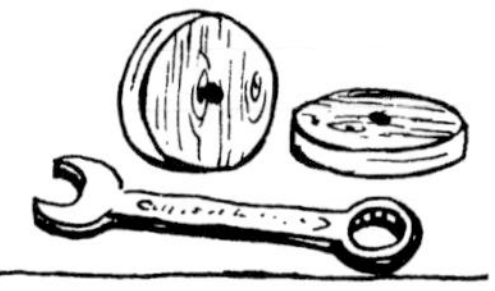

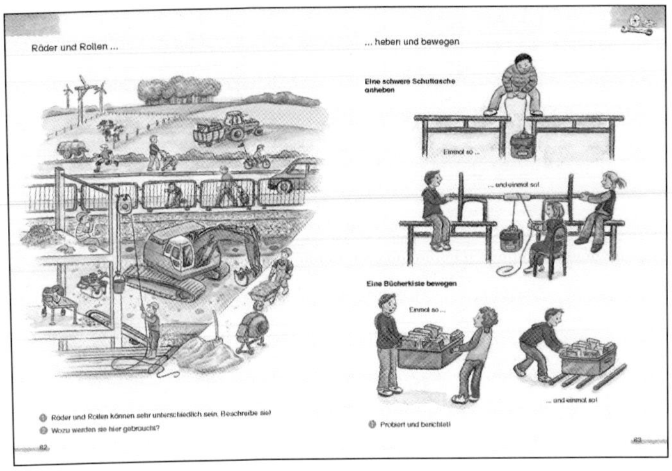

Zur Sache

Rollen und Räder (mit und ohne Achsen) gehören zu den wichtigsten Errungenschaften der Menschheit und für eine Vielzahl technischer Konstruktionen bilden sie die Grundlage. Die Kinder sollen in ihrer Umwelt Rollen und Räder entdecken und herausfinden, wie und wozu sie benutzt werden.
Rollen und Räder sparen Kraft: Sollen schwere Gegenstände bewegt werden, so kann man diese zum Beispiel ziehen und schieben. Beides ist aber wegen der starken Gleitreibung sehr kraftaufwendig. Mit untergelegten Walzen (Rollen) geht es sehr viel leichter. Noch besser ist eine einfache Radkonstruktion (zum Beispiel ein Brett mit Rädern), bei der die Kraftersparnis besonders deutlich wird: Man benötigt nur ca. ein Fünftel der Kraft gegenüber dem Ziehen.
Im Flaschenzug liegt eine wichtige Anwendung der Rolle. Werden Gegenstände mittels einer (oder mehrerer) loser Rollen in die Höhe gezogen, so spart man Kraft. Allerdings wird der Weg länger, denn je mehr Rollen man benutzt, desto länger muss auch das Seil sein, das die Rollen umläuft. Das bedeutet, dass trotz der Kraftersparnis die geleistete Arbeit gleich bleibt, denn es gilt: Arbeit = Kraft x Weg.
Feste Rollen dienen nur zur Richtungsänderung der Kraft. Auf Baustellen können sie noch recht oft beobachtet werden, zum Beispiel wenn es darum geht, Dachziegel, Eimer mit Sand etc. auf ein Gerüst zu heben. Würde man die Lasten hochtragen, müsste man sein eigenes Körpergewicht noch mit„transportieren“. Durch den Einsatz der festen Rolle wendet man tatsächlich nur die Kraft auf, die man für das Hochziehen der Last benötigt (bei Vernachlässigung der Reibungskraft des Seils).
Eine andere Möglichkeit besteht darin, die Last vom Gerüst aus an einem Seil nach oben zu ziehen. Das erscheint subjektiv viel anstrengender und ist zudem gefährlich (Gefahr, das Gleichgewicht zu verlieren).
Diese physikalischen Hintergründe müssen den Kindern in den Klassen 1 und 2 natürlich nicht vermittelt werden. Auch hier gilt vielmehr, dass die Kinder beobachten und mithilfe einfacher Beispiele erste Technikerfahrungen machen sollen. Auch diesem Thema kann man sich handlungsorientiert nähern.

Zur Arbeit mit dem Schülerbuch

S. 82: Räder und Rollen

Hier soll den Kindern bewusst werden, dass Räder und Rollen überall im Einsatz sind und uns die „Arbeit“ erleichtern (eigentlich muss es **Kraft** heißen, wie in den Sachinformationen erläutert).
Die Räder und Rollen sollen benannt werden (Windrad, Autorad, Walze, Rollen am Transportband, Kreissäge, Rollerskates etc.). Im gemeinsamen Gespräch wird überlegt, wozu sie hier gebraucht werden und was sie bewirken bzw. wie die Arbeit oder Fortbewegung ohne sie aussähe.

S. 83: Heben und bewegen

Hier erfahren die Kinder an zwei exemplarischen Beispielen, wie sie durch den Einsatz von Rollen Gegenstände bewegen können. Beide Versuche können mit wenig Aufwand in der Klasse durchgeführt werden.

Der erste Versuch knüpft an das Baustellenbild an: Eine schwere Last (Schultasche) soll gehoben werden. Drei Möglichkeiten werden ausprobiert:

- **Nicht abgebildet:** Die Tasche wird auf den Tisch gebracht, indem ein Kind mit der Tasche in der Hand auf einen Stuhl klettert und sie von dort aus auf den Tisch hebt. Das ist sehr schwer, weil das Kind zusätzlich zur Tasche noch sein eigenes Gewicht tragen muss.
- Ein Kind steht auf dem Tisch und zieht die Tasche an einem Seil hoch. Auch das erscheint schwer und es kommt die Gefahr hinzu, das Gleichgewicht zu verlieren (auf Hilfestellung achten).
- Schließlich wird die Tasche über eine Rolle (Besenstiel mit Papprröhre) hochgezogen. Obwohl im physikalischen Sinne hier keine Kraft gespart wird, erscheint diese Methode als die leichteste. Die Kinder erfahren außerdem, dass das Seil für diesen Versuch länger sein muss.

Beim zweiten Versuch soll eine sehr schwere Bücherkiste o. Ä. von einem Ort zu einem anderen bewegt werden. Zwei Kinder schaffen das durch Heben (Vorsicht!), Ziehen und Schieben – mit sehr viel Krafteinsatz. Legt man Rundstäbe (aus der Turnhalle) unter die Kiste, so kann diese von nur einem Kind bequem geschoben werden. Die Kraftersparnis ist deutlich spürbar.
Der Nachteil hierbei ist, dass die Stäbe ständig erneut untergelegt werden müssen, was sicherlich zu dem Vorschlag führt, Räder zu benutzen.

… und zum Arbeitsheft

Hier lernen die Kinder problemorientiert und entdeckend, wie Rollen zur Übertragung von Bewegung genutzt werden können, die mit einem Gummiband verbunden werden.
Die Kinder können die Drehrichtungen genau untersuchen (ein Markierungspunkt ist wichtig!), feststellen, dass die Drehgeschwindigkeit von der Größe der Rollen abhängt, und Übersetzungen vom „Langsamen“ ins „Schnelle“ (und umgekehrt) konstruieren.
Diese Tüftelseite ist eine Vorstufe zur Arbeit mit Zahnrädern.

SB S. 82 Räder und Rollen **AH** S. 67, 68

SB S. 83 … heben und bewegen

Vernetzung und Fortführung

- Klasse 1/2: In unserer Werkstatt; Wir bauen ein Auto
- Klasse 3/4: Planung, Herstellung und Vertrieb eines Produkts nachvollziehen und erleben; einfache Geräte und Maschinen untersuchen, montieren und demontieren; Wirkungen und Wandlungen von Kräften untersuchen

Weiterführende Ideen

- Mit festen und losen Rollen arbeiten
- Flaschenzüge konstruieren
- Eine Seilbahn erfinden
- Bewegung auf und mit Rollbrettern und Inlinern (fächerübergreifend mit Sport)
- Kleine Geschichte des Rades

Zum Nachlesen

- Biester, Wolfgang: (Hrsg): Denken über Natur und Technik. Zum Sachunterricht in der Grundschule. Julius Klinkhardt, Bad Heilbrunn 1991
- Böttinger, Petra: Rund ums Rad. Cornelsen Scriptor, Berlin 1998
- Die Grundschulzeitschrift: Kind und Technik. Heft 108/1997
- Kaiser, Astrid: Praxisbuch handelnder Sachunterricht. Band 3. Schneider Verlag Hohengehren, Baltmannsweiler 2002
- Möller, Kornelia: Technisches Lernen in der Grundschule. In: Grundschule 2/2002

SB S. 84, 85 Wer baut den höchsten Turm?

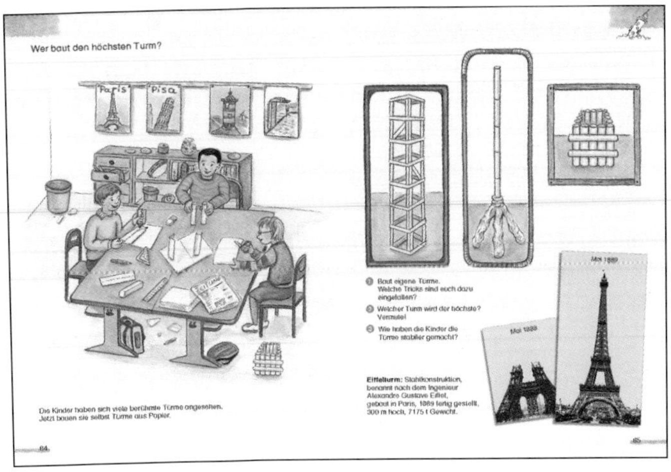

Zur Sache

Turmbauten gehören zu den ersten Bauwerken der Kinder. Vom Rapunzelturm haben sie im Märchen gehört und den schiefen Turm von Pisa haben sie im Fernsehen gesehen. Kirchtürme, Fernsehtürme, Leuchttürme etc. kennen sie aus ihrem Alltag bzw. aus eigener Anschauung. Und auch die Klettertürme, die den Kindern als Spielobjekte dienen, dürfen in dieser Aufzählung nicht fehlen.
Das Thema ist also mit der Lebenswirklichkeit der Kinder eng verknüpft. Türme bieten eine hervorragende Möglichkeit, technische Grundlagen erfahrbar zu machen, den Umgang mit einfachen Werkstoffen zu trainieren und Modelle zu bauen. Außerdem werden alle Bereiche des Sachunterrichts berührt und auch ein fächerübergreifendes Unterrichten ist leicht möglich.

Soll ein Turm die Jahrhunderte erfolgreich überdauern, so müssen einige Zusammenhänge von Grundfläche, Höhe und Bauweise beachtet werden, zum Beispiel:

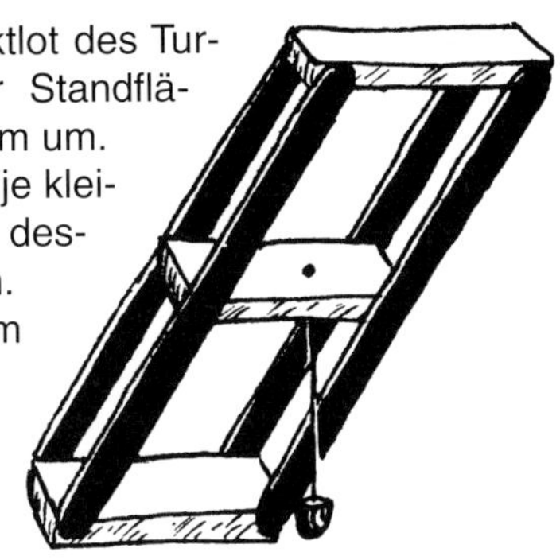

- Wenn das Schwerpunktlot des Turmes außerhalb seiner Standfläche gerät, kippt der Turm um.
- Je höher der Turm und je kleiner seine Grundfläche, desto schneller kippt er um.
- Um leichte Körper (zum Beispiel Pappkartons) zu kippen, wird eine geringe Kraft benötigt, um schwere Körper (zum Beispiel Ziegel) zu kippen, eine große Kraft.
- Ist ein Körper (Turm) oben schwer und unten leicht, ist er leicht zu kippen. Ist ein Körper (Turm) oben leicht und unten schwer, ist er schwer zu kippen; sein Schwerpunkt liegt tiefer.
- Die Baumaterialien müssen so gewählt und angeordnet werden, dass sie durch die Last, die auf ihnen liegt, nicht verformt werden.

Dabei stehen den Konstrukteuren verschiedene Möglichkeiten zur Verfügung (Massivbau, Gerüstbau), die unterschiedliche Eigenschaften (Materialaufwand) und Anforderungen aufweisen (exaktes Bauen, haltbare Verbindungen ...).
Und natürlich ist die Abhängigkeit von der Funktion des Bauwerks zu beachten: Ein Kühlturm ist nicht unbedingt repräsentativ und der Eiffelturm ist als Wasserspeicher nur wenig geeignet.

Bekannte Baumaterialien sind zum Beispiel Steine, Holz, Metall usw. Aber auch aus Papier lassen sich meterhohe Türme bauen, wenn aus Papierstreifen Profile in U-, L- oder V-Form geknickt oder Röhren gerollt werden: Die durch die Last auftretenden Kräfte werden zerlegt und verteilt. Gleichzeitig erhöht sich die Standfläche eines aufgerichteten Profils, da die Fläche zwischen den Seiten ebenfalls zur Standfläche gehört.

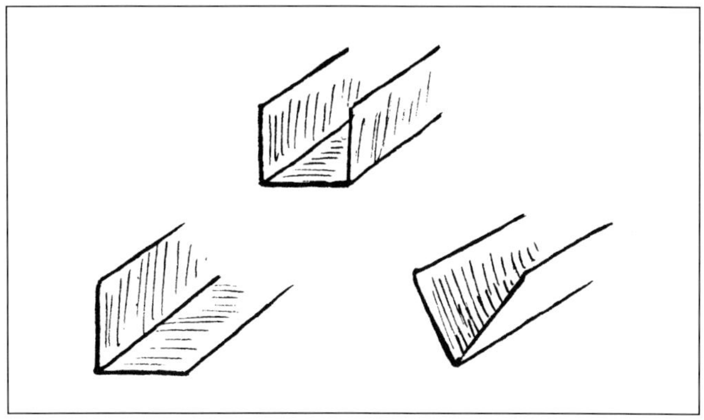

Ein weiterer Vorteil: Gibt es leichte Abweichungen aus der Senkrechten (etwa beim Bau oder bei Bewegungen der Konstruktion), tritt das Schwerpunktlot jedes einzelnen Trägers erst später aus seiner Grundfläche.

Zur Arbeit mit dem Schülerbuch

Oben auf der Seite 84 sind Plakate mit verschiedenen Türmen zu sehen, die die Kinder der Beispielklasse mitgebracht haben. Natürlich kann diese Anregung übernommen werden. Auch stellt sich die Frage, welche Türme die Kinder noch kennen und wo sie stehen. Oft zeigen bereits die Namen der Türme, dass die Bauwerke eine bestimmte Funktion haben, die sich auf das Aussehen und die Konstruktion auswirkt (Wehrturm, Wasserturm, Rathausturm ...).
Nun werden selbst Türme gebaut, als Werkstoff steht ausreichend Papier zur Verfügung. Die Seite bietet die Möglichkeit, die Beispielklasse beim Konstruieren zu beobachten. Anhand der im Bild verwendeten Materialien und Werkzeuge können sich die Kinder selbst eine Liste der notwendigen Dinge erarbeiten.
Für die Kinder ist das freie Bauen eines Papierturmes besonders reizvoll, zumal der Auftrag lautet, einen möglichst hohen Turm zu bauen. Da der Turm zumindest bis zur Ermittlung seiner Höhe auch stehen bleiben muss, werden sich die Kinder bald Gedanken zur geeigneten Konstruktionsweise machen müssen.

Die Betrachtung der Buchseiten bietet sich als Differenzierungsmaßnahme an. Sie kann vor dem eigentlichen Turmbau erfolgen, um gemeinsam mit der Klasse eine Vorgehensweise zu erarbeiten. Außerdem werden auf dem Tisch in der Beispielklasse einige Profile gezeigt, die unsicheren Kindern als Anregung dienen können.

Für das Bauen ist es wichtig, dass neben dem Papier größere Mengen Klebeband bereitgehalten werden, da den Kindern zumeist die Geduld fehlt, um auf das Abbinden des Klebstoffes zu warten. Außerdem kann Klebeband selbst die abenteuerlichste Konstruktion stabilisieren!
Beim Bau der Türme gibt es kein Richtig oder Falsch. Es gilt nicht, die Arbeit der Kinder zu bewerten, sondern allein der Erfolg gibt ihnen Recht. Manchmal sind jedoch kleine Tipps und eine helfende Hand vonnöten, weshalb es sich anbietet, die Türme in Partner- oder Gruppenarbeit bauen zu lassen.

Die Seite 85 greift typische Konstruktionsansätze, die von Kindern entwickelt werden, auf. Nun soll aufgrund der eigenen Bauerfahrungen beurteilt werden, welcher Turm der höchste werden kann, welche Konstruktion also die stabilste ist. Die Begründungen, die die Kinder für ihre Entscheidungen anführen, sind sehr interessant und bieten viel Einblick in das Abstraktionsniveau und die argumentativen Fähigkeiten der Kinder. Mögliche Argumente können sein: Turm 2 ist sehr hoch, wird aber wegen der wackligen Standfläche nicht weiter wachsen können; Turm 3 ist sehr stabil gebaut, benötigt aber auch viel Material; Turm 1 kommt mit weniger Material aus, es muss allerdings sehr sorgfältig gearbeitet werden. Solange keine groben Verständnisfehler vorliegen, werden natürlich alle Meinungen akzeptiert. Eine eindeutige Antwort zur Frage 2 gibt es nicht, da die Stabilität schließlich auch von der Ausführung des Turmbaus abhängt und eine stabile Konstruktion wegen einer schlechten Verklebung einstürzen kann.

Schließlich wird mithilfe des Eiffelturms noch einmal die historische Perspektive angesprochen. Das Betrachten der Abbildung kann dabei der Reflexion dienen: Welche „Tricks“ sind den Erbauern des Eiffelturms eingefallen und warum haben sie sich gerade für diese entschieden?

Einige Ideen für Ihren Unterricht

Von der problemorientierten Lernsituation hin zu gezielten Bauaufgaben zu Statik und Funktion:

Holzturm mit Aussichtsplattform
Material: einige Bauklötze mit einheitlicher Größe, ein kleines Figürchen für die Plattform, Skizzenpapier, Bleistifte
Aufgabenstellung:
1. Baut einen Turm mit einer Aussichtsplattform.
2. Könnt ihr den Turm auch so bauen, dass die Aussichtsplattform breiter ist als die Standfläche des Turmes?
3. Zeichnet euer Ergebnis auf!

Ergebnisse: Eine Aussichtsplattform zu bauen, ist recht einfach: Ein Stein wird flach oben auf den Turm gelegt. Schwieriger wird es, wenn die Plattform über die Grundfläche des Turmes hinausragen und dazu noch ein Figürchen tragen soll. Sicherlich lässt sich der Stein noch ein wenig verschieben. Sobald er aber über seinen Schwerpunkt hinausgeschoben wird, fällt er in die Tiefe. Abhilfe: Er braucht ein „Gegengewicht“, das den Stein auf der anderen Seite „festhält“.

Turm aus Holzstäben und Styropor
Material: Schaschlikspieße, Styroporplatten (10x10 cm bis 14x14 cm, ca. 1 cm dick), einige Bauklötze
Aufgabenstellung:
1. Baut aus den Stäben und den Platten einen stabilen Turm. Er muss mindestens 6 Bausteine halten können! Verwendet möglichst wenig Stäbe.
2. Stellt eure Ergebnisse vor!

Ergebnisse: Der Anfang ist schnell gemacht: In jede Ecke der Grundplatte kommt ein Stab, darauf wird die nächste Platte gesteckt. Doch kommt oben ein Gewicht hinzu, verdreht sich die gesamte Konstruktion (Gelenkviereck). Natürlich könnte die Zahl der Stäbe deutlich erhöht werden, es ist aber wesentlich eleganter, wenn die Gefache des Bauwerks durch Diagonalstreben versteift werden. Zu sehen ist das etwa bei Strommasten, Kränen, Fachwerkhäusern und offenen Bücherregalen.

Turm aus Streichholzschachteln im Wind
Material: einige leere Streichholzschachteln, Skizzenpapier, Bleistifte
Aufgabenstellung:
1. Baut einen Turm aus Streichholzschachteln. Der Wind soll ihn nicht umkippen können. (Der blaue Pfeil zeigt euch, aus welcher Richtung der Wind kommt.)
2. Zeichnet eure Ergebnisse auf!

Ergebnisse: Wie der Puste-Test schnell zeigt, hat eine leere Streichholzschachtel dem Wind nicht viel entgegenzusetzen. Wer genau beobachtet, wird aber feststellen, dass es auch darauf ankommt, wie die Grundfläche der Schachtel zum Wind steht. Mit der breiten Seite bietet die Schachtel mehr Angriffsfläche, was beim Bau des Turms berücksichtigt werden sollte. Außerdem ist es günstig, die einzelnen Schachteln mit Lücken aufeinander zu setzen. Eine Gitterkonstruktion entsteht, die sich auch bei manchen Kirchtürmen beobachten lässt.

SB S. 84, 85 Wer baut den höchsten Turm?

Bei diesem Experiment sollte vorher die Richtung, aus der der Wind kommt, festgelegt und markiert werden (Pfeil aus blauer Pappe).

Kippender Turm aus Streichholzschachteln

Material: Es werden 2 kleine Türme vorbereitet. Jeder Turm besteht aus 2 leeren Streichholzschachteln, die an der Stirnseite mit Klebeband umwickelt werden. Turm A ist damit bereits fertig. Bei Turm B werden anschließend die Schubladen herausgenommen und daneben gelegt. Zusätzlich werden 2 präparierte Schubladen benötigt: Sie werden jeweils an **einer** schmalen Seite mit etwas Knetmasse beschwert (auch hier leistet einfaches Klebeband gute Dienste). Skizzenpapier und Bleistifte sind ebenfalls erforderlich.

Aufgabenstellung:

Wenn ihr Turm A oben antippt (oder anpustet), kippt er um.

Füllt Turm B so, dass er nicht so leicht umkippt.

Zu welchem Ergebnis seid ihr gekommen?

Wie habt ihr den Versuch durchgeführt?

Ergebnisse: Die Standfestigkeit eines Turmes kann zum Beispiel erhöht werden, indem man seine Standfläche vergrößert (vgl. Eiffelturm). Man kann aber auch schwerere Bauteile nach unten bringen, um einen niedrigen Schwerpunkt zu erhalten. Turm B bekommt also eine der beschwerten Schubladen. Die Seite mit der Knetmasse bildet die Standfläche. Die Schublade im oberen Teil des Turmes muss leer bleiben, da der Turm sonst wieder leichter kippt.

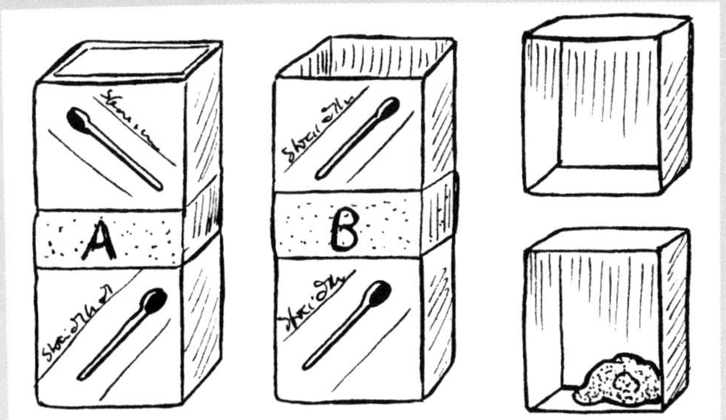

Bei diesem Experiment ist auch die Frage der Protokollierung und Auswertung interessant: Welche Varianten wurden bereits versucht und welche Ergebnisse gab es dabei? Einfache Tabellen und Strichlisten können entwickelt werden.

Weiterführende Ideen

- Einen Turm so bauen, dass möglichst viele Steine herausgenommen werden können.
- Sammlungen anlegen: Türme aus aller Welt, Türme in unserer Umgebung …
- Konstruktionen, die auf ähnlichen Prinzipien beruhen: Brücken, Kräne, Masten …
- Bau von Brücken aus Papier, die wie Wellpappe gefaltet und geklebt, erstaunliche Gewichte tragen können.
- Kugeltürme und Murmelbahnen aus Papier bauen
- Fächerübergreifend zu Kunst: Wir erstellen eine Rollage. Dazu werden die Abbildungen zweier Türme zerschnitten. Die so entstandenen Turmsegmente werden in beliebiger Reihenfolge wieder übereinander geklebt.

Vernetzung und Fortführung

- Klasse 1/2: In unserer Werkstatt; Wir bauen ein Auto
- Klasse 3/4: bedeutsame Erfindungen und ihre Weiterentwicklung kennen lernen

Zum Nachlesen

- Abbenhaus, Rosalia: Bergedorfer Grundschulpraxis Kunst, 3./4. Klasse, Band 1. Persen Verlag, Horneburg 2004
- Pieter Bruegel: Der Turmbau zu Babel. Prestel Verlag, München, New York 1997 (Abenteuer Kunst)
- Kälberer, Günther; Hüttenmeister, Hilleke: Bauen Konstruieren Montieren. Ernst Klett Grundschulverlag, Leipzig 2002
- Maar, Paul: Türme. Ein Sach- und Erzählbuch von berühmten und unbekannten, bemerkenswerten und merkwürdigen Türmen. Verlag Friedrich Oetinger, Hamburg 1987
- Michalski, Ute und Tilman: Werkbuch Papier. Ravensburger Buchverlag Otto Maier, Ravensburg 1991 (mit verblüffenden und ästhetischen Konstruktionen aus Papier)
- www.wiegels.net (private Homepage mit einer ganzen Galerie von Turmbildern)

1. Baut einen Turm mit einer Aussichtsplattform.
2. Könnt ihr den Turm auch so bauen, dass die Aussichtsplattform breiter ist als die Standfläche des Turmes?
3. Zeichnet eure Ergebnisse auf!

1. Baut aus den Stäben und den Platten einen stabilen Turm. Er muss mindestens 6 Bausteine halten können! Verwendet möglichst wenig Stäbe.
2. Stellt eure Ergebnisse vor!

1. Baut einen Turm aus Streichholzschachteln. Der Wind soll ihn nicht umkippen können. (Der blaue Pfeil zeigt euch, aus welcher Richtung der Wind kommt.)
2. Zeichnet eure Ergebnisse auf!

Wenn ihr Turm A oben antippt (oder anpustet), kippt er um.

1. Füllt Turm B so, dass er nicht so leicht umkippt.
2. Zu welchem Ergebnis seid ihr gekommen?
3. Wie habt ihr den Versuch durchgeführt?

Lauter Türme (Rollage)

① Nimm dir zwei verschiedene Turm-Bilder und zerschneide sie in Streifen.

② Lege aus den zwei Türmen einen einzigen, hohen Turm.

③ Klebe den neuen Turm auf, wenn du mit dem Ergebnis zufrieden bist.

④ Überlege: Wie könnte dein Turm heißen?

⑤ Vergleiche deinen Turm mit denen der anderen Kinder.
Wodurch unterscheiden sie sich?
Was macht jeden Turm zu etwas Besonderem?

Eine Brücke aus Papier?

Ihr braucht:
drei Trinkgläser oder Tassen, etwas Papier

① Stellt zwei Gläser etwa 20 Zentimeter weit auseinander. Legt ein Blatt Papier darüber.

② Versucht nun, das dritte Glas auf das Papier zu stellen! Wird die Brücke wohl halten?
Wer schafft es trotzdem?
Verwendet dabei möglichst wenig Papier!

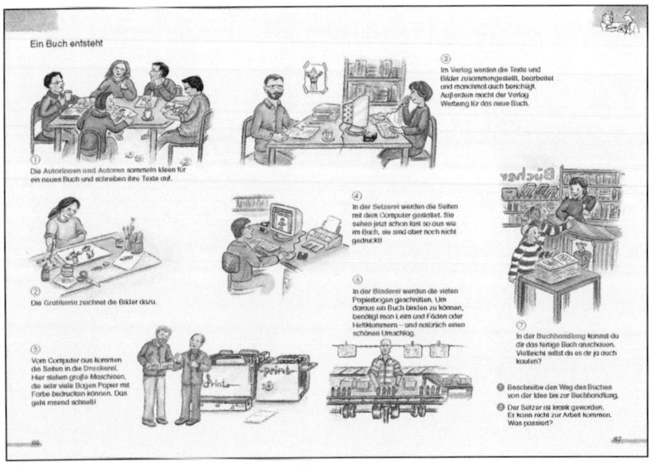

Zur Sache

Unsere Gesellschaft ist hochgradig arbeitsteilig organisiert. An der Entstehung eines einziges Produktes sind zumeist viele Menschen beteiligt, wobei die Produktionsstätten weit auseinander liegen können. Außerdem unterliegen die meisten Arbeitsplätze einem technischen und/ oder organisatorischen Wandel, dessen Geschwindigkeit eine zunehmende Tendenz aufweist.
Natürlich ist es noch zu früh, um mit den Kindern das Für und Wider dieser Entwicklung zu besprechen. Es kann ihnen aber zunächst bewusst gemacht werden, wie viele verschiedene Tätigkeiten bzw. Berufe es gibt.
Vielleicht kann sich hier die Frage anschließen, warum jemand einen bestimmten Beruf gewählt hat. Denn neben dem Geldverdienen sollten sich die Tätigkeiten idealerweise ja auch an anderen Kriterien orientieren: Interessen, Fähigkeiten und Fertigkeiten und durchaus auch Freude, an dem, was man macht.
In einer zweiten Phase erkennen die Kinder, dass die vielen verschiedenen Tätigkeiten zusammenhängen und aufeinander abgestimmt sind. Bei jedem Schritt entstehen Zwischenprodukte, die bei jeder folgenden Station weiterbearbeitet werden. Erst wenn alle Stationen durchlaufen sind, liegt ein fertiges Produkt vor.

Um die Arbeitswelt nicht zu abstrakt behandeln zu müssen, wurde ein konkretes Beispiel gewählt, das die Kinder bereits kennen und sogar in den Händen halten: ihr Sachbuch. Und so erfahren sie etwas über die Produktion von Büchern, die vom Verlag gesteuert wird: Hier wird entschieden, welche Titel überhaupt ins Programm genommen werden. Rechtliche Fragen (zum Beispiel Abdruckgenehmigungen) werden ebenso geklärt, wie gestalterische (Buchumschlag, Seiten-Layout), technische (Datenformate, Papiersorten) und natürlich wirtschaftliche (Honorare, Druckkosten, Umsatzerwartungen). Alle Phasen der Produktion müssen geplant, kontrolliert und ggf. korrigiert werden. Damit die Bücher nicht im Lager liegen bleiben, müssen Buchhandel und Endkunden informiert und beliefert werden. Aber bis dahin gibt es noch zahlreiche Zwischenstationen, die in der Regel nicht innerhalb des Verlages angesiedelt sind: Grafik, Satz, Druck …
Weder diese Aufzählung noch die Darstellung im Schülerbuch dürfen als starres Schema verstanden werden, einen einheitlichen Weg gibt es nicht: Jeder Verlag arbeitet anders, jedes Buch bringt andere Erfordernisse mit sich und die technische Seite unterliegt einer geradezu stürmischen Weiterentwicklung.

Zur Arbeit mit dem Schülerbuch

Die Kinder betrachten die Bilder und lesen die Texte hierzu. Was ist zu sehen? Wer macht was? Was ist das Ergebnis der Arbeit?
Dann versuchen sie, die Zusammenhänge und Abläufe herauszubekommen. Diese müssen nicht unbedingt linear sein: Die Grafiken etwa können bereits vorhanden sein und werden vom Verlag gekauft, vielleicht werden sie aber erst in Auftrag gegeben. An anderen Stellen der Produktionskette ist die Abfolge schon eindeutiger: Die Bücher können zum Beispiel erst gebunden werden, nachdem sie gedruckt wurden. Der Druck ist erst möglich, wenn die Satzdateien vorliegen. Dies beantwortet auch die Frage 2 im Schülerbuch.

Vernetzung und Fortführung

- Klasse 1/2: Typisch Junge – typisch Mädchen; Was ist die BeLOHNung; Wir suchen Informationen …
- Klasse 3/4: Erscheinungsformen von Arbeit und Auswirkungen von Arbeitslosigkeit kennen lernen; Planung, Herstellung und Vertrieb eines Produkts; bedeutsame Erfindungen und ihre Weiterentwicklung kennen lernen; Leistungen der Kommunikations- und Informationsmedien für Lernen, Arbeit und Freizeit nutzen; Medienangebote und Medienkonsum untersuchen und reflektieren

Weiterführende Ideen

- Kollage: Ich und mein Lieblingsberuf
- Cluster erstellen: Welche Berufe kennt ihr?
- Welche Personen waren an der Herstellung des Schülerbuches beteiligt? Die Seiten 1 und 96 geben dazu Auskunft (oder Arbeitsheft Seite 80).
- Wir verfassen, gestalten und drucken ein Klassenbuch.
- Buchpräsentation: Mein Lieblingsbuch
- Druck-Kunst mit Kartoffeln, Korken, Moosgummi oder Fingern
- Wir schöpfen Papier, zum Beispiel als Projekt arbeitsteilig an Stationen, vgl. Rabenstein, S. 15 ff.

Zum Nachlesen

- Loos, Waldemar: Zeig mir, wie ein Buch gebunden wird! Auer Verlag, Donauwörth 2000
- Rabenstein, Frank u. a.: Unterrichtssequenzen Werken/Textiles Gestalten. 5. Jahrgangsstufe. Auer Verlag, Donauwörth 1999

Mein Lieblingsbuch

Titel:

Autor/Autorin:

Zeichner/Zeichnerin:

Verlag:

Erschienen im Jahr:

Diese Personen kommen vor:

Darum geht es:

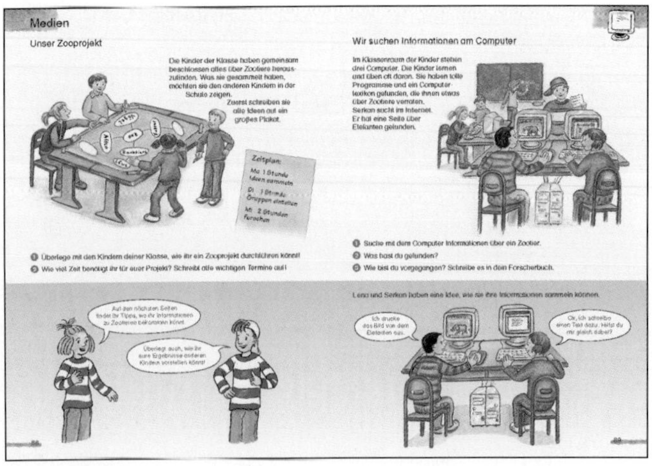

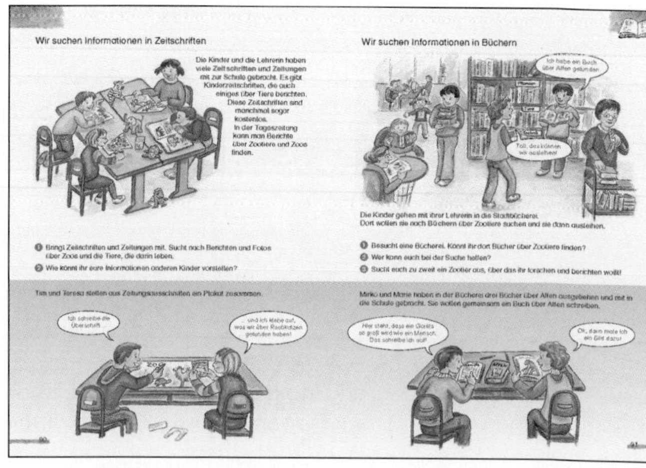

Zur Sache

Die „Hochform des offenen Unterrichts“ stellt das Projekt bzw. der projektorientierte Unterricht dar. Er bietet den Kindern einen größtmöglichen Raum zum eigenständigen, individuellen und selbstständigen Lernen. Dadurch und durch die subjektive Bedeutsamkeit des Gelernten für die Schüler wird eine Nachhaltigkeit erreicht, die die weiteren Lernprozesse positiv beeinflusst.
Leider wird diese Unterrichtsform in der Grundschule oft vernachlässigt oder nicht konsequent angewendet. Eine vorgegebene Arbeit an einem eher seltenen Thema ist noch kein Projekt!
Um die Kinder gezielt an diese Unterrichtsform heranzuführen, werden auf diesen Schulbuchseiten die einzelnen Schritte eines Zooprojekts aufgezeigt. Dabei ist zu beachten, dass es sich hier jeweils um Anregungen und Hinweise handelt und nicht etwa um Anleitungen.
Einzelne oder Gruppen von Schülerinnen und Schülern werden während der Projektarbeit sicherlich die Unterstützung der Lehrerin benötigen.

Zum Projektunterricht

Dewey entwickelte 1915 die Vorstellung, Schüler im Unterricht Projekte durchführen zu lassen. Er verstand Lernen nicht als einen passiven Prozess, sondern vielmehr als ganzheitlich und vernetzt. Durch die Verbindung von praktischem Handeln und Lernen mit einem klaren Projektziel, wurde für die Kinder das, was sie lernten, subjektiv bedeutsam.
Wichtige Aspekte, die den Projektunterricht ausmachen sind nach Gudjons:

- Situationsbezug,
- Orientierung an den Interessen der Beteiligten,
- Selbstorganisation und Selbstverantwortung,
- gesellschaftliche Praxisrelevanz,
- zielgerichtete Projektplanung,
- Einbeziehung vieler Sinne,
- soziales Lernen,
- Interdisziplinarität.

Die Durchführung eines Projekts gliedert sich in 5 Phasen:

1. Projektidee: Zu Beginn eines Projekts steht die Projektidee, d. h. ein Thema, das möglichst viele Kinder interessiert (das sich viele Kinder wünschen), rückt in den Mittelpunkt des Unterrichts. Mithilfe einer Mindmap oder eines Clusters (siehe im Schülerbuch die Seiten 24 und 88) sammeln die Kinder Vorschläge, woran sie arbeiten möchten. Die Ergebnisse werden gemeinsam betrachtet und ein Ziel für das Projekt wird festgelegt. Das könnte zum Beispiel eine Ausstellung, ein Buch, ein Ausflug oder Ähnliches sein. Das Ziel muss auf jeden Fall sehr konkret und erreichbar sein.

2. Projektplanung: Die Schülerinnen und Schüler stellen gemeinsam mit der Lehrerin eine Zeitleiste auf. In dieser wird u. a. festgelegt, was wann erledigt wird. Dazu gehört auch die Einschätzung, welche Schritte wie viel Zeit erfordern (dürfen). Der nun folgende Arbeits- und Lernprozess wird also strukturiert. Gemeinsam wird auch überlegt, was die Schülerinnen und Schüler benötigen, um mit ihrer Arbeit voranzukommen, und wie man an die erforderlichen Materialien gelangen kann.
Zur Planung gehört auch, dass ausreichend Phasen der Reflexion vorgesehen werden, um den Projektprozess und den Stand der Projektarbeit zu überdenken. Wenn erforderlich, kann dann die Planung auch korrigiert werden. Der Projektplan ist also kein starres Konzept, sondern vielmehr eine Hilfe, um zum Projektziel zu gelangen. Allerdings ist er insofern verbindlich, als dass das Ziel erreicht werden sollte und zwar möglichst so, dass der gegebene Zeitrahmen eingehalten wird.

3. Projektdurchführung: Die Kinder führen in Gruppen das Projekt möglichst selbstständig durch. Dabei muss nicht jede Gruppe dasselbe bearbeiten, sondern vielmehr sollte jedes Kind seinen Interessen und seinem Lernstand entsprechend in der Gruppe lernen. Hierfür ist sicherlich die Unterstützung der Lehrerin notwendig. Um Probleme oder Fortschritte aufzugreifen und zu besprechen, sind Reflexionen sehr sinnvoll.
Im Schülerbuch werden die Arbeiten mit dem PC, mit Zeitungen und Zeitschriften sowie in der Bibliothek vorgestellt. Im oberen Teil einer Seite wird gezeigt, wie Informationen gesucht werden können, und im unteren Bereich geht es um die Dokumentation der gefundenen Inhalte.

4. Projektpräsentation: Die Projektergebnisse werden der Öffentlichkeit präsentiert. Dieser Schritt wird im Buch nicht mehr ausführlich aufgegriffen, da auf Seite 88 bereits erwähnt wurde, dass die Kinder der Beispielklasse eine Ausstellung gestalten möchten. Um die Ergebnisse der Kinder einer größeren Öffentlichkeit zugänglich zu machen, wäre es zum Beispiel denkbar, die Nachbarklasse oder Eltern einzuladen.

5. Abschlussreflexion/Metakommunikation: Zum Abschluss des Projekts betrachten die Kinder noch einmal gemeinsam den gesamten Lern- und Arbeitsprozess. Hierdurch erhalten sie erneut die Möglichkeit, ihre Arbeit, ihre Gefühle dabei und ihren Erfolg zu überdenken. Dabei ist Gelungenes ebenso zu benennen wie Problematisches, da so wichtige Kriterien für das weitere Lernen herausgearbeitet werden können.

Zur Arbeit der Lehrerin

Während des Projektunterrichts nimmt die Lehrerin eine etwas andere Rolle als im „normalen" Unterricht ein. Sie ist vor allem Beobachterin, Beraterin und individuelle Unterstützerin. Das bedeutet, dass sie den Kindern einen möglichst großen Freiraum gibt, damit diese ihre Vorhaben selbstständig umsetzen können. Da die Kinder zu Beginn der Projektarbeit nicht abschätzen können, welche Probleme auftreten könnten oder wie viel Zeit sie für etwas benötigen, ist es wichtig, hier strukturierend zu helfen.
Außerdem kann es bei den Gruppen-, Partner- oder Einzelarbeiten immer wieder zu Konflikten, Verständnis- oder Bearbeitungsschwierigkeiten kommen: Die Gruppe kann sich nicht einigen, wer welche Aufgabe übernimmt, einige Kinder finden sich in den Büchern nicht zurecht, andere können aus der Fülle von Inhalten nicht das Wesentliche herausfiltern oder wissen nicht, wie sie die gefundenen Informationen dokumentieren sollen. Für all diese Probleme sollte die Lehrerin als Lernberaterin zur Verfügung stehen und Hilfen anbieten.
Im Reflexionsprozess sollte die Lehrerin sich möglichst zurückhalten und eher als Gesprächsleiterin zur Verfügung stehen.

Zum Thema Zoo

Kinder haben meist einen sehr emotionalen und spontanen Zugang zu Tieren. Bei Tieren, die sie von Zoobesuchen, aus Büchern, Erzählungen oder dem Fernsehen kennen, kommt die Faszination des Fremdartigen hinzu. Die Tiere werden wegen ihrer Stärke bewundert oder wegen des „süßen" Aussehens oder der lustigen Art geliebt. Dabei bezieht sich das Wissen der Kinder meist nur auf das Aussehen der Tiere und auf („überlieferte") Eigenschaften, die oftmals nicht sehr fundiert zugeordnet werden.
Über das tatsächliche Verhalten der Tiere, ihre Körpersprache, ihre Nahrung oder ihren Lebensraum wissen die Schülerinnen und Schüler weniger. Diese Bereiche sollen im vorgestellten Projekt genauer durchleuchtet werden, um den Kindern so einen realistischeren und tiefer gehenden Einblick in die Tierwelt zu ermöglichen.
Die Kinder werden darüber hinaus zu der Überlegung angeregt, wie sie sich Tieren gegenüber richtig verhalten können und wie eine artgerechte Haltung von (Zoo)-Tieren aussehen sollte.
Das Thema Zoo bietet außerdem viele fächerübergreifende Bezüge, die in einem Projekt sehr gut zum Tragen kommen können.
Ein Zoobesuch mit der gesamten Klasse zu Beginn oder zum Ende des Projekts bietet sich natürlich an.

Zur Arbeit mit dem Schülerbuch

S. 88: Unser Zooprojekt

Auf dieser Seite finden sich die Phasen der Projektidee und der -planung. Die Kinder der Beispielklasse haben beschlossen, eine Zooausstellung zu gestalten. Dies kann, muss aber nicht unbedingt das Ziel Ihrer Klasse sein. Es kann ebenso gut ein Zoobuch o. Ä. entstehen.
Um alle Vorstellungen und Anregungen zur Erreichung des Ziels zu bündeln, fertigen die Kinder einen Cluster an. Dazu bilden sie Gruppen zu ca. 4 Kindern. Jede Gruppe erhält ein Plakat, auf dessen Mitte der Begriff Zoo steht. In den nun folgenden 10 bis 15 Minuten schreiben die Kinder in den Gruppen alle Assoziationen auf, die ihnen zum Thema einfallen und verbinden die neu hinzugekommenen Begriffe schließlich miteinander. Dabei sollte möglichst nicht gesprochen werden, um dem Denkprozess der Kinder freien Lauf zu lassen. Die Plakate werden im Anschluss im Klassenverband vorgestellt. Auf diese Weise wird die große Spanne an Vorstellungen deutlich und erste Schwerpunkte für die Weiterarbeit werden ersichtlich (vgl. Ideensammlungen, Seite 30).
In der folgenden Unterrichtseinheit muss das Gesammelte gebündelt und ein Projektplan erstellt werden. Auch hierzu können Plakate mit dem zur Verfügung stehenden zeitlichen Rahmen sinnvoll sein. Da es für die Kinder noch recht schwer ist, Lernprozesse zeitlich abzuschätzen, ist es wichtig, dass sie von der Lehrerin strukturierend unterstützt werden.
Um die Motivation der Kinder aufzugreifen, ist es sinnvoll, dass sich die Kinder am Ende der Einheit zu Interessengruppen zusammenfinden. Diese entscheiden sich dann zum Beispiel für eine Tierart, zu der sie Material sammeln wollen.

S. 89–91: Wir sammeln Informationen …

Auf diesen drei Seiten wird den Kindern gezeigt, wie sie Informationen suchen und das Gefundene dokumentieren können. Dazu wurden die Seiten jeweils zweigeteilt. Oben wird die Suche gezeigt (Computer, Zeitschriften, Bücherei), unten die Verarbeitung bzw. Dokumentation (Ausdrucken wichtiger Informationen, Gestalten eines Plakates, Verfassen eines eigenen Buches).
Diese Seiten sind als Hilfestellungen gedacht, um Kindern die Möglichkeiten der Strukturierung und Darstellung aufzuzeigen.
Es ist sinnvoll, wenn diese Seiten vor Beginn der eigentlichen Projektarbeit betrachtet, gelesen und besprochen werden. So können die einzelnen Arbeitsgruppen gezielter entscheiden, wo sie Informationen sammeln und wie sie ihre Ergebnisse festhalten möchten.

SB S. 88 Unser Zooprojekt **AH** S. 69, 70
SB S. 89–91 Wir suchen Informationen …

Ist zunächst nicht an einen Büchereibesuch gedacht worden, sollte die Projektplanung dahingehend geändert werden. Die Bücherei ist für die Lesemotivation der Kinder sehr wichtig und sie kann zu mehr Selbstständigkeit bei der Informationsbeschaffung verhelfen. Dabei muss nicht unbedingt die zentrale Stadtbücherei besucht werden. Auch viele Gemeindebüchereien haben einen großen Bestand an altersgerechten Sachbüchern und sind meistens näher am Wohn- bzw. Schulbezirk der Kinder gelegen.
Beim Sammeln und Verarbeiten von Informationen sollte auf den Computer nicht verzichtet werden. Inwieweit die Schülerinnen und Schüler sich am PC zurechtfinden, ist natürlich sehr stark von ihrem Vorwissen und der Ausstattung der Schule abhängig. Für die Informationssuche im Internet stehen den Kindern verschiedene Kindersuchmaschinen zur Verfügung, bekannt ist zum Beispiel www.blinde-kuh.de. Viele Zoos haben eigene Auftritte im Internet, darin finden sich häufig auch spezielle Kinder- oder Wissens-Seiten und Hinweise zu den Zooschulen (zum Beispiel www.zoo-koeln.de oder www.zoo-rostock.de). Dennoch ist gerade bei der Recherche im Internet die Unterstützung der Lehrerin unbedingt erforderlich.

Nach der Bearbeitung der Schulbuchseiten sollten sich die einzelnen Arbeitsgruppen entscheiden, mit welchen Medien sie Informationen zu ihrem Tier sammeln wollen. Ebenfalls sollte besprochen werden, wie die Medien beschafft werden sollen: Wann soll zum Beispiel der Büchereibesuch stattfinden? Haben vielleicht manche Kinder eigene Sachbücher zu Hause, die sie mitbringen möchten? Gibt es in der Schule ein Tierlexikon auf CD-ROM, das man ausleihen kann?

Hilfen, die Sie als Lehrerin bieten können

- In Sachbüchern die Bereiche markieren, die für die Kinder wichtig sein können.
- Eine Wörterliste anbieten, die den Kindern hilft, ihre Gedanken zu versprachlichen.
- Gruppen, die sich schwer einigen können, bei der Arbeitsaufteilung unterstützen: Wer schreibt, wer diktiert, wer malt …?
- Schwierige Texte vorlesen und so die Kinder beim Verschriftlichen unterstützen.
- Texte aus Sachbüchern vergrößern und dadurch das Lesen erleichtern.
- Bildertexte kopieren, die die Kinder in ihre Plakate einbauen können.

Wenn Kinder Texte am PC verfassen, sollte auf jeden Fall genügend Zeit eingeplant werden, da sie sich oft erst auf der Tastatur zurechtfinden müssen. Wichtig ist natürlich auch das Abspeichern der Texte auf Diskette und/oder Festplatte, damit die Arbeitsergebnisse nicht verloren gehen.

Im Arbeitsheft ist auf Seite 70 ein Tier-Steckbrief zu finden. Dadurch werden natürlich die Inhalte bereits vorgegeben, was aber hilfreich sein kann, wenn die Kinder das Verfassen von Steckbriefen noch nicht kennen.

Aber auch, wenn eine solch enge Vorlage nicht eingesetzt werden soll, können einige Strukturierungshilfen den Arbeitsgruppen das Erforschen eines Tieres und die Dokumentation der Ergebnisse erleichtern. Diese Strukturierungshilfen sollten möglichst auf DIN A3 gebracht werden, damit die Kinder mehr Platz zum Schreiben haben. Für leseschwache Kinder kann die Verwendung von geeigneten Piktogrammen eine Hilfe sein.

- Fragebogen, in dem die Arbeitsgruppen eintragen, was sie über ihr ausgewähltes Tier wissen möchten.
- Vorstrukturiertes Plakat mit genaueren Fragestellungen zum ausgewählten Tier.
- Vorstrukturiertes Plakat zum Festhalten der gesammelten Informationen.

Vernetzung und Fortführung

- Klasse 1/2: Wir planen gemeinsam; Wir bereiten eine Ausstellung vor; Von Haustieren und wilden Tieren; Ein Zuhause für unser Meerschweinchen; Ein Buch entsteht
- Klasse 3/4: Zusammenhänge zwischen Lebensräumen und Lebensbedingungen für Menschen, Tiere und Pflanzen erkennen; bedeutsame Erfindungen und ihre Weiterentwicklung kennen lernen; Leistungen der Kommunikations- und Informationsmedien für Lernen, Arbeit und Freizeit nutzen; Medienangebote und Medienkonsum untersuchen und reflektieren

Weiterführende Ideen

- Einen Zoo nachbauen
- Tierpuzzle
- Kopfrechen: Wie viele Beine haben 3 Tiger etc.
- Musik: Werkhören, sich zu Musik bewegen (Karneval der Tiere, das Dschungelbuch)
- Zoobesuch mit Besuch einer Zooschule
- Zoowärter interviewen

Zum Nachlesen

- Bastian, Johannes; Gudjons, Herbert: Das Projektbuch. Theorie, Praxisbeispiele, Erfahrungen. Bergmann + Helbig Verlag, Hamburg 1994
- Bunk, Hans-Dieter: Zehn Projekte zum Sachunterricht. Projektbegriff. Fallbeispiele. Ideen und Anregungen. Cornelsen Verlag, Berlin 1990
- Giordano, Mario: Der Löwe im Atelier. Tiere in der Kunst. Aufbau-Verlag, Berlin 2003
- Hahmeyer, Uwe: Was Kinder in Projekten lernen. In: Grundschule 7–8/1995
- Kaiser, Astrid: Einführung in die Didaktik des Sachunterrichts. Schneider Verlag Hohengehren, Baltmannsweiler 1997
- Knoll, Michael: Wie sie entstand: die Projektmethode. In: Grundschule 7–8/1995

Werkstattplan

Thema:

Name:	vom: bis:

Nr.			Aufgabe	fertig	geprüft
1					
2					
3					
4					
5					
6					
7					
8					
9					
10					

Das bedeuten die Zeichen in der 2. Spalte:

 Pflichtaufgabe

 freiwillige Aufgabe

 Knobelaufgabe

Das bedeuten die Zeichen in der 3. Spalte:

 Einzelarbeit

 Partnerarbeit

 Gruppenarbeit

Beobachtungsbogen

von:

Name des Experimentes:

Tag oder Datum	Wir beobachten:
	Das erklären wir so:
Tag oder Datum	**Wir beobachten:**
	Das erklären wir so:

Beobachtungsbogen

von:

Name des Experimentes:

Dieses Material haben wir verwendet:

Das haben wir gemacht:

Das haben wir beobachtet:

Das erklären wir so:

Übersicht: Die Umsetzung der verbindlichen Unterrichtsgegenstände im Schülerbuch

		Bereiche	3.1 Natur und Leben			
		Aufgabenschwerpunkte	Gegenstände und Werkstoffe; Stoffe und ihre Umwandlung	Wärme, Licht, Feuer; Wasser, Luft, Schall		Magnetismus; Elektrizität
Kapitel im SB	**Seite im SB**	**Unterrichtsgegenstände in den Klassen 1 und 2** / **Themen des Schülerbuches**	Alltagsgegenstände aus verschiedenen Werkstoffen sammeln, vergleichen, nach Ordnungsgesichtspunkten zusammenstellen und ihre Eigenschaften untersuchen	experimentelle Erfahrungen mit Wasser und Luft, Wärme und Kälte, Licht und Schatten machen	Wasser und Licht als Lebensgrundlage für Menschen, Tiere und Pflanzen erfahren	magnetische Wirkungen und Magnetkraft untersuchen
Die Schule und ihre Umgebung	4	Willkommen in der Schule!				
	6	Wir üben für den Verkehr				
	8	Auf dem Weg zur Schule				
	10	Training für Rollerfahrer, Radfahrer …				
	12	Wo geht's lang? Wir lesen Karten!				
	14	Wir bauen unseren Stadtteil nach				
Miteinander leben und lernen	16	Serkans Oma und Opa kommen aus …				
	18	Jede Familie ist anders				
	19	Typisch Junge – typisch Mädchen				
	20	Viele Kinder, eine Klasse				
	21	Wir in der Klasse				
	22	Wir streiten manchmal				
	23	Wir sprechen miteinander				
	24	Wir planen gemeinsam				
	25	Unsere Klassendienste				
	26	Was ist die BeLOHNung?				
	27	Voll im Trend!?				
Rund um den Körper	28	Mein Körper – dein Körper				
	29	Ich pflege meinen Körper				
	30	Wie geht es deinen Zähnen?				
	32	Iss dich fit!				
	34	Moritz versteht die Welt …				
	35	Hören				
	36	Riechen				
	37	Schmecken				
	38	Tasten				
	39	Sehen				
	40	Wo ich herkomme …				
Die Zeit vergeht	42	Die Blätter an meinem Kalender				
	44	Sieben Tage hat die Woche				
	45	Die Zeit …				
	46	Eine Uhrengeschichte				
	47	Wir bauen eine Sonnenuhr				
	48	Es tickt, blinkt und klingelt				
	49	Wie spät ist es?				
Von Pflanzen und Tieren	50	Unser Garten im Frühling				
	51	Wir pflanzen eine Tulpenzwiebel				
	52	Eine Frühlingswiese				
	53	Wir bereiten eine Ausstellung vor!				
	54	Der Löwenzahn, ein Frühlingsbote				
	56	Vom Keimen und Wachsen				
	58	Der Marienkäfer – ein Raubtier				
	59	Die Verwandlung des Marienkäfers				
	60	Von Haustieren und wilden Tieren				
	62	Ein Zuhause für unser Meerschweinchen				
	64	Der Müllversuch				
	65	Wir schützen unsere Umwelt				
Forschen und entdecken	66	Überall ist Wasser				
	67	Wasser kann verschieden sein				
	68	Was Wasser alles kann!				
	70	Luftexperimente				
	72	Luft hat viele Eigenschaften				
	74	Licht und Schatten				
	75	Der Wärme auf der Spur				
	76	Wir messen Temperaturen				
	78	Was Magnete alles können				
	79	Sachensucher				
Technik und Arbeitswelt	80	In unserer Werkstatt				
	81	Wir bauen ein Auto				
	82	Räder und Rollen …				
	83	… heben und bewegen				
	84	Wer baut den höchsten Turm?				
	86	Ein Buch entsteht				
Medien	88	Unser Zooprojekt				
	89	Wir suchen Informationen am Computer				
	90	Wir suchen Informationen in Zeitschriften				
	91	Wir suchen Informationen in Büchern				

und im Arbeitsheft

					3.2 Technik	
Körper, Sinne und Ernährung; Körper und Gesundheit		Pflanzen und Tiere; Natürliche und gestaltete Lebensräume			Berufe und Arbeitsstätten; Arbeit und Produktion	
Leistung der Sinnesorgane feststellen	Grundsätze der Hygiene und gesunden Ernährung kennen lernen und beachten	Pflanzen und Tiere in ihrem Lebensraum beobachten, benennen und beschreiben	Achtung und Verantwortung gegenüber Tieren und Pflanzen entwickeln	Bedingungen für die artgerechte Haltung eines Heimtieres erkunden	Berufe, Arbeitsplätze von Frauen und Männern erkunden	Seite im SB
						4
						6
						8
						10
						12
						14
						16
						18
						19
						20
						21
						22
						23
						24
						25
						26
						27
						28
						29
						30
						32
						34
						35
						36
						37
						38
						39
						40
						42
						44
						45
						46
						47
						48
						49
						50
						51
						52
						53
						54
						56
						58
						59
						60
						62
						64
						65
						66
						67
						68
						70
						72
						74
						75
						76
						78
						79
						80
						81
						82
						83
						84
						86
						88
						89
						90
						91

Kapitel im SB	Seite im SB	Bereiche / Aufgabenschwerpunkte / Unterrichtsgegenstände in den Klassen 1 und 2 / Themen des Schülerbuches	3.2 Technik und Arbeitswelt (Forts.)			3.3 Raum und Umwelt
		Aufgabenschwerpunkte	Berufe und Arbeitsstätten; Arbeit und Produktion	Werkstoffe und Werkzeuge; Geräte und Maschinen	Bauwerke und Fahrzeuge; Formen und Wirkungen von Energie	Schule und Umgebung; Ort und Welt
		Unterrichtsgegenstände in den Klassen 1 und 2 / **Themen des Schülerbuches**	Formen der Arbeit, der Arbeitsteilung und -verteilung kennen lernen	mit Werkzeugen Gegenstände herstellen und dabei Einsatzmöglichkeiten verschiedener Werkstoffe erproben	Modelle mit einfachen Werkstoffen bauen und dabei grundlegende Technikerfahrungen machen	Schulwege und Schulumgebung sowie wichtige Einrichtungen im Ort oder Ortsteil erkunden
Die Schule und ihre Umgebung	4	Willkommen in der Schule!				
	6	Wir üben für den Verkehr				
	8	Auf dem Weg zur Schule				
	10	Training für Rollerfahrer, Radfahrer …				
	12	Wo geht's lang? Wir lesen Karten!				
	14	Wir bauen unseren Stadtteil nach				
Miteinander leben und lernen	16	Serkans Oma und Opa kommen aus …				
	18	Jede Familie ist anders				
	19	Typisch Junge – typisch Mädchen				
	20	Viele Kinder, eine Klasse				
	21	Wir in der Klasse				
	22	Wir streiten manchmal				
	23	Wir sprechen miteinander				
	24	Wir planen gemeinsam				
	25	Unsere Klassendienste				
	26	Was ist die BeLOHNung?				
	27	Voll im Trend!?				
Rund um den Körper	28	Mein Körper – dein Körper				
	29	Ich pflege meinen Körper				
	30	Wie geht es deinen Zähnen?				
	32	Iss dich fit!				
	34	Moritz versteht die Welt …				
	35	Hören				
	36	Riechen				
	37	Schmecken				
	38	Tasten				
	39	Sehen				
	40	Wo ich herkomme …				
Die Zeit vergeht	42	Die Blätter an meinem Kalender				
	44	Sieben Tage hat die Woche				
	45	Die Zeit..				
	46	Eine Uhrengeschichte				
	47	Wir bauen eine Sonnenuhr				
	48	Es tickt, blinkt und klingelt				
	49	Wie spät ist es?				
Von Pflanzen und Tieren	50	Unser Garten im Frühling				
	51	Wir pflanzen eine Tulpenzwiebel				
	52	Eine Frühlingswiese				
	53	Wir bereiten eine Ausstellung vor!				
	54	Der Löwenzahn, ein Frühlingsbote				
	56	Vom Keimen und Wachsen				
	58	Der Marienkäfer – ein Raubtier				
	59	Die Verwandlung des Marienkäfers				
	60	Von Haustieren und wilden Tieren				
	62	Ein Zuhause für unser Meerschweinchen				
	64	Der Müllversuch				
	65	Wir schützen unsere Umwelt				
Forschen und entdecken	66	Überall ist Wasser				
	67	Wasser kann verschieden sein				
	68	Was Wasser alles kann!				
	70	Luftexperimente				
	72	Luft hat viele Eigenschaften				
	74	Licht und Schatten				
	75	Der Wärme auf der Spur				
	76	Wir messen Temperaturen				
	78	Was Magnete alles können				
	79	Sachensucher				
Technik und Arbeitswelt	80	In unserer Werkstatt				
	81	Wir bauen ein Auto				
	82	Räder und Rollen …				
	83	… heben und bewegen				
	84	Wer baut den höchsten Turm?				
	86	Ein Buch entsteht				
Medien	88	Unser Zooprojekt				
	89	Wir suchen Informationen am Computer				
	90	Wir suchen Informationen in Zeitschriften				
	91	Wir suchen Informationen in Büchern				

				3.4 Mensch und Gemeinschaft		
	Schulweg und Verkehrsicherheit; Verkehrsräume und -mittel		Umweltschutz zu Hause u. in der Schule; Umweltschutz als gesellschaftliche Aufgabe	Zusammenleben in der Schule und zu Hause; Zusammnleben und Beteiligung im Gemeinwesen		
sich mit Hilfe von Wegeskizzen und Abbildungen orientieren	wichtige Verkehrszeichen und -regeln für die Teilnahme am Straßenverkehr beachten	Radfahrtraining absolvieren	Abfall vermeiden und Abfall trennen	Regeln des Zusammenlebens in der Schule aufstellen und beachten	Vielgestaltigkeit von Familien und unterschiedliche Lebenssituationen von Kindern kennen lernen	Seite im SB
						4
						6
						8
						10
						12
						14
						16
						18
						19
						20
						21
						22
						23
						24
						25
						26
						27
						28
						29
						30
						32
						34
						35
						36
						37
						38
						39
						40
						42
						44
						45
						46
						47
						48
						49
						50
						51
						52
						53
						54
						56
						58
						59
						60
						62
						64
						65
						66
						67
						68
						70
						72
						74
						75
						76
						78
						79
						80
						81
						82
						83
						84
						86
						88
						89
						90
						91

Kapitel im SB	Seite im SB	Bereiche	3.4 Mensch und Gemeinschaft (Forts.)			3.5 Zeit und Kultur
		Aufgabenschwerpunkte	Konsumgüter und Konsumbedürfnisse; Konsumverhalten und Ökologie	Mädchen und Jungen; Sexualität		Zeiteinteilung und Zeitablauf; Früher und heute
		Unterrichtsgegenstände in den Klassen 1 und 2 / **Themen des Schülerbuches**	Wünsche, Bedürfnisse und den Umgang mit Geld reflektieren	die Entwicklung vom Säugling zum Schulkind verfolgen	Rollenverhalten von Mädchen und Jungen untersuchen	Zeit messen, Zeiträume unterscheiden und Zeit einteilen
Die Schule und ihre Umgebung	4	Willkommen in der Schule!				
	6	Wir üben für den Verkehr				
	8	Auf dem Weg zur Schule				
	10	Training für Rollerfahrer, Radfahrer …				
	12	Wo geht's lang? Wir lesen Karten!				
	14	Wir bauen unseren Stadtteil nach				
Miteinander leben und lernen	16	Serkans Oma und Opa kommen aus …				
	18	Jede Familie ist anders				
	19	Typisch Junge – typisch Mädchen				
	20	Viele Kinder, eine Klasse				
	21	Wir in der Klasse				
	22	Wir streiten manchmal				
	23	Wir sprechen miteinander				
	24	Wir planen gemeinsam				
	25	Unsere Klassendienste				
	26	Was ist die BeLOHNung?				
	27	Voll im Trend!?				
Rund um den Körper	28	Mein Körper – dein Körper				
	29	Ich pflege meinen Körper				
	30	Wie geht es deinen Zähnen?				
	32	Iss dich fit!				
	34	Moritz versteht die Welt …				
	35	Hören				
	36	Riechen				
	37	Schmecken				
	38	Tasten				
	39	Sehen				
	40	Wo ich herkomme …				
Die Zeit vergeht	42	Die Blätter an meinem Kalender				
	44	Sieben Tage hat die Woche				
	45	Die Zeit..				
	46	Eine Uhrengeschichte				
	47	Wir bauen eine Sonnenuhr				
	48	Es tickt, blinkt und klingelt				
	49	Wie spät ist es?				
Von Pflanzen und Tieren	50	Unser Garten im Frühling				
	51	Wir pflanzen eine Tulpenzwiebel				
	52	Eine Frühlingswiese				
	53	Wir bereiten eine Ausstellung vor!				
	54	Der Löwenzahn, ein Frühlingsbote				
	56	Vom Keimen und Wachsen				
	58	Der Marienkäfer – ein Raubtier				
	59	Die Verwandlung des Marienkäfers				
	60	Von Haustieren und wilden Tieren				
	62	Ein Zuhause für unser Meerschweinchen				
	64	Der Müllversuch				
	65	Wir schützen unsere Umwelt				
Forschen und entdecken	66	Überall ist Wasser				
	67	Wasser kann verschieden sein				
	68	Was Wasser alles kann!				
	70	Luftexperimente				
	72	Luft hat viele Eigenschaften				
	74	Licht und Schatten				
	75	Der Wärme auf der Spur				
	76	Wir messen Temperaturen				
	78	Was Magnete alles können				
	79	Sachensucher				
Technik und Arbeitswelt	80	In unserer Werkstatt				
	81	Wir bauen ein Auto				
	82	Räder und Rollen …				
	83	… heben und bewegen				
	84	Wer baut den höchsten Turm?				
	86	Ein Buch entsteht				
Medien	88	Unser Zooprojekt				
	89	Wir suchen Informationen am Computer				
	90	Wir suchen Informationen in Zeitschriften				
	91	Wir suchen Informationen in Büchern				

	Umgang mit Medien; Medienwirkung und Kommunikation	Ich und andere; Viele Kulturen in einer Welt	
Feste und Ereignisse im Jahreslauf kennen lernen	grundlegende Fähigkeiten im Umgang mit traditionellen und neuen Medien erwerben	Sitten, Gebräuche und Sprachen unterschiedlicher Nationalitäten und Ethnien kennen lernen und akzeptieren	**Seite im SB**
			4
			6
			8
			10
			12
			14
			16
			18
			19
			20
			21
			22
			23
			24
			25
			26
			27
			28
			29
			30
			32
			34
			35
			36
			37
			38
			39
			40
			42
			44
			45
			46
			47
			48
			49
			50
			51
			52
			53
			54
			56
			58
			59
			60
			62
			64
			65
			66
			67
			68
			70
			72
			74
			75
			76
			78
			79
			80
			81
			82
			83
			84
			86
			88
			89
			90
			91

Übersicht: Die Umsetzung der verbindlichen Anforderungen im Schülerbuch und im

Verbindliche Anforderungen			Fähigkeiten und Fertigkeiten			
Kapitel im SB	Seite im SB	Themen des Schülerbuches	Fragehaltungen aufbauen, Probleme identifizieren und Verfahren der Problemlösung anwenden	Experimente und Arbeitswege allein oder gemeinsam mit anderen planen, strukturieren, durchführen, auswerten	Ergebnisse und Sachverhalte in unterschiedlichen Darstellungsformen (z. B. Fließtexte, Listen, Tabellen, Stichwörter, Zeichnungen) dokumentieren und präsentieren (z. B. Handzettel, Wandzeitung, Versuchsprotokoll, kurzes Referat, Website)	verschiedene Techniken des Sammelns von Informationen (z. B. Fragebogen, Interview, Internet-Recherche, Printmedien) anwenden und Informationsquellen (z. B. Texte, Tabellen, Diagramme, Zeichnungen) auswerten
Die Schule und ihre Umgebung	4	Willkommen in der Schule!				
	6	Wir üben für den Verkehr				
	8	Auf dem Weg zur Schule				
	10	Training für Rollerfahrer, Radfahrer …				
	12	Wo geht's lang? Wir lesen Karten!				
	14	Wir bauen unseren Stadtteil nach				
Miteinander leben und lernen	16	Serkans Oma und Opa kommen aus …				
	18	Jede Familie ist anders				
	19	Typisch Junge – typisch Mädchen				
	20	Viele Kinder, eine Klasse				
	21	Wir in der Klasse				
	22	Wir streiten manchmal				
	23	Wir sprechen miteinander				
	24	Wir planen gemeinsam				
	25	Unsere Klassendienste				
	26	Was ist die BeLOHNung?				
	27	Voll im Trend!?				
Rund um den Körper	28	Mein Körper – dein Körper				
	29	Ich pflege meinen Körper				
	30	Wie geht es deinen Zähnen?				
	32	Iss dich fit!				
	34	Moritz versteht die Welt …				
	35	Hören				
	36	Riechen				
	37	Schmecken				
	38	Tasten				
	39	Sehen				
	40	Wo ich herkomme …				
Die Zeit vergeht	42	Die Blätter an meinem Kalender				
	44	Sieben Tage hat die Woche				
	45	Die Zeit …				
	46	Eine Uhrengeschichte				
	47	Wir bauen eine Sonnenuhr				
	48	Es tickt, blinkt und klingelt				
	49	Wie spät ist es?				
Von Pflanzen und Tieren	50	Unser Garten im Frühling				
	51	Wir pflanzen eine Tulpenzwiebel				
	52	Eine Frühlingswiese				
	53	Wir bereiten eine Ausstellung vor!				
	54	Der Löwenzahn, ein Frühlingsbote				
	56	Vom Keimen und Wachsen				
	58	Der Marienkäfer – ein Raubtier				
	59	Die Verwandlung des Marienkäfers				
	60	Von Haustieren und wilden Tieren				
	62	Ein Zuhause für unser Meerschweinchen				
	64	Der Müllversuch				
	65	Wir schützen unsere Umwelt				
Forschen und entdecken	66	Überall ist Wasser				
	67	Wasser kann verschieden sein				
	68	Was Wasser alles kann!				
	70	Luftexperimente				
	72	Luft hat viele Eigenschaften				
	74	Licht und Schatten				
	75	Der Wärme auf der Spur				
	76	Wir messen Temperaturen				
	78	Was Magnete alles können				
	79	Sachensucher				
Technik und Arbeitswelt	80	In unserer Werkstatt				
	81	Wir bauen ein Auto				
	82	Räder und Rollen …				
	83	… heben und bewegen				
	84	Wer baut den höchsten Turm?				
	86	Ein Buch entsteht				
Medien	88	Unser Zooprojekt				
	89	Wir suchen Informationen am Computer				
	90	Wir suchen Informationen in Zeitschriften				
	91	Wir suchen Informationen in Büchern				

Arbeitsheft

Fähigkeiten und Fertigkeiten						
Naturerscheinungen, Lebewesen, Objekte, Sachverhalte bewusst wahrnehmen, beobachten, beschreiben, vergleichen, unterscheiden, zeichnen und untersuchen	Pflanzen im Klassenzimmer oder auf dem Schulgelände artgerecht pflegen	mit geeigneten Verfahren und Geräten Messungen vornehmen	Skizzen und Karten lesen, auswerten und anfertigen	einfache technische Gegenstände konstruieren, Modelle bauen und dabei Werkstoffe und Werkzeuge sachgerecht einsetzen	für historische Ereignisse unterschiedliche Quellen heranziehen und bewerten	Seite im SB
						4
						6
						8
						10
						12
						14
						16
						18
						19
						20
						21
						22
						23
						24
						25
						26
						27
						28
						29
						30
						32
						34
						35
						36
						37
						38
						39
						40
						42
						44
						45
						46
						47
						48
						49
						50
						51
						52
						53
						54
						56
						58
						59
						60
						62
						64
						65
						66
						67
						68
						70
						72
						74
						75
						76
						78
						79
						80
						81
						82
						83
						84
						86
						88
						89
						90
						91

Verbindliche Anforderungen			Fähigkeiten und Fertigkeiten			
Kapitel im SB	**Seite im SB**	**Themen des Schülerbuches**	Medienangebote kritisch untersuchen und bewerten, eigene Medienangebote erstellen und verbreiten	unvoreingenommen über Fragen der Sexualität sprechen	eigene Gefühle und Bedürfnisse und die anderer erkennen und sich mit ihnen auseinander setzen	Lösungsmöglichkeiten für Konflikte erproben
Die Schule und ihre Umgebung	4	Willkommen in der Schule!				
	6	Wir üben für den Verkehr				
	8	Auf dem Weg zur Schule				
	10	Training für Rollerfahrer, Radfahrer …				
	12	Wo geht's lang? Wir lesen Karten!				
	14	Wir bauen unseren Stadtteil nach				
Miteinander leben und lernen	16	Serkans Oma und Opa kommen aus …				
	18	Jede Familie ist anders				
	19	Typisch Junge – typisch Mädchen				
	20	Viele Kinder, eine Klasse				
	21	Wir in der Klasse				
	22	Wir streiten manchmal				
	23	Wir sprechen miteinander				
	24	Wir planen gemeinsam				
	25	Unsere Klassendienste				
	26	Was ist die BeLOHNung?				
	27	Voll im Trend!?				
Rund um den Körper	28	Mein Körper – dein Körper				
	29	Ich pflege meinen Körper				
	30	Wie geht es deinen Zähnen?				
	32	Iss dich fit!				
	34	Moritz versteht die Welt …				
	35	Hören				
	36	Riechen				
	37	Schmecken				
	38	Tasten				
	39	Sehen				
	40	Wo ich herkomme …				
Die Zeit vergeht	42	Die Blätter an meinem Kalender				
	44	Sieben Tage hat die Woche				
	45	Die Zeit …				
	46	Eine Uhrengeschichte				
	47	Wir bauen eine Sonnenuhr				
	48	Es tickt, blinkt und klingelt				
	49	Wie spät ist es?				
Von Pflanzen und Tieren	50	Unser Garten im Frühling				
	51	Wir pflanzen eine Tulpenzwiebel				
	52	Eine Frühlingswiese				
	53	Wir bereiten eine Ausstellung vor!				
	54	Der Löwenzahn, ein Frühlingsbote				
	56	Vom Keimen und Wachsen				
	58	Der Marienkäfer – ein Raubtier				
	59	Die Verwandlung des Marienkäfers				
	60	Von Haustieren und wilden Tieren				
	62	Ein Zuhause für unser Meerschweinchen				
	64	Der Müllversuch				
	65	Wir schützen unsere Umwelt				
Forschen und entdecken	66	Überall ist Wasser				
	67	Wasser kann verschieden sein				
	68	Was Wasser alles kann!				
	70	Luftexperimente				
	72	Luft hat viele Eigenschaften				
	74	Licht und Schatten				
	75	Der Wärme auf der Spur				
	76	Wir messen Temperaturen				
	78	Was Magnete alles können				
	79	Sachensucher				
Technik und Arbeitswelt	80	In unserer Werkstatt				
	81	Wir bauen ein Auto				
	82	Räder und Rollen …				
	83	… heben und bewegen				
	84	Wer baut den höchsten Turm?				
	86	Ein Buch entsteht				
Medien	88	Unser Zooprojekt				
	89	Wir suchen Informationen am Computer				
	90	Wir suchen Informationen in Zeitschriften				
	91	Wir suchen Informationen in Büchern				

Kenntnisse						
über elementare Erscheinungen in der unbelebten Natur	über Regelhaftigkeiten in der belebten Natur	über Lebensbedingungen von Pflanzen und Tieren	über Eigenschaften und Pflege von Heimtieren	über Kreisläufe in der Natur und deren Bedeutung für die belebte Natur	über Grundfunktionen, einschließlich der Sexualität, und Gefährdungen des menschlichen Körpers	Seite im SB
						4
						6
						8
						10
						12
						14
						16
						18
						19
						20
						21
						22
						23
						24
						25
						26
						27
						28
						29
						30
						32
						34
						35
						36
						37
						38
						39
						40
						42
						44
						45
						46
						47
						48
						49
						50
						51
						52
						53
						54
						56
						58
						59
						60
						62
						64
						65
						66
						67
						68
						70
						72
						74
						75
						76
						78
						79
						80
						81
						82
						83
						84
						86
						88
						89
						90
						91

Verbindliche Anforderungen			Kenntnisse			
Kapitel im SB	**Seite im SB**	**Themen des Schülerbuches**	über Grundfunktionen einfacher Maschinen	über Werkstoffe von Alltagsgegenständen	über die Produktion von Gütern, ihre Bedingungen und Auswirkungen	über Energiequellen und ihre umweltschonende Nutzung
Die Schule und ihre Umgebung	4	Willkommen in der Schule!				
	6	Wir üben für den Verkehr				
	8	Auf dem Weg zur Schule				
	10	Training für Rollerfahrer, Radfahrer …				
	12	Wo geht's lang? Wir lesen Karten!				
	14	Wir bauen unseren Stadtteil nach				
Miteinander leben und lernen	16	Serkans Oma und Opa kommen aus …				
	18	Jede Familie ist anders				
	19	Typisch Junge – typisch Mädchen				
	20	Viele Kinder, eine Klasse				
	21	Wir in der Klasse				
	22	Wir streiten manchmal				
	23	Wir sprechen miteinander				
	24	Wir planen gemeinsam				
	25	Unsere Klassendienste				
	26	Was ist die BeLOHNung?				
	27	Voll im Trend!?				
Rund um den Körper	28	Mein Körper – dein Körper				
	29	Ich pflege meinen Körper				
	30	Wie geht es deinen Zähnen?				
	32	Iss dich fit!				
	34	Moritz versteht die Welt …				
	35	Hören				
	36	Riechen				
	37	Schmecken				
	38	Tasten				
	39	Sehen				
	40	Wo ich herkomme …				
Die Zeit vergeht	42	Die Blätter an meinem Kalender				
	44	Sieben Tage hat die Woche				
	45	Die Zeit …				
	46	Eine Uhrengeschichte				
	47	Wir bauen eine Sonnenuhr				
	48	Es tickt, blinkt und klingelt				
	49	Wie spät ist es?				
Von Pflanzen und Tieren	50	Unser Garten im Frühling				
	51	Wir pflanzen eine Tulpenzwiebel				
	52	Eine Frühlingswiese				
	53	Wir bereiten eine Ausstellung vor!				
	54	Der Löwenzahn, ein Frühlingsbote				
	56	Vom Keimen und Wachsen				
	58	Der Marienkäfer – ein Raubtier				
	59	Die Verwandlung des Marienkäfers				
	60	Von Haustieren und wilden Tieren				
	62	Ein Zuhause für unser Meerschweinchen				
	64	Der Müllversuch				
	65	Wir schützen unsere Umwelt				
Forschen und entdecken	66	Überall ist Wasser				
	67	Wasser kann verschieden sein				
	68	Was Wasser alles kann!				
	70	Luftexperimente				
	72	Luft hat viele Eigenschaften				
	74	Licht und Schatten				
	75	Der Wärme auf der Spur				
	76	Wir messen Temperaturen				
	78	Was Magnete alles können				
	79	Sachensucher				
Technik und Arbeitswelt	80	In unserer Werkstatt				
	81	Wir bauen ein Auto				
	82	Räder und Rollen …				
	83	… heben und bewegen				
	84	Wer baut den höchsten Turm?				
	86	Ein Buch entsteht				
Medien	88	Unser Zooprojekt				
	89	Wir suchen Informationen am Computer				
	90	Wir suchen Informationen in Zeitschriften				
	91	Wir suchen Informationen in Büchern				

Kenntnisse					
über räumliche, soziale und demokratische Grundstrukturen des eigenen Lebensraums	über räumliche Strukturen in der Region, in Deutschland, in Europa, auf der Erde	über Grundfragen des Konsums und des Umweltschutzes	über die historische Entwicklung einzelner Aspekte des eigenen Lebensraums	über die gängigen Nutzungsmöglichkeiten von Kommunikations- und Informationsmedien	Seite im SB
					4
					6
					8
					10
					12
					14
					16
					18
					19
					20
					21
					22
					23
					24
					25
					26
					27
					28
					29
					30
					32
					34
					35
					36
					37
					38
					39
					40
					42
					44
					45
					46
					47
					48
					49
					50
					51
					52
					53
					54
					56
					58
					59
					60
					62
					64
					65
					66
					67
					68
					70
					72
					74
					75
					76
					78
					79
					80
					81
					82
					83
					84
					86
					88
					89
					90
					91

Verbindliche Anforderungen			Einstellungen und Haltungen			
Kapitel im SB	**Seite im SB**	**Themen des Schülerbuches**	Respekt vor Lebewesen	Interesse an Naturphänomenen	Offenheit und Wissbegier gegenüber technischen sowie sozialen Sachverhalten	Verantwortungsbewusstsein gegenüber den Mitmenschen, der Natur und den Kulturgütern
Die Schule und ihre Umgebung	4	Willkommen in der Schule!			■	
	6	Wir üben für den Verkehr			■	
	8	Auf dem Weg zur Schule				■
	10	Training für Rollerfahrer, Radfahrer …				■
	12	Wo geht's lang? Wir lesen Karten!				
	14	Wir bauen unseren Stadtteil nach				
Miteinander leben und lernen	16	Serkans Oma und Opa kommen aus …	■		■	
	18	Jede Familie ist anders	■		■	■
	19	Typisch Junge – typisch Mädchen	■		■	■
	20	Viele Kinder, eine Klasse	■		■	■
	21	Wir in der Klasse	■		■	■
	22	Wir streiten manchmal	■		■	■
	23	Wir sprechen miteinander	■		■	■
	24	Wir planen gemeinsam	■			■
	25	Unsere Klassendienste	■		■	■
	26	Was ist die BeLOHNung?	■		■	
	27	Voll im Trend!?	■		■	
Rund um den Körper	28	Mein Körper – dein Körper	■	■		
	29	Ich pflege meinen Körper	■			
	30	Wie geht es deinen Zähnen?	■			
	32	Iss dich fit!	■			
	34	Moritz versteht die Welt …	■	■	■	■
	35	Hören	■	■		
	36	Riechen	■	■		
	37	Schmecken	■	■		
	38	Tasten	■	■		
	39	Sehen	■	■		
	40	Wo ich herkomme …	■	■		■
Die Zeit vergeht	42	Die Blätter an meinem Kalender				
	44	Sieben Tage hat die Woche				
	45	Die Zeit …				
	46	Eine Uhrengeschichte		■	■	
	47	Wir bauen eine Sonnenuhr		■	■	
	48	Es tickt, blinkt und klingelt			■	
	49	Wie spät ist es?				
Von Pflanzen und Tieren	50	Unser Garten im Frühling	■	■		■
	51	Wir pflanzen eine Tulpenzwiebel	■	■		■
	52	Eine Frühlingswiese	■	■		■
	53	Wir bereiten eine Ausstellung vor!	■	■		
	54	Der Löwenzahn, ein Frühlingsbote	■	■		
	56	Vom Keimen und Wachsen	■	■		■
	58	Der Marienkäfer – ein Raubtier	■	■		■
	59	Die Verwandlung des Marienkäfers	■	■		
	60	Von Haustieren und wilden Tieren	■	■		■
	62	Ein Zuhause für unser Meerschweinchen	■			■
	64	Der Müllversuch		■	■	■
	65	Wir schützen unsere Umwelt			■	■
Forschen und entdecken	66	Überall ist Wasser		■		■
	67	Wasser kann verschieden sein		■		■
	68	Was Wasser alles kann!		■		
	70	Luftexperimente		■		
	72	Luft hat viele Eigenschaften		■		
	74	Licht und Schatten		■	■	
	75	Der Wärme auf der Spur		■	■	
	76	Wir messen Temperaturen		■	■	
	78	Was Magnete alles können		■	■	
	79	Sachensucher		■	■	
Technik und Arbeitswelt	80	In unserer Werkstatt			■	
	81	Wir bauen ein Auto			■	
	82	Räder und Rollen …			■	
	83	… heben und bewegen		■	■	
	84	Wer baut den höchsten Turm?		■	■	
	86	Ein Buch entsteht			■	■
Medien	88	Unser Zooprojekt	■			
	89	Wir suchen Informationen am Computer				
	90	Wir suchen Informationen in Zeitschriften				
	91	Wir suchen Informationen in Büchern				

Einstellungen und Haltungen				
Verantwortung für den eigenen Körper	Sensibilität für Anliegen des Umweltschutzes	Akzeptanz von Andersartigkeit und Offenheit für Veränderungen	Bereitschaft zur sach- und sozialbezogenen Kommunikation und zu konstruktiven Konfliktlösungen	**Seite im SB**
				4
				6
				8
				10
				12
				14
				16
				18
				19
				20
				21
				22
				23
				24
				25
				26
				27
				28
				29
				30
				32
				34
				35
				36
				37
				38
				39
				40
				42
				44
				45
				46
				47
				48
				49
				50
				51
				52
				53
				54
				56
				58
				59
				60
				62
				64
				65
				66
				67
				68
				70
				72
				74
				75
				76
				78
				79
				80
				81
				82
				83
				84
				86
				88
				89
				90
				91

Beobachtungsbogen für die Lehrerhand (Beispiel „Türme“)

Beobachtungskriterien bezogen auf das Thema: ***Türme***	**Name der Schülerin/des Schülers**	**Datum:**
	Beobachtungen	**Förderbedarf**
Fragehaltungen aufbauen		
Probleme identifizieren		
Verfahren der Problemlösung anwenden		
Experimente und Arbeitswege planen und strukturieren		
Experimente und Arbeitswege durchführen und auswerten		
Objekte wahrnehmen und beobachten		
Objekte beschreiben, vergleichen und unterscheiden		
Objekte zeichnen und untersuchen		
Einfache technische Gegenstände konstruieren		
Modelle bauen		
Werkstoffe und Werkzeuge sachgerecht einsetzen		
Kenntnisse über elementare Erscheinungen in der unbelebten Natur gewinnen		